# 信息生态视域的制造业绩效评价与转型升级路径研究

魏　明　楼旭明　夏立均　刘文萍　贾玉凤　著

科学出版社
北　京

## 内 容 简 介

本书基于信息生态视域，对国内外相关领域的理论进行分析；借鉴发达国家制造业发展态势，运用 Logistic 函数对我国制造业的发展现状及存在的问题进行分析；基于信息人、信息、信息环境要素，构建制造业信息生态系统，并结合科学性、可测性等原则建立制造业绩效评价指标体系与信息生态系统评价指标体系；基于信息生态视域，对我国制造业绩效进行评价，检验信息化建设对制造业转型升级的驱动作用，进而从国家层面、产业层面及企业层面提出我国制造业转型升级的路径。

本书既可作为应用经济学、企业管理、管理科学与工程等专业学生的学习用书，又可为相关领域的科研人员和实务工作者进一步探索制造业绩效评价的理论与方法、绩效评价指标体系的构建及制造业转型升级的路径等领域提供思路。

**图书在版编目(CIP)数据**

信息生态视域的制造业绩效评价与转型升级路径研究/魏明等著. —北京：科学出版社，2022.5

ISBN 978-7-03-071321-6

Ⅰ. ①信… Ⅱ. ①魏… Ⅲ. ①制造工业-工业企业-企业绩效-经济评价-研究-中国 ②制造工业-产业结构升级-研究-中国 Ⅳ. ①F426.4

中国版本图书馆 CIP 数据核字(2022)第 006512 号

责任编辑：张振华 / 责任校对：王万红

责任印制：吕春珉 / 封面设计：东方人华平面设计部

**科学出版社**出版

北京东黄城根北街 16 号

邮政编码：100717

http://www.sciencep.com

**北京九州迅驰传媒文化有限公司** 印刷

科学出版社发行 各地新华书店经销

*

2022 年 5 月第 一 版 开本：787×1092 1/16

2022 年 5 月第一次印刷 印张：11 1/4

字数：310 000

**定价：136.00 元**

（如有印装质量问题，我社负责调换〈九州迅驰〉）

销售部电话 010-62136230 编辑部电话 010-62135120-2005

# 前 言

随着科技进步及经济全球化进程的不断加快，世界各国越来越重视制造业的战略性地位。制造业在国民经济发展中起着举足轻重的作用。我国陆续提出信息化与工业化融合、《中国制造 2025》、制造业高质量发展、“互联网+”等一系列战略规划，试图改变我国制造业“大而不强”与“全而不优”的局面，力争到 2025 年从“制造大国”迈入“智造强国”行列。2020 年 11 月发布的《中共中央关于制定国民经济和社会发展第十四个五年规划和二〇三五年远景目标的建议》[①]指出，要提升产业链供应链现代化水平，保持制造业比重基本稳定，巩固壮大实体经济根基，推动传统产业高端化、智能化和绿色化。基于此，本书从信息生态视域构建制造业绩效评价指标体系，通过建立评价模型对制造业进行测度与评价，并结合实证分析结果探索我国制造业转型升级的创新路径。

本书的研究内容如下。

1）梳理并综述国内外相关文献。从制造业发展与绩效评价研究、信息生态系统与制造业研究、制造业转型升级研究等方面进行文献综述。其中，制造业发展与绩效评价研究主要从制造业发展情况、制造业信息化、制造业绩效评价指标和制造业绩效评价方法等方面进行梳理；信息生态系统与制造业研究主要从信息生态系统评价、信息生态系统对制造业的影响等方面进行述评；制造业转型升级研究主要从制造业转型升级的影响因素、创新驱动制造业转型升级、制造业转型升级路径与对策等方面进行梳理与述评。

2）以信息生态理论、绩效评价理论、产业升级与集聚理论、生命周期理论、设计驱动创新理论、价值链理论、可持续发展理论、逆向选择理论、国家治理理论、信息价值理论等作为理论分析依据。信息生态理论一般包括信息人、信息及信息环境等要素。信息化建设实质上是在构建一个和谐、完善的信息生态系统。绩效评价理论涉及系统绩效评价方法与基本绩效评价方法，其中，系统绩效评价方法包括目标管理法、关键绩效指标法及平衡计分卡等，基本绩效评价方法包括特征评价法、行为导向法和结果导向法等。产业升级理论强调产业结构由低级向高级的转变过程，而产业集聚理论涉及的产业基本处于同一条产业链上，其相互之间为竞争与合作的关系。

其他相关理论主要包括强调传统产品生命周期、需求生命周期及技术生命周期的生命周期理论，融合“艺术”与“科学”双重属性的设计驱动创新理论，涵盖创意产生、创意转化及创意扩散阶段活动流的价值链理论，要求不以牺牲资源和环境为代价获得短期利益最大化的可持续发展理论，主张具有信息优势的一方在交易中总是倾向于做出趋利避害选择的逆向选择理论，强调国家在政府治理、市场治理和社会治理等领域发挥重

① 新华社，2020．中共中央关于制定国民经济和社会发展第十四个五年规划和二〇三五年远景目标的建议[EB/OL]．（2020-11-03）[2021-01-20]．http://www.gov.cn/zhengce/2020-11/03/content_5556991.htm.

要作用的国家治理理论，强调筛选、加工并充分利用信息有助于组织科学决策的信息价值理论等。

3）比较分析与借鉴发达国家制造业的发展经验。以智能制造为引领的全球制造业变革已成为新一轮全球产业竞争的焦点，发达国家纷纷以振兴制造业作为发展实体经济、走出经济危机困境的重要抓手，企图通过实施系列战略重振制造业，在新一轮产业革命中占据竞争制高点。例如，德国的“工业 4.0”、美国的“再工业化”、日本的“互联工业”、法国的“未来工业计划”、英国的“现代工业战略”、韩国的“制造业创新 3.0 战略”等，均强调利用高新技术转变生产方式、改造生产流程、创新生产技术及优化管理模式，推动工业发展，拉动国民经济全面提升。发达国家制造业发展对我国的影响不容小觑，在新的国际环境下解决如何转方式、调结构与补短板的问题是我国制造业发展的当务之急。

4）剖析我国制造业发展情况及现状。目前，我国先进制造业发展迅猛，成为推动国内生产总值增长的主力，技术创新不断涌现，制造业进出口实现量和质的提升。然而，我国制造业的发展情况尚不乐观，其转型升级面临着诸多挑战。例如，劳动力成本持续增加、制造业研发投入不足、区域创新能力差异显著及国际竞争日益加剧等。本书运用 Logistic 函数，依照行业技术水平、信息化水平、产品科技含量，对陕西省低等水平、中等水平与高等水平制造业进行分析。研究结果表明，低等水平制造业以生产低附加值的低端产品为主且高端人才稀缺；中等水平制造业具有一定的技术水平和较强的创新能力；高等水平制造业能生产出具有自主知识产权的产品，但缺乏高端信息化领军人物。

5）构建与分析制造业信息生态系统。本书从信息生态系统、信息化建设与制造业转型升级之间的关系，信息生态系统平衡对制造业创新驱动的支撑作用等方面分析信息生态系统、信息化建设与制造业转型升级的内在机理；依据信息生态理论，遵循目标性、整体性和动态性原则，基于信息人、信息、信息环境等要素构建制造业信息生态系统。制造业信息生态系统以信息人为节点，以信息为流动载体，以信息环境为背景，通过系统内部的动态交流，最终实现企业与产业层面信息生态系统的共同发展。本书运用 Logistic 函数分析陕西省制造业 2000～2019 年的发展状况，探究制造业信息生态系统冲破阻力进入新阶段的发展路径，从信息人、信息、信息环境等要素，分析技术密集型、资本密集型及劳动密集型制造业发展的各种阻力。

6）设计制造业绩效评价指标体系。制造业绩效评价指标体系包括制造业转型升级效果评价指标体系和制造业信息生态系统评价指标体系。本书依据科学性原则、可测性原则、动态可持续原则、相对独立性原则及战略重要性原则等，结合国家发展战略定位，分别设计了制造业转型升级效果评价指标体系和信息生态系统评价指标体系。本书从经济效益、绿色发展、技术创新 3 个维度，对制造业转型升级效果评价指标体系进行设计，具体包括 1 个一级指标、3 个二级指标和 6 个三级指标；依据信息生态理论，从信息人、信息和信息环境等维度，设计制造业信息生态系统评价指标体系，具体包括 1 个一级指标、3 个二级指标和 8 个三级指标。

7）测度制造业绩效水平。这部分主要涉及制造业转型升级效果测度和信息生态系统水平测度。本书收集并整理 2006～2018 年的面板数据，以信息技术应用具有代表性的陕西省制造业细分行业为例，运用熵值法计算指标权重，从而得到综合得分。测度结果表明，近年来，我国制造业转型升级进程加快；技术密集程度越高，则制造业信息生态系统水平越高。从整体来看，制造业信息生态系统水平与制造业转型升级效果的发展趋势基本一致。

8）实证检验制造业信息生态系统发展对制造业转型升级效果的影响。本书通过单位根检验、组间异方差检验、组内自相关检验及组间同期相关检验等，选择广义最小二乘法（feasible generalized least squares，FGLS）进行回归。回归结果表明，制造业信息生态系统水平对当期制造业转型升级效果有显著的正向影响，并且能够显著促进制造业下一期的转型升级，即信息生态系统对制造业转型升级具有明显的驱动作用。

9）结合理论分析和实证研究结果，从国家层面、产业层面和企业层面提出我国制造业转型升级的创新路径。在国家层面，通过政府引导制造业信息技术创新、搭建信息化合作平台、增加对制造业信息化建设的资金投入等具体路径，加大对制造业转型升级的相关政策支持。在产业层面，通过培养制造业高素质信息技术人才、提高制造业信息质量、优化制造业信息环境等具体路径，推进制造业信息生态系统建设。在企业层面，通过利用大数据消除制造企业之间的“信息孤岛”、确保制造企业信息传递安全、优化制造企业信息环境、促进制造企业信息技术创新驱动发展等具体路径，提升制造企业信息化水平。

本书基于信息生态视域评价制造业绩效水平，通过梳理制造业绩效评价、信息生态系统与转型升级等相关研究成果，分析制造业转型升级的内在机理；依据信息生态理论并结合 Logistic 函数，探究制造业信息生态系统的失衡问题，尝试找到破解思路；运用信息生态理论、绩效评价理论、产业升级与集聚理论等，设计制造业转型升级效果及信息生态系统评价指标体系；根据实证结果，从不同层面提出制造业转型升级的创新路径，为我国制定科学的产业政策提供理论支持。

作　者

2021 年 5 月

# 目　录

# 第1章 导 论

进入21世纪，特别是进入后金融危机时期，以金融业、服务业为发展重点的美国、英国等发达国家遭受重创，实体经济的重要作用日益凸显。伴随而来的是新一轮科技革命和产业革命的孕育兴起，全球科技创新呈现出新的发展态势和特征，制造业转型升级成为世界经济发展的时代要求。习近平强调，“中国这么大，必须始终高度重视发展壮大实体经济，不能走单一发展、脱实向虚的路子。发展实体经济，就一定要把制造业搞好，当前特别要抓好创新驱动，掌握和运用好关键技术”[①]。我国是制造业大国，但进入经济发展新常态以来，我国制造业面临的国内外挑战和压力比以往任何时期都严峻。在新的国际与国内环境下，如何转方式、调结构、补短板是我国制造业发展需要解决的问题。

## 1.1 研究背景与意义

### 1.1.1 研究背景

发达国家经历了4次工业化。自2007年开始，发达国家的“去工业化”政策导致其国内实体经济弱化，虚拟经济极度膨胀，引发了全球性的金融危机。出于对虚拟经济过度膨胀的反思，发达国家推出了一系列“再工业化”的举措，其本质是通过制造业的转型升级，振兴本国的制造业，从而在新一轮的工业革命中寻找能够支撑未来经济增长的实体经济，以实现经济的复苏，缓解生产高成本及就业的压力。

德国在欧洲债务危机、2008年金融危机中表现非常突出。处于国际领先地位的德国制造业被认为是德国抵抗危机和风险的“定海神针”。多年来，德国政府丝毫没有放松对制造业的重视和部署发展，为了在国际竞争中继续保持领先优势，推出了“工业4.0”发展战略，以信息通信技术、数字化制造技术应用为核心，将信息技术和工业技术相结合，旨在实现制造企业的智能化生产。这一先进理念被世界各国借鉴，并在全球掀起了一场以制造业转型为主题的新浪潮，这也是继机器制造时代、电气化时代、自动化时代及信息化时代后的一次新的革命。

美国为振兴制造业陆续出台了一系列关于“再工业化”的政策。在奥巴马当政期间，美国推出了《先进制造业伙伴关系（Advanced Manufacturing Partnership，AMP）计划》《先进制造业国家战略计划》《振兴美国制造业和创新法案2014》等一系列政策，旨在通

---

① 张晓松，谢环驰，2017. 十九大后首调研，习近平强调发展实体经济[EB/OL].（2017-12-12）[2019-03-20]. http://www.xinhuanet.com/politics/2017-12/12/c_1122100812.htm.

过新科技革命，提高美国制造业的全球竞争力，使制造业呈现出多路演进的新趋势。随后，在特朗普执政期间，美国制造业回归的势头更是有增无减，美国颁布的许多经济政策都与“再工业化”相关，并在通用电气公司（General Electric Company，GE）等高端制造业巨头的促进下，成立了美国工业互联网联盟（Industrial Internet Consortium，IIC），以期加速实现制造业数字化转型。

国际化发展是日本制造业转型升级的助推器。20 世纪 70～90 年代，日本制造业的对外直接投资规模迅速扩张，成功实现了转型升级目标。2017 年，日本提出了“互联工业”的产业愿景，促进了日本和德国在人工智能领域的技术合作，并确定了无人驾驶技术、工业机器人技术、生物新材料技术等未来关键领域的发展方向。受“去工业化”的影响，法国制造业下滑趋势明显。借鉴德国“工业 4.0”的发展理念，法国相继提出了“新工业战略”“未来工业计划”等。其中，“未来工业计划”于 2013 年提出，并于 2015 年进行调整，主要倡导政府大力支持高新技术创新，追求生产方式的数字化发展，改变“去工业化”状况，从而实现“再工业化”。作为工业革命发源地的英国，为应对新的国内外环境带来的危机，制定了“高价值制造战略”“现代工业战略”等，其目的是振兴英国国内经济，稳定脱欧后经济动荡的局面。韩国为突破制造业发展瓶颈，先后制定了“制造业创新 3.0 战略”“制造业复兴发展战略蓝图”等，旨在全面推进产业智能化，从而实现成为国际制造业强国的目标。

综上所述，德国的“工业 4.0”、美国的“再工业化”、日本的“互联工业”、法国的“未来工业计划”、英国的“现代工业战略”和韩国的“制造业创新 3.0 战略”等，均倡导利用高新技术转变生产方式，改造生产流程，创新生产技术及优化管理模式，推动制造业转型升级，从而全面提升产业的核心竞争力。

自新中国成立以来，我国格外重视制造业的发展，制造业已经成为我国经济发展的“中流砥柱”。加入 WTO（World Trade Organization，世界贸易组织）以后，我国制造业的国际竞争力有很大程度的提升（金碚等，2006），在国际上占据越来越重要的地位。资料显示，我国的制造业产值已经占据全世界约 1/3 的比重，总产值连续 11 年位居世界第一，国际市场中的“中国制造”随处可见[①]。然而，我国制造业仍存在“大而不强”“全而不优”等问题。与美国、日本、德国、韩国等工业强国相比，我国制造业的优势主要体现在模块化架构产品和大型复杂装备领域，而在产品架构一体化、制造工艺一体化、既具有一体化特征又需要前沿科技支撑的核心零部件等领域缺乏相对优势（黄群慧和贺俊，2015）。可以看出，我国制造业的技术水平明显落后于发达国家，因而在国际竞争和分工中，处于不利甚至是受制于人的地位。例如，2018 年的“中兴事件”，美国中断我国中兴公司的芯片供应，导致中兴公司被迫陷入停产的局面。在新一代信息技术的推动下，全球价值链正在发生解构和重构，从而为我国制造业嵌入全球价值链高端环节提供了战略机遇（余东华和水冰，2017）。因此，在制造业科技创新领域，我国需要借鉴发达国家的先进经验，进一步促进我国制造业的转型升级。

① 刘杨，2021．我国连续 11 年成为世界最大的制造业国家[EB/OL]．（2021-03-01）[2021-03-03]．http://www.gov.cn/xinwen/2021-03/01/content_5589569.htm．

目前，我国经济已进入“调结构、稳增长”的新常态，但实体经济发展空间受到技术创新和国内外制造业的双重挤压，制造业转型升级作为工业现代化转型的基础，成为我国“调结构、转方式”攻坚战中的首要突破口。《“十四五”制造业高质量发展与产业政策转型白皮书》①提出，“十四五”时期我国第一个百年目标的实现是中国工业竞争优势转变的关键阶段。在这轮全球工业革命的大颠覆、大变革中，中国与发达国家在许多方面处于大致相同的起跑线，既是实现“换道超车”的历史契机，也是利用推动新工业革命的通用技术改造提升已有产业的“机会窗口”。能否抓住这一历史机遇，决定着我国能否实现追赶发达国家，从而在国际竞争中占据有利地位的目标。制造业转型升级涉及技术、体制、利益、观念、产业结构等多方面因素，是一个具有深刻意义的系统性变革过程。有效推进制造业转型升级需要高新技术与制造业各流程深度融合创新，而自主创新是最关键的影响因素。一些研究证实制造业的研发投入与生产率之间表现出显著的正相关关系（吴延兵，2006）。近年来，我国陆续提出信息化与工业化融合（以下简称“两化”融合）、《中国制造 2025》等一系列战略规划，以期利用信息技术不断进行深层次、宽领域创新，使“中国制造”升级为“中国创造”“中国智造”等，从而实现我国经济发展目标。

2021 年“两会”（中华人民共和国全国人民代表大会和中国人民政治协商会议）政府工作报告②提出，要坚持创新驱动发展，加快发展现代产业体系，坚持把经济发展的着力点放在实体经济上，推进产业基础高级化、产业链现代化，保持制造业比重基本稳定，改造提升传统产业，发展壮大战略性新兴产业，对我国制造业转型升级提出了更高的要求。这些战略规划立足于当前产业的实际发展情况，结合我国经济发展的现实需要，围绕创新驱动、智能转型、强化基础、绿色发展、人才为本等关键环节及先进制造、高端装备等重点领域，提出加快制造业转型升级、提质增效等重大战略任务和重大政策举措，试图改变我国制造业“大而不强”“全而不优”的现状，力争通过“三步走”战略（图 1.1），实现制造强国的战略目标。

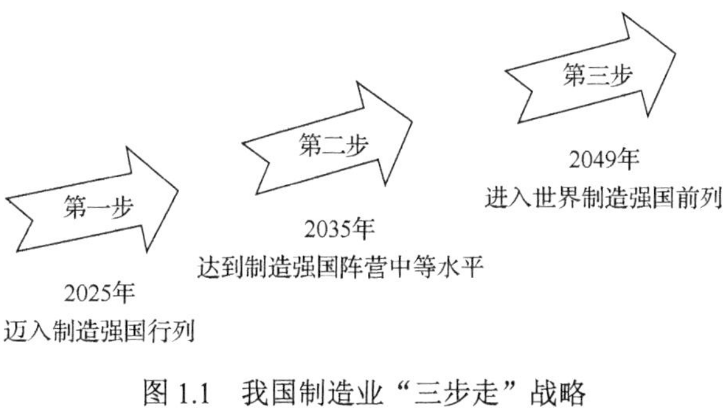


图 1.1　我国制造业“三步走”战略

① 赛迪研究院产业政策与法规研究所，2021.“十四五”制造业高质量发展与产业政策转型白皮书[EB/OL].（2021-03-18）[2021-03-19]. https://docs.qq.com/pdf/DVmtMZURManloU25i.

② 国务院，2021. 2021 政府工作报告[EB/OL].（2021-03-05）[2021-03-06]. http://www.gov.cn/zhuanti/2021lhzfgzbg/index.htm.

### 1.1.2　研究意义

1. 理论意义

国内外学者在制造业方面的研究已有不少积累，主要集中在制造业现状分析、信息化与制造业、创新驱动与制造业转型等方面。目前，关于制造业转型升级的理论研究大多侧重于制造业发展问题、制造业转型升级水平测度、制造业转型升级影响因素及制造业转型升级对策等领域。然而，基于信息生态视域的制造业绩效评价与转型升级路径研究鲜有人涉及。在信息技术迅速发展、市场信息瞬息万变的新形势下，解决如何使制造业快速反应并保持信息生态平衡的问题具有重要的理论价值。

1）为我国制造业绩效评价提供新的理论视角。以分析制造业发展现状为基点，剖析其存在的问题，揭示阻碍制造业转型升级的核心因素；依据信息生态理论，探索制造业绩效评价指标体系，为探索我国制造业转型升级创新路径提供新的理论视角。

2）为我国制造业信息生态系统的构建提供理论支撑。信息生态理论、绩效评价、产业升级与集聚、设计创新驱动理论等均是我国学术界近年来关注的热点问题，制造业的创新发展将引领新的经济态势。本书从新的理论视角出发，结合国家“十四五”规划纲要、《中国制造 2025》等文件精神，为我国构建制造业信息生态系统、制造业转型升级、“两化”深度融合等研究提供理论支撑。

3）丰富我国制造业转型升级的路径研究成果。李克强总理在 2015 年《政府工作报告》中提出要实施《中国制造 2025》战略，加快从制造大国向制造强国转变。《中国制造 2025》的提出，使制造业转型升级这一问题得到了更大程度、更广范围的重视。如何推动制造业转型升级将是破解该问题的重中之重，本书的研究成果能够为我国制造业探索转型升级路径提供理论依据。

2. 实践意义

为了应对未来的挑战与机遇，很多国家都提出了适用于本国制造业的发展战略。我国在“十二五”期间，互联网产业取得了突破性的发展。在经济新常态下，我国相继提出“互联网+”、《中国制造 2025》战略，与德国、美国提出的相关制造业发展战略有异曲同工之处。我国制造业种类广泛，从轻工业到资源型工业，再到装备工业均有涉及。随着我国经济持续、快速发展，制造业整体水平呈现出持续发展态势。在 21 世纪的信息时代，信息化和智能化是我国制造业走向全球价值链中高端的必经之路。要想真正实现制造业的信息化、智能化，我们就要探索符合各个地区不同发展特征的“中国智造”转型升级创新路径。具体如下。

1）为我国制造业转型升级献计献策。国务院印发的《国务院关于积极推进“互联网+”行动的指导意见》提出，通过增强各行业的创新能力，构筑经济社会发展新优势和新动能。《中国制造 2025》意在通过创新驱动、结构优化、智能制造、绿色发展等多重手段，推进制造业的转型升级，进而实现从制造大国向制造强国的转变。本书为我国探索制造业转型升级路径提供借鉴。

2）有利于提升我国制造业的国际竞争力。信息生态系统作为推动经济和社会发展的新范式，为制造业集群高端化发展带来了历史性的弯道超车机遇。我国制造业的转型升级能够使其更好地应对来自国际市场的机遇和挑战，对于提升我国制造业国际竞争力具有现实意义。

3）有利于增强我国经济增长质量。制造业作为我国的支柱性产业，其发展质量对于国民经济的可持续性有着重要的影响。实现制造业的转型升级，在生产高附加值产品的同时减少资源浪费、降低能耗、最大限度地避免环境污染，有利于我国经济增长质量的大幅提升，从而实现“质量强国”目标。

4）有利于改进我国制造业绩效水平。各制造企业在信息生态系统中处于不同的信息生态位，其作为制造业价值链的组成部分能够加快实现制造业的信息化建设，提升制造业转型升级效果。探究信息生态系统助推制造业转型升级的内在机理和作用路径，对新时代制造业的高质量发展有重要的现实意义。

## 1.2 研究内容与框架

### 1.2.1 研究内容

1. 制造业发展情况分析

本书通过比较分析德国、美国、日本、法国、英国、韩国等国家的制造业演进过程，提出我国制造业整体发展情况和面临的挑战；依据信息生态理论与 Logistic 函数，分析我国制造业发展的现状，从不同维度剖析我国制造业发展存在的急需解决的问题。

2. 建立制造业信息生态系统

本书以信息生态理论作为分析依据，遵循目标性、整体性及动态性原则，以信息人、信息、信息环境等要素构建制造业信息生态系统。这一系统是具有多层次结构的复杂生态系统，包含多个子系统。

3. 构建制造业绩效评价指标体系并进行测度

制造业绩效评价指标体系主要包括制造业转型升级效果评价指标体系与信息生态系统评价指标体系。从经济效益、绿色发展、技术创新等维度，建立制造业转型升级效果评价指标体系；依据信息生态理论，根据主要要素设计制造业信息生态系统评价指标体系；运用熵值法进行测度，得到各维度指标的熵值、差异值、权重，以及我国制造业转型升级效果和信息生态系统水平的综合评价得分。

4. 实证分析制造业信息生态系统对转型升级效果的影响

本书通过构建面板数据模型，以测度所得的制造业转型升级效果评价得分作为被解释变量，以信息生态系统水平的综合评价得分作为解释变量，运用 Stata 软件实证检验制造业信息生态系统对制造业转型升级效果的影响。

5. 我国制造业转型升级创新路径研究

结合信息生态理论和国家治理能力现代化要求等，以“市场主导、政府引导”为依据，从国家层面、产业层面、企业层面等探索我国制造业转型升级的具体创新路径。

### 1.2.2 研究框架

在相关文献回顾、相关理论及国内外制造业发展情况分析的基础上，本书提出建立基于信息人、信息和信息环境等要素的制造业信息生态系统，设计制造业转型升级效果评价指标体系和制造业信息生态系统评价指标体系。其中，对制造业转型升级效果的评价主要从经济效益、绿色发展和技术创新等维度展开，对信息生态系统水平的评价主要考虑信息人、信息与信息环境等要素。基于测度结果，本书通过构建模型，分析制造业信息生态系统对转型升级效果的影响，进而从国家层面、产业层面和企业层面等，提出我国制造业转型升级的路径。研究框架如图 1.2 所示。

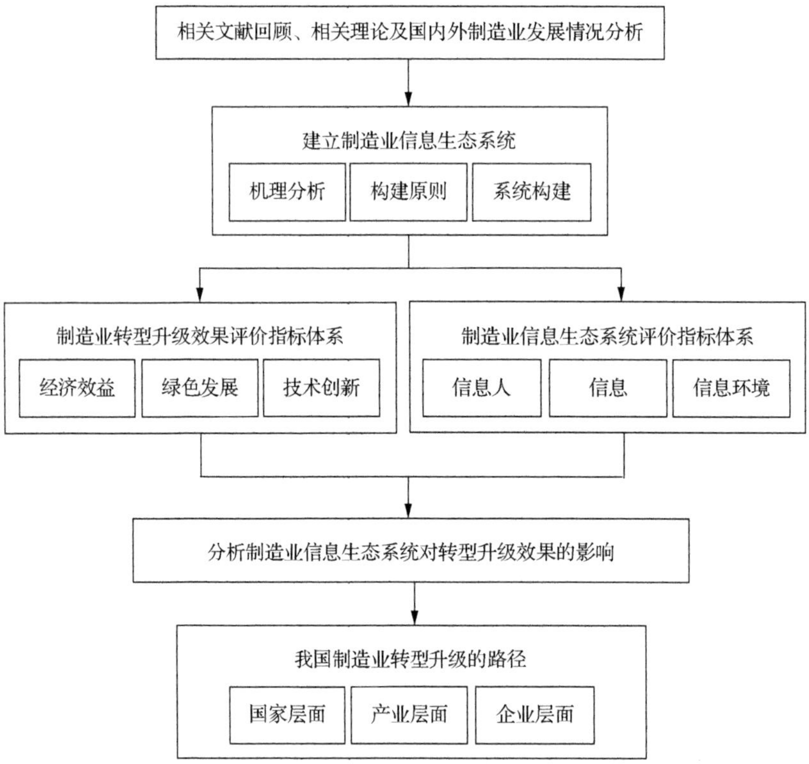


图 1.2 研究框架

## 1.3 研究方法与创新之处

### 1.3.1 研究方法

1. 文献研究法

大量收集、梳理最新国内外书籍、资料，相关理论模型，制造业发展与绩效评价、信息生态系统与制造业、制造业转型升级等方面的相关文献，并述评相关理论。在此基础上，本书对研究重点进行分析与确定，结合信息生态理论、绩效评价理论、产业升级与集聚理论、生命周期理论、设计驱动创新理论、价值链理论、可持续发展理论、逆向选择理论、国家治理理论、信息价值理论等，为相关研究提供理论支撑。

2. 理论分析与实证研究相结合

本书借鉴国内外已有制造业评价指标、信息化水平评价体系、工业化水平评价体系等，考虑发达国家制造业的演进与影响，建立我国制造业转型升级效果评价指标体系；结合信息生态理论，设计制造业信息生态系统评价指标体系。本书选取适合的评价方法并构建评价模型，运用 Excel、Stata 等软件进行数据处理与实证结果分析。

3. 静态分析和动态分析相结合

本书在静态分析制造业信息生态系统的同时，加入时间因素，进行纵向对比；以动态的视角开展比较研究与前瞻性分析，研究各国制造业发展趋势的合理性，总结制造业演进规律，力求分析过程严谨、科学，从而增强制造业绩效评价结果的客观性、有效性。

### 1.3.2 创新之处

1）基于信息生态视域评价制造业绩效水平是一个新的研究领域，其研究对制造业转型升级内在机理的拓展分析具有一定的理论创新。

2）本书创新性地将信息生态理论与 Logistic 函数相结合，以期深入探究制造业信息生态系统失衡问题，并找到破解思路，使研究方法具有科学性。

3）本书运用信息生态理论、绩效评价理论、产业升级与集聚理论、生命周期理论、设计驱动创新理论、价值链理论、可持续发展理论、逆向选择理论、国家治理理论、信息价值理论等，尝试构建制造业转型升级效果及信息生态系统评价指标体系，为制造业绩效评价领域的研究提供新的理论视角。

4）信息生态系统建设对制造业转型升级效果起着举足轻重的促进作用。本书从不同层面提出基于国家治理推进制造业信息生态系统建设、注重制造业与信息技术协调发展、利用大数据加快制造企业信息化建设等路径，其研究成果具有新颖性和政策参考价值。

# 本章小结

随着新一轮科技和产业革命的兴起，制造业面临着严峻的挑战。各国均倡导通过技术创新改造生产流程、优化管理模式，从而加速推动制造业转型升级。本章阐述了本书的研究背景和研究意义，对研究内容与研究框架进行概括，并总结了主要研究方法及可能的创新之处。

## 主要参考文献

黄群慧，贺俊，2015. 中国制造业的核心能力、功能定位与发展战略：兼评《中国制造 2025》[J]. 中国工业经济（6）：5-17.

金碚，李钢，陈志，2006. 加入 WTO 以来中国制造业国际竞争力的实证分析[J]. 中国工业经济（10）：5-14.

吴延兵，2006. R&D 与生产率：基于中国制造业的实证研究[J]. 经济研究（11）：60-71.

余东华，水冰，2017. 信息技术驱动下的价值链嵌入与制造业转型升级研究[J]. 财贸研究，28（8）：53-62.

# 第 2 章　相关文献回顾

通过检索与梳理国内外相关文献，发现学者们在制造业发展对策方面的研究较多、涉及领域较广。本章主要对制造业发展与绩效评价、信息生态系统与制造业、制造业转型升级等方面的研究成果进行相关述评。

## 2.1　制造业发展与绩效评价研究

在《中华人民共和国国民经济和社会发展第十四个五年规划和 2035 年远景目标纲要》中，我国提出了 19 个远景目标。“加快发展现代产业体系 巩固壮大实体经济根基”是其中的目标之一，因此制造业绩效水平的提升对实体经济的发展具有重要的战略意义。近年来，国内外学者在制造业发展、绩效评价指标及评价方法等方面已形成具有影响力的研究成果。

### 2.1.1　制造业发展情况

由于各国制造业的发展现状和特征不同，每个国家遇到的问题也不尽相同。一些发达国家制造业因其技术的先进性，很难通过技术创新获得更高的效益。竞争的加剧导致许多制造商通过服务化转型寻求解决方案。学者们开始主张制造业应当向服务化转型，倡导将制造业与服务业相融合，即由“产品导向”向“服务导向”发展（Martin-Pena et al.，2018；Daniel et al.，2019；Kozłowska，2020）。有些学者通过实证分析发现，未来制造业应当向服务增强型发展（Berger and Lester，1997；Kai，2008）。还有一些学者通过案例研究发现，以服务为主的制造是未来企业的新兴架构（Stamas，2013），制造业服务化能够扩展制造企业的价值链，有效提高企业的绩效（Rymaszewska et al.，2017；Hao et al.，2021）。然而，制造业发展水平相对较低的国家，更重视制造业产出数量而非服务质量。

学者们从不同的角度对我国制造业发展面临的问题进行研究。从制造业的发展现状看，其整体水平不高、缺乏核心竞争力、过度依赖国外技术、高新技术产业占制造业的比重较低等问题凸显；仍以巨大的能源消耗和严重的环境污染为代价，换取产业的低端发展和低附加值产品的生产（何青松和杨川，2013）。周建珊（2013）认为我国装备制造业转型升级存在金融支持不足问题，具体表现在金融支持的格局、体系、政策、融资渠道和结构等方面不科学、不合理。邓晓虹和黄满盈（2014）指出我国制造业转型升级可谓内忧外患，国内面临如基础生产要素成本上涨、人民币升值、出口退税率下调等问题，而国际金融危机、贸易保护、外资外流也使我国制造业难以走出困境。王芳等（2014）

认为美国实施“再工业化”战略对我国制造业造成不利影响，如挤压传统制造业生存空间、遏制高端制造业发展等。我国制造业实施大规模“增量调整”的空间有限，需要依靠“存量调整”对制造业结构进行调整（王树华和陈柳，2015）。东南亚低端制造业逐渐崛起，加之欧洲、美国和日本高端制造业回流，对我国制造业造成“前后夹击”。国内劳动力成本和土地成本上涨、环境和资源保护要求不断加大等因素导致我国制造业利润持续下滑，质量效益和产业结构方面的差距持续加大（金青等，2015）。互联网确实推动了制造业的转型发展，但我国制造业还存在内部创新能力不均衡、产业创新动力不足、投入较少等问题（张艾莉和张佳思，2018）。从中美比较的视角来看，我国制造业存在产品附加值偏低、成本上升较快、比较优势出现衰减、发展所需高端要素支撑不足及环境急需改善等问题（盛朝迅，2020），这些缺陷形成了阻碍制造业发展的瓶颈。2020年新冠肺炎疫情给制造业发展带来了新的挑战，制造业转型升级仍是未来的主要方向（朱高峰和王迪，2017；陈艺毛等，2019；陈楠和蔡跃洲，2020）。可见，制造业发展日趋受到各国的重视，尽管我国制造业发展状况近年有所改善，参与全球价值链的广度和深度开始提升，但急需挖掘产业内涵式增长的制约因素。

### 2.1.2 制造业信息化

近年来，学者们在制造业信息化方面的研究较多，提出信息化能够有效促进制造业发展。国外研究主要从企业绩效角度来分析信息技术为企业带来的改变。例如，Santhanam 和 Hartono（2003）指出，信息化进程较好的企业能够表现出更加卓越和持久的企业绩效；Chorng-Shyong and Poyen（2013）通过研究发现，信息技术对企业绩效、价值造成的长期影响大于短期影响，因此企业管理者应当更多地关注信息技术能为企业整体带来的变化，而不仅仅是关注提高企业的运营效率；Ming 等（2013）提出，企业进行信息化投资能提高企业的财务绩效；Hesse 等（2017）构建了检测和评估制造业的生产系统的绩效指标；Caiyun 等（2018）认为企业实现知识创造绩效的关键是借助战略灵活性和信息化密度的调节作用，将创造的知识转化为新产品或服务，并获得经济利益；Chao 等（2019）将信息化定义为 3 个变量，即 IT 管理能力、IT 支持能力和 IT 基础架构能力，其研究结果表明这些变量对企业创新绩效能够产生积极影响。

国内学者更多从不同的角度分析信息化为制造业带来的影响。邓少军（2014）从信息消费的角度并结合动态能力理论进行分析，认为不同层次的信息消费主体之间应当相互协调配合，同时不断改善企业信息化动态能力和运作能力，这是驱动我国传统产业转型升级的重要途径。王花蕾（2014）提出，信息技术推动了制造业的生产方式、产业布局及产业分工的变化，国家应当采取多项措施积极推动制造业的网络化转型。张佳悦（2018）认为我国制造业要想在全球竞争中取得优势，应当充分利用信息化时代下的高效、智能化生产技术优势，构建与制造业深度融合的创新体系。魏明和黄锦鸽（2018）提出，信息技术的发展驱动了我国制造企业财务共享服务模式的创新，她们基于信息技术视角提出了不同类型制造企业可实施的新模式。薛纯和杨瑾（2019）研究发现，信息化通过驱动制造业服务化对装备制造业转型升级产生正向影响。张辽和王俊杰（2020）

依据实证结果，提出信息化密度和信息技术能力的提升能够显著推动制造业的全球价值链攀升。

此外，不少学者的研究集中于“互联网+”对制造业的业务模式、全球竞争态势及经济增长方式的影响，以期促进我国制造业新的发展。宁家骏（2015）提出“互联网+”对传统产业的业务模式转型影响深刻，其开放性使产业上下游、协作主体之间以最低的成本流动和交换。赵振（2015）发现“互联网+”模式在商业生态圈、制造生态圈及研发生态圈中存在三重报酬递增循环现象，制造业经济增长的方式从强调精细化分工、大规模生产、关注劳动效率的“斯密增长”，转变为关注冗余资源利用、创新主体多元化、通过协同逻辑实现价值创新的“熊彼特增长”。张伯旭和李辉（2017）认为在“互联网+”背景下，产业融合及商业生态圈的出现成为必然，产业间及生态圈内的良好共赢关系将成为组织健康发展的决定性因素。王可和李连燕（2018）通过实证研究发现，“互联网+”可以从创新、供应链协同、销售与营销等方面改变制造业现状，并有效提升制造业的绩效。赖红波（2019）提出工业设计、互联网与传统制造业“三业”融合创新概念，认为“三业”融合的核心是回归制造业转型升级及培育高端、高效的新兴制造产业。李君等（2019）从技术基础、数据应用、组织模式、业务集成等维度，剖析互联网时代我国制造业转型升级的制约因素和机理。王一晨（2019）认为我国工业互联网在推动制造业转型升级的过程中，面临平台开发与应用落地存在差距、企业实际与平台要求存在落差、典型案例与复制推广之间存在难题、信息技术与运营技术融合不够等问题，提出国家应当从完善工业互联网政策体系、培育工业互联网平台生态、加快商业模式创新和场景落地、加强复合型人才队伍建设等方面，推进工业互联网发展和制造业转型升级。姜启波等（2019）从“互联网+”创新驱动制造业发展的运行机制、运行模式和发展途径等方面，提出“创新互联网平台”和“智慧创新元”等新概念，并对“互联网+”创新驱动制造业的演化发展进行分析。

### 2.1.3 制造业绩效评价指标

有关制造业转型升级评价的研究主要关注经济社会协同发展、信息技术应用及全要素生产率（total factor productivity，TFP）等方面。例如，Garbie 和 Ibrahim（2014）、李廉水等（2015）、张晓芹和王宇（2018）等学者从经济创造、科技创新、能源节约、环境保护及社会服务能力等方面对制造业转型升级进行评价；王志华和陈圻（2012）、Baliyan S K 和 Baliyan K（2015）则从全要素生产率角度评价制造业的转型升级；Santhanam 和 Hartono（2003）、王花蕾（2014）、魏明和王超（2015）从信息技术应用角度评价了制造业转型升级的效果，认为信息技术有助于提升制造业的创新能力和绩效，对推进制造业转型升级的贡献非常突出。此外，胡迟（2015）从服务业占比、工业内部的结构调整、节能降耗、全员劳动生产率、研发投入等方面评价了我国制造业转型升级的成效；叶琪（2015）从创新基础、创新环境、创新投入、创新绩效和创新潜力等维度构建制造业创新竞争力指标体系，对制造业的转型效果进行评价；王新红和李世婷（2017）基于基本要素、科技创新、经济效益、绿色发展 4 个方面对我国制造业创新驱动能力进行评价。学者对不同区域制造业评价的研究成果开始增多。例如，周勇和吴海珍（2017）从产业技术创新、产业效率、产业增长、产业关联 4 个维度，构建制造业持续成长性评价指标体系，对陕西省装备制造业进行评价。学者对制造业细分行业的评价也有一些研究积累。例如，潘子辉和陈颇（2018）从技术创新程度、区域经济发展水平、人力资本供给、基础设施建设与企业财务发展状况等维度，构建了我国体育用品制造业转型升级的综合能力评价指标体系，以全面评价其转型升级效果；高寿华（2020）从绿色经济效益、绿色生产制造、绿色生态保护、绿色社会支持等方面构建了纺织产业绿色转型效率评价指标体系。近年来，我国制造业研究更重视对创新能力与转型升级的评价。例如，魏明等（2018）从创新价值链的角度出发，基于创新激发能力、创新实现能力、创新扩散能力等维度，构建了我国通信设备制造业创新能力评价体系；罗序斌和黄亮（2020）从数字化、网络化、智能化和绿色化“四化”并进的视角，构建中国制造业高质量转型升级评价指标体系；黄昶生等（2020）从基础环境、技术创新、资源整合、价值链提升、效益状况等维度，构建了新旧动能转换背景下制造业转型升级评价指标体系。

### 2.1.4 制造业绩效评价方法

作者通过梳理相关文献发现，学者们普遍认为建立制造业评价指数与模型是推动制造业转型升级的重要途径。评价指数是经济指数评价、经济效益评价、单位个人效益评价等的常用方法。目前，学术界关于制造业发展的评价指数与模型研究，主要集中于制造业转型升级与“新型化”、可持续发展、具体细分行业的测度、制造业绿色低碳评价等研究领域。一些学者对制造业转型升级与“新型化”进行测度。例如，詹浩勇和冯金丽（2014）以制造业利润率、规模比作为测度制造业转型升级的基础指标，通过回归方法分析外溢效应、生产性服务业集聚与制造业转型升级的关系；李廉水等（2015）提出新型制造业依靠科技创新提高经济效益，并构建新型制造业的三维评价指标体系，运用实证方法测算了制造业“新型化”指数。

在制造业可持续发展领域，李平等（2010）构建了中国制造业可持续发展评价指标体系，对我国制造业发展趋势进行预测；王志华和陈圻（2012）从投入、产出的角度，以全要素生产率作为制造业转型升级的指标，选用索洛残差法对 2000～2010 年江苏省制造业的转型升级水平进行了估算；Garbie（2014）基于可持续发展“三大支柱”视角，从经济、社会和环境 3 个维度设置指标，测算制造企业的可持续发展指数；Badurdeen 等（2015）结合产品的生命周期和 6R 理论（Right 时间、Right 产品、Right 方式、Right 渠道、Right 客户、Right 反馈），引入可持续性指标，汇集众多与制造业创造活动相关的可持续价值因素，利用综合方法量化和测算制造业及其产品的可持续价值；高倩（2018）从流通视角出发，对我国区域制造业可持续性发展进行测度，提出并论证了单周期与多周期多目标下的可持续发展测度体系；黄东梅（2020）利用范霍恩可持续发展静态模型，对企业的可持续发展能力进行衡量。

在制造业绿色低碳发展领域，巢惟忐等（2012）以 DSR 模型作为理论基础，建立“驱动力—状态—响应”三维低碳经济评价指标体系，并利用主成分分析法进行定量评价研究；杨浩昌等（2014）运用基于熵权的灰色关联投影法综合评价模型，对 2003～2011

年中国制造业总体水平、2006～2011 年中国制造业分行业低碳经济发展水平进行综合评价；李琳和王足（2017）构建了区域制造业绿色竞争力评价指标体系，运用基于遗传算法的投影寻踪模型对我国 31 省市 2000～2014 年的制造业绿色竞争力进行评价和动态比较；田红娜等（2019）将突变级数法和熵值法结合，构建了制造业绿色工艺创新能力评价模型。

一些学者将“创新”融入制造业转型升级与绩效评价领域。例如，叶琪（2015）分析世界创新竞争与制造业转型内在作用机理的“三维”模型，据此构建以创新基础、创新环境、创新投入、创新绩效和创新潜力为评价维度的制造业世界创新竞争力指标体系；黄鲁成等（2016）基于 MDM-SIM 模型构建了以创新投入、信息化水平、创新产出、质量效益、绿色制造、创新主体及持续主体等维度的指标体系，构建高端制造业创新指数，对北京高端制造业的创新能力进行测度；张峰和薛慧峰（2017）利用可拓理论与关联函数，建立“经济拉动—技术创新—能源节控—环境防护—社会保障”五维集成测度体系，设计制造业“解锁”能力指标，分别从纵向时序测度、横向截面分析及未来驱动要素等层面，对我国制造业转型升级能力进行透析；潘为华等（2019）从质量效益、创新能力、信息技术和绿色发展等方面，构建了制造业转型升级的综合评价指标体系及综合指数，并运用熵权法确定指标权重；苏永伟（2020）认为制造业与服务业融合是产业转型升级的重要趋势，他建立了生产性服务业与制造业融合的评价指数，分析“两业”融合的水平。综上可以看出，学者们在制造业绩效评价方法领域的研究成果日趋增加，但关于制造业转型升级效果及其信息生态系统水平评价与测度的文献较匮乏。

## 2.2 信息生态系统与制造业研究

近年来，关于信息生态系统与制造业领域相互影响的研究开始引起人们的关注，国家也出台了相关政策，加强信息化建设对制造业信息生态系统建立与发展的推动作用。2015 年 7 月，国务院印发的《国务院关于积极推进“互联网+”行动的指导意见》[①]指出，“互联网+”在促进制造业等产业转型升级方面取得积极成效，应推动互联网与制造业融合，提升制造业数字化、网络化和智能化水平，加强产业链协作，发展基于互联网的协同制造新模式。2016 年 5 月，国务院印发《国务院关于深化制造业与互联网融合发展的指导意见》[②]，提出制造业是国民经济的主体，是实施“互联网+”行动的主战场。2017 年 10 月，国务院常务会议通过了《国务院深化“互联网+先进制造业”发展工业互联网的指导意见》[③]，对推动互联网和实体经济深度融合，加快工业互联网发展，支

① 国务院，2015．国务院关于积极推进“互联网+”行动的指导意见[EB/OL]．（2015-07-04）[2019-01-09]．http://www.gov.cn/zhengce/content/2015-07/04/content_10002.htm.

② 国务院，2016．国务院关于深化制造业与互联网融合发展的指导意见[EB/OL]．（2016-05-20）[2016-11-21]．http://www.gov.cn/zhengce/content/2016-05/20/content_5075099.htm.

③ 国务院，2017．国务院关于深化“互联网+先进制造业”发展工业互联网的指导意见[EB/OL]．（2017-11-27）[2019-02-13]．http://www.gov.cn/zhengce/content/2017-11/27/content_5242582.htm.

撑服务数字经济发展提出新的、更高的要求。2020年3月，工业和信息化部办公厅发布了《工业和信息化部办公厅关于推动工业互联网加快发展的通知》①，强调工业互联网是新一代信息技术与制造业深度融合的产物，是数字化转型的实现途径，也是实现新旧动能转换的关键力量。陆续出台的一系列政策和文件均说明了信息化建设、"互联网+"发展对我国制造业战略制定的重要性，而"互联网+"也为信息化赋予了新的含义。随着互联网、信息技术的快速发展，制造业转型面临着巨大的挑战和机遇，如何将信息技术与制造业信息生态系统相融合，是实现我国制造业产业转型升级的关键问题。

### 2.2.1 信息生态系统评价

一些研究成果集中于信息生态系统评价领域，提出了相应的评价指标和评价方法。王翠翠（2009）从定性方面和定量方面构建了基于模型的信息生态系统评价指标体系。李玉杰和刘志峰（2009）认为对信息生态系统健康程度进行有效评价具有重要的理论意义和实践价值，应以内部构成要素指标、外部环境条件指标、功能机制指标和能力条件指标构成一级指标评价体系。王晰巍和刘铎（2010）从企业信息生态系统建设过程的角度，构建了企业信息生态的评价指标，并应用群决策方法，结合LWD（linguistic weighted disiunction，语言加权偏差）算子和LOWA（linguistic ordered weighted averaging，语言有序加权平均）算子构建新的综合评价方法。杨秀芳（2010）依照系统性、全面性、定性与定量相结合、体现信息生态位自身特点的原则，将信息环境生态因子和信息人素质作为一级指标，构建信息生态位评价体系。柯健（2011）以系统的结构与功能、平衡与发展等关系的分析为基础，建立涵盖目标层、准则层和指标层的网络教学信息生态系统评价指标体系，提出涵盖六要素的生态系统，并从不同角度对其进行评价。崔畅（2011）构建了企业信息生态平衡的评价指标体系并提出具体的评价方法。许泽辉（2020）以信息、信息人、信息环境、系统协调性和可持续发展潜力作为主要指标，构建跨境进口零售平台的信息生态化水平评价体系。张海涛等（2012）针对商务网站的信息生态系统，优化评价指标体系的设计，并采用模糊综合评判的方法对其配置水平进行评价。孙斌等（2021）结合问卷调查，采用灰色关联度方法计算相关权重，构建众创空间信息生态系统评价指标体系。可见，已有研究成果对信息生态系统的评价更侧重于企业层面，关于产业层面评价的研究成果较少。

### 2.2.2 信息生态系统对制造业的影响

目前，国内外关于信息生态系统对制造业影响的研究成果相对较少。例如，杨文彩等（2007）运用因子分析法，对制造业信息化环境下"人-信息系统"交互效率影响因素进行实证研究；魏明和王杏（2018）依据信息生态理论建立信息生态系统，剖析了陕西省技术密集型、资本密集型及劳动密集型制造业的发展阻力；杨勇昌（2020）认为建设信息系统的根本目标在于提高制造企业的竞争力与影响力，从而为整个行业的发展提

① 工业和信息化部办公厅，2020．工业和信息化部办公厅关于推动工业互联网加快发展的通知[EB/OL]．（2020-03-20）[2020-08-15]．http://www.gov.cn/zhengce/zhengceku/2020-03/20/content_5493549.htm.

供助力。综上可以看出，已有研究成果在制造业信息化、信息生态系统建立与评价、信息系统对制造企业的影响等方面有一些积累，但缺少关于信息生态系统对制造业影响领域的研究。

## 2.3　制造业转型升级研究

制造业转型升级是制造业从低附加值、高能耗、高污染向高附加值、低能耗、低污染转变的过程。从现有研究成果看，目前关于制造业转型升级的研究更多集中于制造业转型升级的影响因素、创新驱动制造业转型升级、制造业转型升级路径与对策等研究领域。

### 2.3.1　制造业转型升级的影响因素

从现有关于制造业转型升级影响因素的研究成果看，国内外学者从不同角度进行了较广泛的分析。其中，研究生产性服务业的发展对制造业转型升级影响的成果较多，这些成果有的以投入、产出分析作为切入点研究了“两业”之间的互动（Kakaomerlioglu and Carlsson，1999）；有的认为生产性服务进口贸易能够对输入国的制造业发展起到促进作用（Franke and Kalmbach，2005；Francois and Hoekman，2010）。以 Ke 等（2014）为代表的学者则从联立计量方程的视角进行探讨。Yang 等（2018）发现中国的制造业生产率与生产性服务投入成正相关，生产性服务对制造业生产率的影响并不局限于本地公司，而是整个地区。Lin Shoufu 等（2018）认为，从制造业转型升级的内在逻辑机制和驱动因素的影响看，制造业转型升级的影响因素最终取决于协同作用下的所有因素的综合作用。Ji Kun 等（2020）认为，随着工业化、社会化、市场化和城市化的发展，以现代服务经济为特征的生产性服务业通过专业服务、信息服务和金融服务有效促进了制造业转型升级。

国内学者普遍认为生产性服务业在全球价值链中处于关键性地位，是制造业转型升级的根本措施（贾根良和刘书瀚，2012），并根据以往产业发展经验及实证分析结果，提出生产性服务业是工业生产过程中的中间投入，是制造业发展的高级要素。生产性服务业的发展能够显著、有效地提高制造业的要素投入质量和劳动生产效率，从而促进制造业转型升级（徐索菲，2014；张予川和张金鑫，2015）。桂黄宝等（2017）采用探索性因子分析方法，对河南省“两业”融合发展进行研究，认为其受到政府政策、产品研发水平、企业创新能力及企业竞争力 4 个因素的影响。杜宇玮（2017）基于产业关联效率视角，分析我国生产性服务业对制造业转型升级的影响，提出注重降低生产性服务交易成本，提高产业协同集聚水平，从“规模化”思维向“效率化”思维转变。邹东涛和陈志云（2018）研究发现，制造业是生产者服务发展的前提，生产者服务的发展是对制造业的补充，并且服务的发展必须依靠制造业的技术创新。金泽虎和钱燕（2019）采用耦合协调度模型核算制造业与生产性服务业的相互关联度，应用计量模型实证检验生产性服务进口对制造业转型升级带来的影响，并得出了一致结论。孔令夷和邢宁宁（2019）通过分析生产性服务业和制造业互动理论，发现陕西省生产性服务业和制造业互动程度较弱，细分产业之间的互动程度存在较大差异。郭然和原毅军（2020）发现生产性服务业集聚与制造业发展质量之间呈U形曲线关系，只有生产性服务业集聚水平超过某个特定“门槛值”时，才能显著提升制造业发展质量。

除生产性服务业外，一些特定因素也会对制造业转型升级产生影响，如产权性质（肖国东，2014）、环境规制（徐常萍和吴敏洁，2012）、服务进口技术复杂度（戴翔，2014）、金融支持（韩剑和崔雪晨，2014）、金融服务业与制造业空间协同分布（刘胜和陈秀英，2019）、创意产业（张胜冰和王璠，2014；杜传忠和郭美晨，2015）、外资（陈甬军和杨振，2012；曾昭宁和张欢，2013；杨立卓，2018）、空间集聚（刘明，2017）、区位因素（李福柱和刘华清，2018）、人口红利（周正和毛瑞男，2017）、人民币升值（李新功，2017）、“互联网+”技术（曾繁华和刘淑萍，2019）、地区互联网发展水平（胡俊，2019）、劳动力要素（付宏等，2020）、要素市场分割（余东华和张昆，2020）、新型基础设施（郭凯明等，2020；刘海军和李晴，2020）、技能偏向性技术进步（杜传忠和王梦晨，2021）等。可见，国内外学者在制造业转型升级影响因素领域的研究成果较多，制造业转型升级可能被特定因素影响，也可能受到生产性服务业、产权、环境规制、金融支持等因素的综合影响。

### 2.3.2　创新驱动制造业转型升级

2021年的“两会”政府工作报告将依靠创新驱动实体经济高质量发展作为年度最重要的工作任务，倡导培育壮大新动能，促进科技创新与实体经济深度融合。创新驱动制造业转型升级的本质在于通过不断提升制造企业科技创新能力，推动我国制造业由全球价值链低端环节向高端环节跃迁。由此可见，创新驱动是我国制造业转型升级的重要发展战略和主要路径，是“中国制造”转变为“中国创造”、打造中国经济“升级版”的必由之路（庄志彬和林子华，2014；周琳，2015）。创新驱动强调通过技术、制度、观念、管理、商业模式等方面的创新，提高劳动者素质，推动经济增长方式的转变。

目前，对于创新驱动制造业转型升级的研究较广泛。Kaplinsky等（2002）认为创新是制造业转型升级多种途径之一。Yong等（2008）在实证分析的基础上，通过构建研究模型和假设来分析韩国制造业中制造创新、竞争力及商业绩效之间的关系。Wine（2010）比较分析了美国乔治亚州，英国威尔士、西米德兰兹郡，西班牙加泰罗尼亚的制造企业创新绩效影响因素。Jerome等（2013）通过评估澳大利亚先进制造业的创新能力，发现创新已成为制造业未来盈利和成功的核心驱动力，越来越多的政府和私营部门开始研究提升组织内部创新能力的方法。Li等（2015）依据过去统计的趋势，重点分析了正在崛起的创新型中国，并提出一个新见解，即促进创新所需的交互过程。Gu和Xu（2017）认为洞察制造企业的创新路径有助于企业转型升级，并为制造企业创新提出了相关策略。Xie等（2019）发现技术创新、产品创新和制度创新对制造业升级具有显著的正驱动力作用，这表明创新是促进新兴国家制造业升级的重要因素，其中技术创新驱动效果最突出。Lin等（2018）实证分析的结果表明，以创新投入和创新产出衡量的创新效果对制造业转型升级的积极影响更大，因而成为最重要的影响因素。

国内学者关于创新驱动制造业转型升级的研究成果十分丰富。蔡瑞林等（2014）认为在低成本创新已成为我国制造企业自发需求的同时，制造业传统资源禀赋的比较优势也正在逐渐消散，他们运用程序化扎根理论和逐级译码的实证方法，构建了低成本创新驱动制造业高端化的路径模型。庄志彬和林子华（2014）认为创新驱动是提升我国乃至全球制造业竞争力的关键因素，并根据柯布-道格拉斯生产函数，以制造业全行业的年均固定资产净值衡量资本投入量，以年均就业人数衡量劳动力的投入量，对我国制造业技术创新状况进行回归分析。王伟光等（2015）认为创新驱动发展是由嵌入驱动、协同驱动、融合驱动和逆向驱动 4 个具有周期性循环特征的过程组成，其本质是通过扩散和转移高技术产业的创新，使中技术产业和低技术产业的创新资源配置得以优化，并有效提升其生产率。谢福泉和胡锈腾（2015）对比分析了上海制造业的创新模式，认为构建我国制造业国际竞争优势要通过破坏性创新来实现。曾繁华等（2015）从全区价值链的治理视角出发，研究了创新驱动制造业转型升级机理及演化路径，指出创新驱动主要从“双力维”“要素维”“竞争维”3 个维度进行相互作用，推动我国产业结构机制优化，提升需求结构机制、劳动生产率机制和贸易竞争机制。张志元和李兆友（2015）提出我国制造业转型升级动力应从政府主导创新向市场引导的企业自主创新转变，推动我国从制造大国迈向制造强国。张银银和黄彬（2015）将创新驱动分为前端、中端和后端 3 种驱动方式，通过这些阶段的共同作用推动我国传统制造业的技术应用、生产方式、组织结构等方面的创新变革，推动其向战略性新兴产业转型升级。朱北仲（2015）提出创新驱动尚未成为我国农业装备制造业发展的主要方式，存在创新驱动的动力不足、内部创新驱动的运行机制不协调及内部创新人才激励机制不到位等问题。程强和武笛（2015）认为科技创新将对传统产业转型升级起到积极的推动作用，并深入分析了科技创新与传统产业的耦合度及其作用机理，提出了科技创新驱动传统产业转型升级的发展路径。叶琪（2015）认为发展中国家应以实体经济为基础，积极调整创新战略，充分发挥创新竞争对制造业转型升级的积极作用。顾江和李苏南（2017）研究发现，文化产业发展为推动制造业升级揭示了新的路径，包括需求引致型升级路径、成本倒逼型升级路径和创新驱动型升级路径等，因此不同地区应根据自身情况选择路径。方辉振（2017）提出振兴实体经济的主战场在制造业，要坚持实施制造业创新驱动发展战略，要以技术创新和制度创新为引领，通过技术创新提升制造业发展的技术进步率和劳动生产率，并通过制度创新提升制造业发展的资源配置效率。谢众等（2018）对中国制造业升级现状和制造业创新效率进行分析，从技术创新、产品创新和制度创新等方面，剖析中国制造业升级的创新驱动效应的内在机理。杨桂菊等（2019）研究发现，对于发展中国家来说，模仿的不完全性是后进企业实现创新的源泉，国家应当对不完全模仿创新高度重视。宋林和张扬（2020）以陕西省制造业为例，发现创新对不同类型制造业转型升级的正向效应不同，而技术密集型产业受到创新影响的效应最强。黄晗等（2020）依据《中国制造 2025》的政策文件，分析我国创新政策动态变迁及相关创新活动对制造业转型升级的影响。

### 2.3.3 制造业转型升级路径与对策

通过分析制造业转型升级过程中遇到的诸多问题及影响因素，学者们从多种角度提出了具有针对性的路径和对策建议。胡迟（2013）认为通过提升整合全球资源的能力、把握技术进步与创新方向、充分发挥信息化的支撑作用、推进节能减排绿色发展、引导战略性新兴产业健康成长、加快管理创新并努力降低企业成本等措施，能够加快制造业转型升级。戴勇（2013）认为，当前我国多数传统企业转型升级应采取引进先进技术、深化产业链联盟或优化并购方式、提高渠道分销能力等策略；同时，要保持积极的企业家精神，积累关键资源与提升动态能力。邓晓虹和黄满盈（2014）认为，采用加强和完善企业技术体系建设、加快推进企业“两化”融合、鼓励企业间的兼并重组、促进制造业产业集群发展、多渠道开拓国际市场等对策，可以加快推进制造业转型升级。戴翔（2014）提出提升我国服务进口技术的复杂度，以便更好地支撑我国制造业转型升级。黄顺魁（2015）分析了德国“工业 4.0”的特点，结合中国产业发展现状，提出重点鼓励高技术服务业和传统制造业双向跨边界融合，推进制造业数字化、网络化及智能化等产业策略。那丹丹和李英（2021）建议政府通过完善产业政策来引导制造业转型，加大以鼓励创新为导向的供给型政策工具的推动力度，强化以完善机制为导向的环境型政策工具的影响和作用，增强以分担风险为导向的需求型政策工具的拉动效应。徐索菲（2014）针对东北制造业转型升级提出加快发展生产性服务业、重视“两业”互动关系等具体对策。孔令夷和楼旭明（2014）从内外两个方面为我国通信和电子设备制造业提出转型升级对策，并根据核心企业、边缘企业等不同特征提出针对性的建议。王花蕾（2014）提出政府应当加强政策引导和扶持力度，并在企业中合理、有效地引入网络化思维，积极推动制造业向网络化转型。曾繁华等（2016）指出在“双创”背景下，制造业转型升级应发展“众创、众包、众扶、众筹”等创新模式、驱动制造业转型升级机理及路径模式。宋晓明和张志军（2016）提出，为促进区域电子及通信设备制造业联动发展与升级，应当筹建产业公共平台，成立配套服务机构并打造产业园区。李俊江和孟勐（2016）以创新驱动为研究基点，发现美国“再工业化”创新驱动路径是技术创新与制度创新的互动互促，而我国制造业转型的着力点在于科技自主创新和制度创新。高启明（2017）分析了创新驱动我国通用航空制造业转型升级的实现路径，提出基于技术路线、市场路线和全产业链进行综合衡量，选择合适的路径进行创新，实现航空制造业的转型升级。余淑秀（2017）分析了美国芝加哥大都市区、德国鲁尔工业区和中国台湾地区 3 个世界典型地区的制造业转型升级模式，发现制造业转型升级离不开创新驱动、区域协作和产业集群，其中市场主导是内在动力，政策引导是外在动力。夏飞龙和张小筠（2018）提出应从完善技术创新政策、产业组织政策和补充性政策入手，促进技术创新，推动制造业转型升级。彭树涛和李鹏飞（2018）基于产业、市场和产品等维度，分析了我国制造业发展质量的变化趋势，并从市场竞争绩效与产业增长质量两个方面，对我国与日本、德国的制造业发展质量进行比较，提出增强我国制造业发展质量应重点关注产业增长、市场竞争及质量监管。Chen 等（2019）认为实现制造业转型升级，可以使产业形成节约成本、低能耗和高质量生产的优势。房建奇等（2019）基于大数据的背景提出制造业转型升级的相关对策，包括个性化定制、智能化生产、网络化协同及精益化管理等。杨瑾和解若琳（2020）分析了我国 6 家有代表性的装备制造企业的颠覆式创新转型升级路径，从而归纳出市场型和创新策略型转型升级路径。Sun 等（2020）提出数字化制造生态系统框架，以促进中国制造业转型升级，包括个性化定制、智能工厂、智能物流和协同制造。马文秀和高周川（2021）分析了日本政府在新冠肺炎疫情背景下所实施的三大保障制造业数字化转型发展的策略，包括采取强化工程链的设计力、制造现场活用 5G 等通信技术和加强数字化人力资源保障。

随着人工智能技术逐渐向制造业渗透，部分学者开始关注“智能制造”这一概念。智能制造可以分为 3 种基本范式，即数字制造、数字网络制造和新一代智能制造。易开刚和孙漪（2014）基于智能制造视角提出民营企业要主动向制造智能化转变，同时政府要推进民营企业向制造智能化转变，从而突破“低端锁定”的困境。Adamson 等（2015）指出应将最近出现的技术，如物联网、云计算、语义网络、面向服务的技术、虚拟化和先进的高性能计算技术，与先进的制造模型和信息技术相结合，打造建立在资源共享基础上的“云制造”新型制造范式。Zhou 等（2018）认为新一代智能制造是新工业革命的核心推动力，将成为未来几十年制造业转型升级的主要途径。古依莎娜等（2018）指出，在应用和推广数字化、网络化制造的同时，我国应加快对新一代智能制造的探索和研究，从而引领和促进制造业升级和跨越式发展；提高生产率和降低运营成本的核心挑战在于检测加工操作中的故障或易损件。Zhang 等（2019）认为智能制造作为一种集成了计算机、模型理论和科学计算的综合信息技术，其建模和仿真技术在制造信息化的开发过程中起着不可替代的作用，并能广泛应用于产品生命周期的各阶段，包括设计、生产、测试、维护、采购和销售。韩美琳等（2020）认为我国东北地区智能化转型已初见成效，但仍需不断营造政策环境、完善智能制造的转型升级创新体系及健全企业基础数据库，并运用互联网等手段推动“东北智造”转型升级。温湖炜和钟启明（2021）提出智能制造将是我国推动制造业转型升级的主攻方向，也是缓解用工成本上升、技能人才“脱实向虚”问题，并实现企业经营脱困的重要手段。

综上所述，从产业业态看，跨界融合成为新的产业业态不断涌现的力量源泉，尤其是伴随着互联网的广泛应用而加速出现的互联网产业与其他产业的融合。从商业模式看，商业生态圈成为组织健康发展的决定性因素，“互联网+”具有广泛的连接性，使商业生态系统中的各主体能够建立紧密的共赢关系，并共同构建生态系统中的价值观。从战略趋向看，现代产业体系逐步形成，制造业技术创新战略地位日益凸显，低碳发展理念已成共识，开放式创新系统已具雏形（张志元和李兆友，2015）。从外部动力机制看，科学技术的发展、需求结构的升级、产业组织结构的改革和创新、全球经济梯度发展效应及国家战略等，积极推动了我国制造业的转型升级。

## 2.4　述　　评

目前，国内外研究成果主要集中于制造业发展与信息化、制造业绩效评价、信息生态系统与制造业、制造业转型升级等领域。我国的制造业经过多年的发展，取得了很多的成果，但也面临着附加值偏低、核心竞争能力不足、金融支持不足等诸多挑战。学者们通过构建制造业评价指标体系和评价方法，从不同角度对我国制造业的发展进行评价。不少研究发现信息化对于制造业的发展起着重要的作用，同时制造业的转型升级受到诸多因素的影响。

尽管已有文献对制造业转型升级的影响因素、创新驱动制造业转型升级等方面进行了较广泛的研究，但是在信息生态视域下，关于制造业绩效评价及其转型升级路径的研究成果较少。具体表现在 3 个方面：一是缺乏对制造业转型升级内在机理的深入分析；二是较少从信息生态系统对制造业影响的视角进行研究，进而剖析制造业信息生态失衡问题；三是缺乏对制造业转型升级效果与信息生态系统水平的测度研究，没有为我国制造业转型升级路径提供有效的破解思路。因此，本书依据信息生态理论，结合 Logistic 函数，分析我国制造业发展现状及存在的问题。根据信息人、信息与信息环境等要素，构建制造业信息生态系统。本书针对我国制造业的现存问题，建立制造业转型升级效果与信息生态系统评价指标体系，实证检验信息化助推制造业转型升级的效果。本书遵从信息生态系统和治理能力现代化的要求，以"市场主导，政府引导"为依据，从国家层面、产业层面及企业层面探索制造业转型升级的创新路径。

## 本章小结

通过梳理国内外研究成果，本书进一步厘清了学者们在制造业的研究领域，其主要集中在制造业发展与信息化、制造业绩效评价、信息生态系统与制造业、制造业转型升级等领域。关于制造业发展与信息化及制造业绩效评价的研究，在制造业的发展情况、制造业信息化、制造业发展的制约因素等方面较丰富；对制造业转型升级评价、创新驱动制造业发展评价、制造业可持续发展评价等指标体系的构建和评价方法已有较多研究成果。关于信息生态系统与制造业的研究，主要集中于分析"互联网+"背景下制造业的业务模式、全球竞争态势及经济增长方式的改变，以及信息技术为制造企业带来的改变等方面，关于信息生态系统对制造业影响的研究成果较少。关于制造业转型升级方面的研究，主要侧重于制造业转型升级的影响因素、创新驱动制造业转型升级、制造业转型升级路径与对策等方面。可见，在信息技术迅速发展、市场信息瞬息万变的新形势下，如何使制造业快速反应并保持信息生态平衡，进而实现转型升级的战略目标尤为重要。

### 主要参考文献

蔡瑞林，陈万明，陈圻，2014．低成本创新驱动制造业高端化的路径研究[J]．科学学研究，32（3）：384-391，399．

巢惟忐，孙宁，米卫红，等，2012．长三角制造业的低碳经济发展状况与对策：基于 DSR 模型的评价研究[J]．华东经济管理，26（1）：47-50．

陈楠，蔡跃洲，2020．新科技革命下主要经济体制造业发展战略与国际竞争格局[J]．学习与探索（12）：121-129．

陈艺毛，李春艳，杨文爽，2019．我国制造业国际分工地位与产业升级分析：基于增加值贸易视角[J]．经济问题（5）：105-114．

陈甬军，杨振，2012．制造业外资进入与市场势力波动：竞争还是垄断[J]．中国工业经济（10）：52-64．

程强，武笛，2015．科技创新驱动传统产业转型升级发展研究[J]．科学管理研究，33（4）：58-61．

崔畅，2011．企业信息生态平衡的评价研究[D]．长春：吉林大学．

戴翔，2014．服务进口复杂度与我国制造业效率提升[J]．科研管理，35（6）：108-114．

戴勇，2013．传统制造业转型升级路径、策略及影响因素研究：以制鞋企业为例[J]．暨南学报（哲学社会科学版），35（11）：

57-62.

邓少军，2014．多层次信息消费驱动我国传统产业转型升级的机理研究：动态能力理论视角[J]．社会科学（1）：32-41.

邓晓虹，黄满盈，2014．加快推进我国制造业转型升级的对策建议：基于工程机械行业的经验启示[J]．经济问题探索（10）：81-85.

杜传忠，郭美晨，2015．我国创意产业促进制造业升级的作用机理及效应分析[J]．江淮论坛（4）：26-33.

杜传忠，王梦晨，2021．技能偏向型技术进步对中国制造业价值链攀升的影响研究：基于知识产权保护的视角[J]．经济科学（1）：31-43.

杜宇玮，2017．中国生产性服务业促进制造业升级影响因素研究：基于超效率 DEA 和 Tobit 模型的实证分析[J]．商业研究（6）：145-153.

方辉振，2017．振兴实体经济的核心：浅议制造业创新驱动发展战略[J]．理论视野（3）：37-41.

房建奇，沈颂东，亢秀秋，2019．大数据背景下制造业转型升级的思路与对策研究[J]．福建师范大学学报（哲学社会科学版）（1）：21-27，168.

付宏，刘其享，汪金伟，2020．智能制造、劳动力流动与制造业转型升级[J]．统计与决策，36（23）：181-184.

高启明，2017．创新驱动我国通用航空制造业转型升级的实现路径[J]．经济纵横（2）：73-78.

高倩，2018．从流通视角展开的我国区域制造业可持续性发展测度研究[J]．商业经济研究（22）：174-177.

高寿华，2020．基于 DEA 交叉效率模型的浙江省纺织产业绿色转型效率评价[J]．印染助剂，37（4）：34-39.

古依莎娜，董景辰，臧冀原，等，2018．并行推进、融合发展：新一代智能制造技术路线[J]．中国工程科学，20（4）：19-22.

顾江，李苏南，2017．文化产业视角下我国制造业升级的新路径[J]．江海学刊（5）：71-77.

桂黄宝，刘奇祥，郝铖文，2017．河南省生产性服务业与装备制造业融合发展影响因素[J]．科技管理研究，37（11）：92-97.

郭凯明，潘珊，颜色，2020．新型基础设施投资与产业结构转型升级[J]．中国工业经济（3）：63-80.

郭然，原毅军，2020．生产性服务业集聚能够提高制造业发展质量吗？：兼论环境规制的调节效应[J]．当代经济科学，42（2）：120-132.

韩剑，崔雪晨，2014．制造业转型升级中的金融服务支持作用研究[J]．中国海洋大学学报（社会科学版）（5）：93-99.

韩美琳，徐索菲，徐充，2020．东北地区制造业智能化转型升级的制约因素及对策思考[J]．经济纵横（4）：104-109.

何青松，杨川，2013．生产性服务业对制造业升级的促进作用分析：以山东省为例[J]．经济与管理评论（3）：68-73.

胡迟，2013．加快制造业转型升级的战略举措[J]．经济纵横（1）：86-89.

胡迟，2015．“十二五”时期制造业转型升级成效分析与对策[J]．经济纵横（6）：14-19.

胡俊，2019．地区互联网发展水平对制造业升级的影响研究[J]．软科学，33（5）：6-10，40.

黄昶生，张晨，王丽，等，2020．新旧动能转换背景下中国制造业企业转型升级能力评价研究[J]．工业技术经济，39（8）：78-88.

黄东梅，2020．债务约束、知识产权运营效率与企业可持续发展能力[J]．财会通讯（4）：82-86.

黄晗，张金隆，熊杰，2020．创新政策对我国制造业转型升级的影响：基于政策组合的政策文本研究[J]．科技进步与对策，37（16）：111-119.

黄鲁成，张二涛，杨早立，2016．基于 MDM-SIM 模型的高端制造业创新指数构建与测度[J]．中国软科学（12）：144-153.

黄顺魁，2015．制造业转型升级：德国“工业 4.0”的启示[J]．学习与实践（1）：44-51.

贾根良，刘书瀚，2012．生产性服务业：构建中国制造业国家价值链的关键[J]．学术月刊，44（12）：60-67.

姜启波，谭清美，尹君，2019．“互联网+”创新驱动制造业发展研究[J]．科技管理研究，39（19）：177-182.

金青，张忠，陈杰，2015．基于典型案例的苏南制造业转型升级路径与对策研究[J]．科技进步与对策，32（18）：7.

金泽虎，钱燕，2019．生产性服务进口对我国制造业转型升级的影响[J]．重庆社会科学（6）：98-109.

柯健，2011．企业信息生态系统评价指标体系构建研究[J]．图书情报工作，55（14）：54-58.

柯健，2011．网络教学信息生态系统评价研究[J]．情报理论与实践，34（12）：50-54.

孔令夷，楼旭明，2014．全球化背景下我国通信和电子设备制造业转型升级型态及模式选择[J]．经济体制改革（3）：94-98.

孔令夷，邢宁宁，2019．生产性服务业与制造业互动影响的比较研究[J]．软科学，33（6）：42-48．

赖红波，2019．传统制造产业融合创新与新兴制造转型升级研究：设计、互联网与制造业“三业”融合视角[J]．科技进步与对策，36（8）：68-74．

李福柱，刘华清，2018．我国制造业转型升级的区位因素效应研究[J]．经济学家（6）：57-64．

李君，成雨，窦克勤，等，2019．互联网时代制造业转型升级的新模式现状与制约因素[J]．中国科技论坛（4）：68-77．

李俊江，孟勐，2016．基于创新驱动的美国“再工业化”与中国制造业转型[J]．科技进步与对策，33（5）：51-55．

李廉水，程中华，刘军，2015．中国制造业“新型化”及其评价研究[J]．中国工业经济（2）：63-75．

李琳，王足，2017．我国区域制造业绿色竞争力评价及动态比较[J]．经济问题探索（1）：64-71．

李平，王钦，贺俊，等，2010．中国制造业可持续发展指标体系构建及目标预测[J]．中国工业经济（5）：5-15．

李新功，2017．人民币升值与我国制造业升级实证研究[J]．中国软科学（5）：38-46．

李玉杰，刘志峰，2009．信息生态系统健康的内涵、本质及评价体系研究[J]．科技管理研究（6）：263-266．

刘海军，李晴，2020．新基建加速制造业转型升级[J]．当代经济管理，42（9）：26-31．

刘明，2017．空间集聚与中国制造业增长：基于2008—2013年省域数据[J]．经济问题探索（5）：182-190．

刘胜，陈秀英，2019．金融服务业与制造业空间协同分布驱动制造业转型升级了吗[J]．金融经济学研究，34（1）：111-120．

罗序斌，黄亮，2020．中国制造业高质量转型升级水平测度与省际比较：基于“四化”并进视角[J]．经济问题（12）：43-52．

马文秀，高周川，2021．日本制造业数字化转型发展战略[J]．现代日本经济（1）：27-42．

那丹丹，李英，2021．我国制造业数字化转型的政策工具研究[J]．行政论坛，28（1）：92-97．

宁家骏，2015．“互联网+”行动计划的实施背景、内涵及主要内容[J]．电子政务（6）：31-38．

潘为华，潘红玉，陈亮，等，2019．中国制造业转型升级发展的评价指标体系及综合指数[J]．科学决策（9）：28-48．

潘子辉，陈颇，2018．经济新常态下中国体育用品制造业转型升级综合能力评价研究[J]．沈阳体育学院学报，37（5）：47-53．

彭树涛，李鹏飞，2018．中国制造业发展质量评价及提升路径[J]．中国特色社会主义研究（5）：34-40，54．

盛朝迅，2020．中美比较视角下我国制造业发展存在的问题及对策[J]．湖北大学学报（哲学社会科学版），47（3）：153-162．

宋林，张杨，2020．创新驱动下制造业的产业转型升级[J]．西安交通大学学报（社会科学版），40（1）：38-47．

宋晓明，张志军，2016．区域电子及通信设备制造业升级模式与对策[J]．中国科技论坛（1）：112-117．

苏永伟，2020．生产性服务业与制造业融合水平测度研究：基于2005—2018年的省级面板数据[J]．宏观经济研究（12）：98-108．

孙斌，卢文康，梁炜，等，2021．众创空间信息生态系统评价指标体系研究[J]．中国集体经济（1）：67-70．

田红娜，刘思琦，尹洪艳，2019．基于熵值—突变级数法的制造业绿色工艺创新能力评价[J]．科技管理研究，39（24）：160-168．

王翠翠，2009．基于信息生态学视角的企业信息化研究[D]．济南：山东大学．

王芳，胡峰，王晓萍，2014．美国“再工业化”对中国制造业的影响与对策[J]．科技管理研究（14）：27-30．

王花蕾，2014．论制造业的网络化转型[J]．开放导报（2）：52-55．

王可，李连燕，2018．“互联网+”对中国制造业发展影响的实证研究[J]．数量经济技术经济研究，35（6）：3-20．

王树华，陈柳，2014．制造业转型升级中的增量调整和存量调整[J]．现代经济探讨（6）：38-41．

王树华，陈柳，2015．江苏战略性新兴产业高端化发展的困境与突破[J]．江南论坛（1）：9-11．

王伟光，马胜利，姜博，2015．高技术产业创新驱动中低技术产业增长的影响因素研究[J]．中国工业经济（3）：70-82．

王晰巍，刘铎，2010．企业信息生态系统的要素及评价指标构建研究[J]．图书情报工作，54（16）：22-25．

王新红，李世婷，2017．基于改进熵值法的中国制造业创新驱动能力评价研究[J]．商业研究（1）：27-33．

王一晨，2019．运用工业互联网推动中国制造业转型升级[J]．中州学刊（4）：26-30．

王志华，陈圻，2012．江苏制造业转型升级水平测度与路径选择[J]．生态经济（12）：91-96．

魏明，胡逸琳，张忠德，2018．我国通信设备制造业创新能力评价[J]．西安邮电大学学报，23（2）：102-110．

魏明，黄锦鸽，2018．信息技术驱动下制造业企业财务共享服务模式探析[J]．财会月刊（9）：56-60．

魏明，王超，2015．信息生态平衡视角下创新驱动陕西省制造业转型升级研究[J]．科技进步与对策（21）：48-53．
魏明，王杏，2018．基于信息生态的制造业可持续发展研究：以陕西省为例[J]．科技管理研究，38（13）：106-112．
温湖炜，钟启明，2021．智能化发展对企业全要素生产率的影响：来自制造业上市公司的证据[J]．中国科技论坛（1）：84-94．
夏飞龙，张小筠，2018．制造业转型升级的经验、方向及对策：以深圳市为例[J]．企业经济（9）：53-58．
肖国东，2014．产权对制造业生产效率影响研究：以国有企业和民营企业为例[J]．社会科学战线（11）：263-265．
谢福泉，胡锈腾，2015．上海制造业行业创新破坏性特征与创新模式选择[J]．科技进步与对策（13）：69-75．
谢众，吴飞飞，杨秋月，2018．中国制造业升级的创新驱动效应：基于中国省级面板数据的实证检验[J]．北京理工大学学报（社会科学版），20（4）：97-108．
徐常萍，吴敏洁，2012．环境规制对制造业产业结构升级的影响分析[J]．统计与决策（16）：101-102．
徐索菲，2014．东北地区生产性服务业与制造业互动发展探析：基于长三角经验的启示[J]．当代经济研究（6）：55-59．
许泽辉，2020．跨境进口零售平台信息生态化水平评价研究[D]．保定：河北大学．
薛纯，杨瑾，2019．信息化驱动装备制造业转型升级机理研究[J]．西安财经学院学报，32（5）：120-127．
杨桂菊，陈思睿，侯丽敏，2019．不完全模仿创新视角的本土制造业转型升级[J]．中国科技论坛（5）：10-18．
杨浩昌，李廉水，刘军，2014．中国制造业低碳经济发展水平及其行业差异：基于熵权的灰色关联投影法综合评价研究[J]．世界经济与政治论坛（2）：147-162．
杨瑾，解若琳，2020．颠覆式创新驱动装备制造业转型升级的关键影响因素及路径[J]．中国科技论坛（11）：74-82，109．
杨立卓，2018．新常态背景下国际投资对我国制造业转型升级的影响[J]．江西社会科学，38（12）：67-79．
杨文彩，易树平，丁婧，等，2007．制造业信息化环境下人-信息系统交互效率影响因素的因子分析[J]．科研管理，28（6）：159-166．
杨秀芳，2010．信息生态位评价体系研究[D]．太原：山西大学．
杨勇昌，2020．制造业信息系统建设及企业价值增值分析[J]．信息系统工程（8）：64-65．
叶琪，2015．世界创新竞争驱动制造业转型的机理与验证[J]．工业技术经济（1）：29-36．
易开刚，孙漪，2014．民营制造企业"低端锁定"突破机理与路径：基于智能制造视角[J]．科技进步与对策（6）：73-78．
余东华，张昆，2020．要素市场分割、技术创新能力与制造业转型升级[J]．华东经济管理，34（11）：43-53．
余淑秀，2017．制造业转型升级之路怎么走[J]．人民论坛（10）：84-85．
曾繁华，何启祥，冯儒，等，2015．创新驱动制造业转型升级机理及演化路径研究：基于全球价值链治理视角[J]．科技进步与对策，32（24）：45-50．
曾繁华，侯晓东，吴阳芬，2016．"双创四众"驱动制造业转型升级机理及创新模式研究[J]．科技进步与对策，33（23）：44-50．
曾繁华，刘淑萍，2019．"互联网+"对中国制造业升级影响的实证检验[J]．统计与决策，35（9）：124-127．
曾昭宁，张欢，2013．FDI 与陕西制造业升级问题研究[J]．西安石油大学学报（社会科学版），22（4）：10-15．
詹浩勇，冯金丽，2014．生产性服务业集聚与制造业转型升级的机理与实证检验[J]．商业研究（4）：49-56．
张艾莉，张佳思，2018．以"互联网+"为驱动的制造业创新能力评价[J]．统计与信息论坛，33（7）：100-106．
张伯旭，李辉，2017．推动互联网与制造业深度融合：基于"互联网+"创新的机制和路径[J]．经济与管理研究，38（2）：87-96．
张峰，薛惠锋，2017．制造业"解锁"能力指数构建及驱动要素测度[J]．经济与管理研究，38（2）：112-124．
张海涛，张丽，张连峰，等，2012．商务网站信息生态系统的配置与评价[J]．情报理论与实践，35（8）：12-16，11．
张佳悦，2018．如何完善制造业创新体系[J]．人民论坛（16）：122-123．
张辽，王俊杰，2020．信息化密度、信息技术能力与制造业全球价值链攀升[J]．国际贸易问题（6）：111-126．
张胜冰，王璠，2014．试论文化创意产业对台湾制造业转型的推动作用[J]．中国海洋大学学报（社会科学版）（6）：87-92．
张晓芹，王宇，2018．基于《中国制造 2025》的新型制造业综合评价：以佛山市制造业为例[J]．科技管理研究，38（3）：100-106．

张银银，黄彬，2015．创新驱动产业结构升级的路径研究[J]．经济问题探索（3）：107-112.

张予川，张金鑫，2015．长江经济带物流业发展对制造业效率提升实证分析[J]．湖北大学学报（哲学社会科学版）（2）：114-118.

张志元，李兆友，2015．创新驱动制造业转型升级对策研究[J]．中国特色社会主义研究（4）：41-44.

赵振，2015．“互联网+”跨界经营:创造性破坏视角[J]．中国工业经济（10）：146-160.

周建珊，2013．我国装备制造业转型升级与金融支持研究[J]．湖南科技大学学报（社会科学版）（2）：114-116.

周琳，2015．基于创新驱动发展战略的企业创新绩效研究[J]．经济问题（5）：124-129.

周勇，吴海珍，2017. 基于 DEA/AHP 模型的陕西省装备制造业可持续成长性的评价研究[J]. 经济与管理评论（2）：109-114.

周正，毛瑞男，2017．黑龙江省装备制造业转型升级影响因素研究：人口红利的视角[J]．哈尔滨商业大学学报（社会科学版）（3）：107-117.

朱北仲，2015．论中国农业装备制造业创新驱动体系建设[J]．现代经济探讨（3）：64-68.

朱高峰，王迪，2017．当前中国制造业发展情况分析与展望：基于制造强国评价指标体系[J]．管理工程学报，31（4）：1-7.

庄志彬，林子华，2014．创新驱动我国制造业转型发展的对策研究[J]．福建师范大学学报（哲学社会科学版）（1）：45-52.

邹东涛，陈志云，2018．技术创新模式下的社会资本与网络关系的影响研究[J]．浙江工商大学学报（1）：66-76.

ADAMSON G, WANG L, HOLM M, et al., 2015. Cloud manufacturing: a critical review of recent development and future trends[J]. International journal of computer integrated manufacturing, 30(4-5):347-380.

BADURDEEN F, SHUAIB M A, TAO L, et al., 2015. Sustainable value creation in manufacturing at product and process levels: metrics-based evaluation[M]. London: Springer.

BALIYAN S K, BALIYAN K, 2015. Determinants of firm-level performance: a study of Indian manufacturing and service sectors [J]. Indian journal of economics and development, 11(3):701-713.

BERGER S, LESTER R K, 1997. Made by Hong Kong [M]. Oxford: Oxford University Press.

CAIYUN Z, GUOHONG C, JIAN H, et al., 2018. The mechanism of internet capability driving knowledge creation performance: the effects of strategic flexibility and informatization density[J].Interdisciplinary journal of information (13):259-278.

CHAO L, SHUIHUA H, KUMAR S, et al., 2019. The influence of senior executive support informatization on radical innovation performance[J]. Industrial management & data systems, 119(4):821-839.

CHEN X Q, WANG W, LIU X, et al., 2019. Behavioral DEA model and its application to the efficiency evaluation of manufacturing transformation and upgrading in the Yangtze River Delta[J]. Soft computing, 24(10):10721-10738.

CHORNG-SHYONG, POYEN, 2013. Information technology capability-enabled performance, future performance, and value[J]. Industrial management data systems, 113(5):669-682.

DANIEL O, SONJA D, BENEDIKT L, et al., 2019. Creating the foundation for digital twins in the manufacturing industry: an integrated installed base management system[J]. Information systems and e-business management, 17(1):89-116.

FRANCOIS J, HOEKMAN B, 2010. Services trade and policy[J]. Journal of economic literature, 48(3):642-692.

FRANKE R, KALMBACH P, 2005. Structural change in the manufacturing sector and its impact on business-related services:an input-output study for Germany[J]. Structural change and economic dynamics, 16(4):467-488.

GARBIE H, 2014. An analytical technique to model and assess sustainable development index in manufacturing enterprises[J].International journal of production research, 52(16):4876-4915.

GARBIE H, IBRAHIM, 2014. A methodology for the reconfiguration process in manufacturing systems[J]. Journal of manufacturing technology management, 25(6):891-915.

GU G T, XU B, 2017. Innovation path of manufacturing enterprises and strategies for transformation and upgrading in China[J]. Journal of advanced computational intelligence and intelligent informatics, 21(6).1048-1055.

HAO Z, LIU C, GOH M, 2021. Determining the effects of lean production and servitization of manufacturing on sustainable performance[J].Sustainable production and consumption, 25(2):374-389.

HESSE S, WOLF B, NADOVEZA D, et al., 2012. Reference model concept for structuring and representing performance indicators in manufacturing[C] //Advances in production management systems:competitive manufacturing for innovative products & services: Apms Conference.Rhodes, Greece:Springer:289-296.

JEROME DENIS DONOVAN, ALEX MARITZ, ANDREW MCLELLAN, 2013. Innovation training within the Australian advanced manufacturing industry[J]. Journal of vocational education & training, 65(2):256-276

JI KUN, XUE QIAN, LI SIJUN, 2020. Research on the construction and development trend of productive service industry index system[J]. Academic journal of engineering and technology science, 3(4):47-61.

KAI C, 2008. Empirical analysis on the factors that have effect on the FDI in service sector in China[J]. On economic problems, 57(5):1541-1551.

KAKAOMERLIOGLU D C, CARLSSON B, 1999. Manufacturing in decline? A matter of definition [J]. Economics of innovation & new technology, 8(3):175-196.

KAPLINSKY R, MORRIS M, READMAN J, 2002. The globalization of product markets and immiserizing growth: lessons from the south African furniture industry[J]. World development, 30(7):1159-1177.

KE S, HE M, YUAN C, 2014. Synergy and co-agglomeration of producer services and manufacturing: a panel data analysis of Chinese cities[J].Regional studies, 48(11):1829-1841.

KOZLOWSKA J, 2020. Servitization of manufacturing: survey in the Polish machinery sector[J]. Engineering management in production and services, 12(1):20-33.

LI W B, WU W W, YU B, et al., 2015. Is China transmuting to fast overtake the USA in innovation? R&D case-studies in advanced technology manufacturing[J]. Chinese management studies, 9(1):8-26.

LIN S F, CAI S, SUN J, et al., 2018. Influencing mechanism and achievement of manufacturing transformation and upgrading[J]. Journal of manufacturing technology management, 30(1):213-232.

MARTIN-PENA M L, DIAZ-GARRIDO E, SANCHEZ-LOPEZ J M, 2018. The digitalization and servitization of manufacturing: a review on digital business models[J]. Strategic change, 27(2):91-99.

MING W, YURU Q, XINGCHEN L, 2013. Empirical research of financial performance on the convergence of informatization and industrialization based on listed companies in Shannxi province[C]//International Conference on Management Science & Engineering. New York: IEEE.

ONG C S, CHEN P, 2013. Information technology capability-enabled performance, future performance and value[J]. Industrial management & data system, 113(5):669-682.

RYMASZEWSKA A, HELO P, GUNASEKARAN A, 2017. IoT powered servitization of manufacturing: an exploratory case study[J].International journal of production economics(192): 92-105.

SANTHANAM R, HARTONO E, 2003. Issues in linking information technology capability to firm performance[J]. MIS Quarterly, 27(1):125-153.

STAMAS P J, 2013.Towards a service-oriented enterprise: the design of a cloud business integration platform in a medium-sized manufacturing enterprise[D].Syracuse: Syracuse University, 2013.

SUN Y, LI L, SHI H, et al., 2020. The transformation and upgrade of China's manufacturing industry in Industry 4.0 era[J]. Systems research and behavioral science, 37(4):734-740.

WINE E, 2010. Knowledge, capabilities and manufacturing innovation: a USA-Europe comparison[J]. Regional studies, 44(3):253-279.

WONG C W Y, LAI K H, CHENG T C E, et al., 2015. The role of IT-enabled collaborative decision making in inter-organizational integration to improve service performance [J]. Int. J production economics(159):56-65.

XIE Z, ZANG G X, WU F F, 2019. On the relationship between innovation activity and manufacturing upgrading of emerging countries: evidence from China[J]. Sustainability, 11(5):1-19.

XINYU G, CHENGPENG L, JINHUANG M, 2020. Effects of urban producer service industry agglomeration on export technological complexity of manufacturing in China.[J]. Entropy, 22(10):1108.

YANG F F, YEA A, WANG J, 2018. Regional effects of producer services on manufacturing productivity in China[J]. Applied geography(97):263-274.

YONG J C, LEEM C S, SHIN K T, 2008. The relationships among manufacturing innovation, competitiveness, and business performance in the manufacturing industries of Korea[J]. International journal of advanced manufacturing technology, 38(7-8):840-850.

ZHANG L, ZHOU L, REN L, et al., 2019. Modeling and simulation in intelligent manufacturing[J]. Computers in industry (112):103-123.

ZHOU J, LI P, ZHOU Y, et al., 2018. Toward new-generation intelligent manufacturing[J]. Engineering, 4(1):11-20.

# 第 3 章　相关理论基础

制造业绩效评价及其转型升级路径分析需要相关理论的支撑。本章主要对信息生态理论、绩效评价理论、产业升级与集聚理论、生命周期理论、设计驱动创新理论、价值链理论、可持续发展理论、逆向选择理论、国家治理理论、信息价值理论等进行梳理与探讨。

## 3.1　信息生态理论

信息生态系统建设实际上就是构建一个和谐的、完善的信息生态系统。因此，本书以信息生态理论为研究视角，将其运用在制造业信息生态系统构建、制造业绩效评价指标体系设计、制造业信息生态系统水平测度等相关分析与讨论中，进一步拓展制造业绩效评价理论。

### 3.1.1　信息生态理论的提出

"信息生态"概念由西方学者霍顿（Horton）于 1978 年首次提出，它将生态学理论、系统学理论、信息理论等相结合，属于现代信息科学与生态学的交叉学科理论。信息生态理论研究旨在构建一个由信息人、信息、信息环境等要素共同组成的，具备一定的层次结构和系统性功能的信息生态系统，并从系统学和生态学角度分析企业内部信息的利用方式对企业整体产生的影响。美国社会学者在信息生态与生态系统关联概念的基础上，重点阐释信息人与信息技术的关系，提出信息生态不仅是在特定环境下的包含信息人、信息质量、管理、产品、价值和技术等要素的系统，还是对这一环境内的信息服务、需求和可靠性的客观评价（Davenport et al.，1997；Nardi and O'Day，2003）。Nam 等（2013）认为在生态学视角下，信息生态理论侧重研究系统中各要素与信息环境之间的作用关系。

### 3.1.2　信息生态理论的构成要素

信息生态理论由不同要素构成。这些要素可以称为信息生态因子，其分类方法主要包括"三因素"分类法和"四因素"分类法等。"三因素"分类法涉及信息人、信息和信息环境；"四因素"分类法在信息人、信息和信息环境的基础上增加了信息技术，即用于采集、加工、组织、管理、更新、开发相关信息资源的技术设备，以及对应的使用说明和使用技能等（刘春明等，2019；边旭佼，2019；杨梦晴，2020）。信息技术因素一般归属于信息环境，因而本书主要以信息生态理论"三要素"分类法作为主要研究基础。

1）信息人是主体，在信息生态系统的运行过程中发挥着能动的作用，肩负着信息生产、传递、消费和分解等责任，主导着信息生态系统的各方面。信息人可以是个人，也可以是由多个人组成的团体、组织与部门等，是信息产生、传递及转化的主要实践者。

2）信息能够保证信息生态系统运行顺畅，维持各要素间的相互作用，还充当着向信息生态系统外部输出整体功能的媒介。信息生态系统构成了能够循环反馈的信息生态链，负责信息的流转和价值的转换，有机协调和融合多种组织要素（边旭佼，2019）。因此，在信息生态系统中，对信息人及其活动产生影响的各类要素又被称为信息生态因子。

3）信息环境是指信息生态系统所处的背景和场所，是影响所有与信息相关的人和活动的环境要素的集合，主要包括信息的政策法规、基础设施、技术、文化、制度及组织结构等。其中，文化、制度、组织结构等直接或间接地影响信息人的行为（李国策等，2011）。可见，信息是信息生态系统中的客体，是经过信息人的不同活动所产生的，其质量的高低受信息人的能力和信息环境的影响。

## 3.2 绩效评价理论

绩效评价理论的发展与相关评价方法对进一步构建制造业绩效评价指标体系、测度制造业转型升级效果与信息生态系统水平、提出转型升级创新路径等起着重要的理论支撑作用。

### 3.2.1 绩效评价理论的提出

绩效评价理论强调以一定标准和流程，对企业一段时期内的经营状态进行评估的过程。这一过程包括信息收集与信息处理，而评估标准主要依据企业发展战略来制定。绩效评价理论历史十分悠久，其主要是为了满足企业利益相关者的需求。自从人类有了生产活动，就产生了绩效评价思想。在西方，最早且比较系统、正式的绩效评价体系可以追溯到 14 世纪的复式记账。20 世纪 90 年代以后，随着国外学者对绩效评价领域研究的不断深入，绩效评价体系逐渐将财务指标与非财务指标相结合。我国学者也逐渐开始关注这一理论的研究。学者们提出绩效评价要具有综合性，只有将财务指标与非财务指标相结合，才能全面、系统地考评企业总体经营和发展目标的要求（陆庆平，2006）。正确衡量企业既定目标的实现程度、企业资源的优化配置及企业的可持续发展程度是十分重要的（张玉琴，2014）。

### 3.2.2 绩效评价分类

随着绩效评价理论的不断拓展，针对不同企业的绩效评价方法也应运而生。由于组织类型与评价要素存在差异性，企业采用的绩效评价方法也截然不同。随着经济与社会环境的不断变化，企业需要选择适用的绩效评价方法，构建更为科学、有效的绩效评价体系来衡量其绩效水平（马琳，2020）。随后，多种绩效评价方法被提出，其一般可以分为系统绩效评价方法和基本绩效评价方法。

1）系统绩效评价方法的评价依据与组织的战略目标息息相关，强调对组织战略的实施情况予以关注。企业可以采用的系统绩效评价方法主要包括：①目标管理法。首先，企业根据面临的形势，制定出一定时期内的总目标，以此决定上、下级的责任和分目标，并制定组织、部门和个人绩效产出对组织贡献的标准；其次，将实际绩效与绩效标准进行比较；最后，企业依据评价结果调整、改进绩效评价的过程或程序。②关键绩效指标法。在组织运行过程中，企业通过提炼和归纳其关键成功要素，设置、取样、计算及分析企业内部流程的输入端、输出端的关键参数，将企业的战略目标分解为可运作的远景目标和量化指标，这是提高企业核心竞争力的有效工具。③平衡计分卡（balanced score card）。该方法最突出的特点是将企业的愿景、使命、发展战略等与其业绩评价系统相关联，并将企业的使命和战略转变为具体的目标和评测指标，从而实现战略和绩效的有机结合。这一方法引起了理论界的广泛关注，学者们分析了平衡计分卡原有的 4 个绩效评价指标及其影响因素，构建了评价指标矩阵的理论模型（Franceschini et al.，2013）。这些指标包括阐明愿景与战略、沟通与联系、计划与设定目标值、战略反馈与学习等，各指标之间存在着密切的关系。评价指标矩阵如图 3.1 所示。

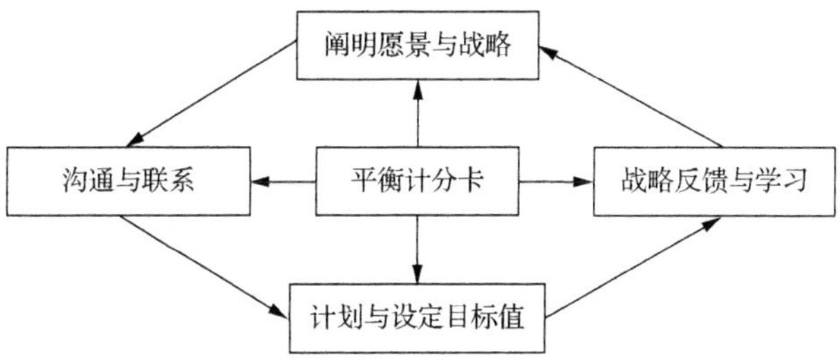


图 3.1　评价指标矩阵

2）基本绩效评价方法主要围绕员工的特征、工作行为和工作成果来开展，是针对员工的绩效评价方法。常用的基本绩效评价方法有 3 类：一是特征评价法。这种方法主要衡量员工拥有的某些特征的程度，这些特征通常被认为对组织和岗位均非常重要。该评价方法易于更新。该评价方法是目前绩效评价普遍使用的方法，常见的有排序评价法、配对比较法、人物比较法与书面评价法等。二是行为导向法。该评价方法强调建立在工作中的行为标准或规范，要求员工在完成工作目标过程中的行为必须符合这些标准或规范。该评价方法通过对员工行为、组织行为标准或规范的比较和评估，推断员工的工作业绩，主要包括行为锚定等级评定法、行为对照表法、组织行为修正法及评价中心法等。三是结果导向法。该评价方法强调结果，即员工具体做出了什么成绩，主要包括直接指标衡量法、绩效标准法和成绩记录法等。

## 3.3 产业升级与集聚理论

本书运用产业升级与集聚理论，分析与研讨我国制造业转型升级的现状及存在的问题，从产业集聚的角度对制造业产业集聚状况进行探索，进而从产业层面提出有针对性的制造业转型升级路径。

### 3.3.1 产业升级理论

在产业升级（industrial upgrading）理论研究方面，学者们从不同角度对产业进行了分类。总体而言，普遍根据不同产业在人类社会活动中出现的先后顺序进行分类。人类的生产活动可以分为三个阶段：初级阶段主要以农业和畜牧业为标志；第二阶段以工业大规模的迅速发展为标志；第三阶段大约从 20 世纪初开始，出现大量的服务性行业，并逐渐占据经济活动的主要部分。与生产活动的这三个发展阶段相适应，可以将产业结构划分为第一产业、第二产业和第三产业。20 世纪 30 年代，英国统计学家科林·克拉克（Colin Clark）在罗纳德·艾尔默·费希尔（Ronald Aylmer Fisher）的研究基础上，进一步明确了第三产业的含义，提出农业为第一产业，制造业为第二产业，而服务业则为第三产业（彭松建，1981）。此外，产业还有其他的划分方法，如马克思将产业分为第一部类和第二部类（何祚庥和罗劲柏，1958）；根据产业附加值的大小分为低加工度、低附加值产业和高加工度、高附加值产业（郑月，2014）；根据生产要素划分为技术密集型产业、资本密集型产业和劳动密集型产业（刘燕，2015）。

产业升级理论强调使产品附加值提高的生产要素改进、结构改变、生产效率与产品质量提高及产业链升级。从企业层面看，产业升级强调一个企业中的产品附加值的提高；而产品附加值提高的方法包括企业技术升级、管理模式改进、企业结构改变、产品质量与生产效率提高等。从产业层面看，产业升级侧重一个产业中产品的平均附加值的提高。从国家层面看，产业升级是指经济结构的重心从第一产业向第二产业和第三产业转移，从而导致各类产业比重发生变化。

理论界对产业升级的内涵一直存在不同认知。例如，Gereffi（1999）指出，产业升级是企业通过提高自身资本密集能力和技术密集能力而提高自身盈利能力的过程，这一过程涉及企业在价值链上地位的转变。Humphrey 和 Schmitz（2002）对产业升级的不同类型进行描述，包括工艺升级、产品升级、功能升级和跨产业升级，而前三种类型均属于产业内升级。Poon（2004）认为产业升级就是制造商成功地从生产劳动密集型低价值产品，向生产高价值的资本或技术密集型产品转换的过程。此外，Raphael 和 Jeff（2005）指出产业升级不同于创新，他们认为创新是企业内部的活动过程，如企业对某一工艺或产品的生产进行创新，其对象是企业的产品或生产活动过程；而产业升级是企业在与其他市场参与者竞争过程中，通过自身在产业价值链上的升级而获得更多附加值的过程。国内学者对产业升级的探索相对较晚，一些研究成果认为产业升级是一个过程，即企业或区域提升自身在价值链上所处地位的过程，是产业结构升级和产业发展的共同进步（喆儒，2006）；也是产业结构由低级向高级的转变过程，这一过程不仅包括产业总量的变化，还包括产业结构的调整和升级（郭玉屏，2013）。这些转变既涉及技术密集型产业、劳动密集型产业和资本密集型产业之间的相互转变，高附加值产业和低附加值产业之间的转变，也涉及低加工水平产业向高加工水平产业的演进（吴利娟，2014）。

### 3.3.2　产业集聚理论

产业集聚（industrial agglomeration）理论是国内外学者多年来持续关注的焦点，他们从多角度对产业集聚理论进行探讨与拓展。1890 年，阿尔弗雷德·马歇尔（Alfred Marshall）在已有研究成果基础上提出产业聚集理论，引进了“专业化”“外部经济性”等概念，成为产业集聚理论的奠基人。该理论强调区域竞争的优势来自区域内各企业的合作，而非单个企业。一些学者将产业集聚理论称为外部经济理论或行业内集聚经济理论，并提出跨行业集聚经济（Paci and Usai，1999），强调外部经济在促进制造企业创新、产业区位与竞争合作、技术创新与竞争优势、交易成本与报酬递增等方面产生的作用（Jouke and Piet，2000）。

1991 年，保罗·克鲁格曼（Paul Krugman）在不完全竞争理论和 DS 垄断竞争模型①的基础上，提出新经济地理理论（new economic geography theory，NEG 理论）。随后，学者们完善了国际层面经济聚集与区域经济不平衡发展的理论基础（Masahisa and Jacques，2009），促进了空间经济理论与国际贸易理论的结合。1909 年，阿尔弗雷德·韦伯（Alfred Weber）在《工业区位论》一书中，从区位理论的角度首次提出“聚集”的概念，认为产业间上下游的关联促进了产业聚集，从而影响了工业区位的选择。1998 年，迈克尔·波特（Michael Porter）在《国家竞争优势》一书中，首次提出产业聚集的概念。随后，学者们不断拓展这一概念的内涵与外延，认为产业聚集是指在产业的发展过程中，处在某一个特定区域或领域内的相关的企业或机构形成共性和互补性，从而紧密地联系在一起，形成在地理上聚集的相互关联、相互支持的产业集群（刘军和吉敏，2011）。集群内的产业处在同一条产业链上，彼此之间既竞争又合作，呈现出横向扩张或纵向延伸的专业化分工格局。企业通过集群内企业之间的溢出效应，充分共享技术信息、人才信息、政策信息及相关产业要素等资源。可见，集群内部企业获得规模经济效益能够有效地提高经济增长、技术创新和劳动生产率，从而最终实现整个产业群竞争力的提升（Thünen et al.，1966；张彩云，2020）。

## 3.4　其他相关理论

在探索国内外制造业发展状况、信息化建设与制造业转型升级的内在机理、绩效评价指标体系设计，从不同层面提出我国制造业转型升级路径的过程中，我们需要结合生

---

① DS 垄断竞争模型即 DS 框架，是一个规模经济和多样化消费之间的两难冲突模型，用来验证垄断竞争是否会导致过多的产品多样化。1977 年，美国经济学家阿维纳什·迪克西特（Avinash Dixit）和约瑟夫·尤金·斯蒂格利茨（Joseph Eugene Stiglitz）提出这一模型。

命周期理论、设计驱动创新理论、价值链理论、可持续发展理论、逆向选择理论、国家治理理论、信息价值理论等研究基础进行深入分析。

### 3.4.1 生命周期理论

1966 年，卡曼（Karman）最早提出生命周期理论。随后，学者们以四分图理论为基础，结合克里斯·阿吉里斯（Chris Argyris）的“不成熟—成熟”理论，对生命周期理论进行拓展（Hersey et al.，1976）。该理论有助于企业在生产经营、投融资活动、资源禀赋、组织能力、风险偏好与战略的发展阶段产生显著的变化；有助于投资者通过企业产生的现金流和盈利潜力，评估企业应对财务困境和恢复盈利的能力（Choi et al.，2016；Hasan and Cheung，2018；Lin et al.，2019）；也有助于研究制造企业创新过程中的资源整合问题。王莉静和丁琬君（2021）提出制造企业在初创期需要采用主动-配合型模式，在成长期采用开放-对接型模式，而在成熟期则采用生态-协同型模式。一般而言，生命周期理论主要有两种划分方法：一是产品生命周期（又称为行业生命周期）理论，即传统、机械性地看待市场的发展变化；二是需求生命周期理论，即观察产品和技术如何按照客户的需求进行调整和创新。

产品（行业）生命周期理论的应用非常广泛，能够帮助企业根据所处的生命周期阶段制定相应的发展战略，并假定企业在生命周期每个阶段中面临的竞争是不同的，产品（行业）发展会遵循一种既定的生命周期模式，企业所采取的策略也是可预测的。该理论将生命周期分为发展期、成长期、成熟期和衰退期等，呈现先上升后下降的趋势，如图 3.2 所示。

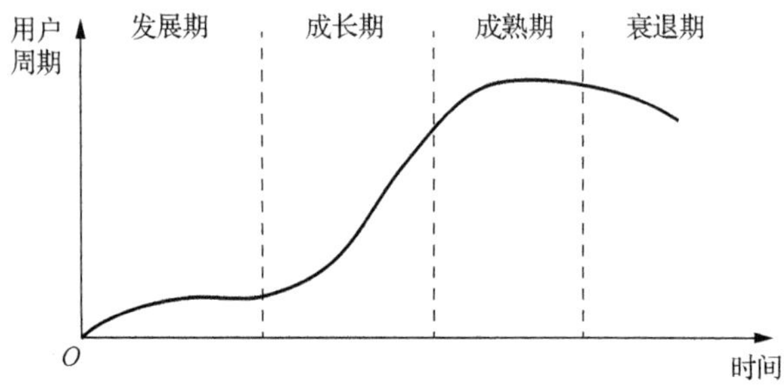


图 3.2　产品生命周期曲线

需求生命周期理论一般分为 5 个阶段，即出现期、加速成长期、缓慢增长期、成熟期和衰退期。该理论假定随着政治、社会、人口及科技等因素的变化，顾客（个人、私有或公有企业）的某种特定需求（如娱乐、教育、社交、交流信息等需求）也会不断变化，因而企业（行业）必须生产出能够满足顾客不同需求的产品。国内外学者研究发现，需求生命周期理论是最有建设性的应用理论。在进行公司治理、投融资与利润分配时，需求生命周期理论能够发挥重要的作用（Anthony and Ramesh，1992；Bens et al.，2002；Deangelo et al.，2006；Deangelo et al.，2010；Hribar and Yehuda，2015；宋福铁和屈文洲，2010；李云鹤等，2011；王凤荣和高飞，2012；董理和茅宁，2013；罗琦和李辉，2015）。

此外，一些学者提出技术生命周期理论，即技术会经历从“生”到“死”的过程。

也就是说，技术从产生到退出市场，将被新的技术所替代。Schumpeter（1934）提出技术创新的概念，认为技术创新不仅对经济发展具有推动作用，还会加速技术水平的提升。Harvey（1984）最早对技术生命周期进行阶段划分，随后出现了四阶段论、五阶段论及六阶段论等。Foster（1986）用 S 曲线表征技术生命周期的发展阶段。有的学者认为新技术产生于技术非连续状态，经过激烈竞争产生主导设计范式，随后进入渐进变革阶段，直到出现新的非连续技术状态（Anderson 和 Tushman，1990）。技术生命周期一般包含技术的经济寿命和市场寿命，因此技术存在和生物体相同的生命周期。1998 年，杰弗里·摩尔（Geoffrey Moore）在其著作 *Crossing the Chasm*（《跨越死亡之井》）中提出，技术生命周期曲线是一个先上升、后下降的曲线。一些学者从产品生命周期的角度，提出产品更新过程中的技术生命周期理论（浦根祥和周志豪，1998）。人类在认识自然与改造自然的过程中，随着知识量的连续积累和技术的不断进步，呈现出技术生命周期的阶段性变化（张海锋和张卓，2018）。由此可以看出，技术生命周期理论不仅有利于国家确定重点技术研究领域、完善成熟技术并淘汰落后技术，还有助于企业定位自己的技术发展状态，调整技术战略，规避投资风险（王山和谭宗颖，2020）。

生命周期理论可以用来分析我国制造业发展的现状及问题。在分析制造业转型升级路径时，我们可以考虑制造业所处的生命周期，并提出相应的转型升级路径。

### 3.4.2　设计驱动创新理论

设计驱动创新理论关注社会文化方面的知识，这类知识主要来源于企业外部，如设计机构、设计师、社会组织、艺术家及市场营销人员、媒体、消费者等，相关主体被称为社会意义的发现者（Verganti，2009）。该理论是创新研究的前沿成果，具有代表性。从企业外部获取创新知识的逻辑与开放式创新类似，但在互联网、大数据等新思维影响下，设计驱动创新理论融合了艺术与科学的双重属性（罗昊和何人可，2017），并引发一系列观念性的革命，如图 3.3 所示。

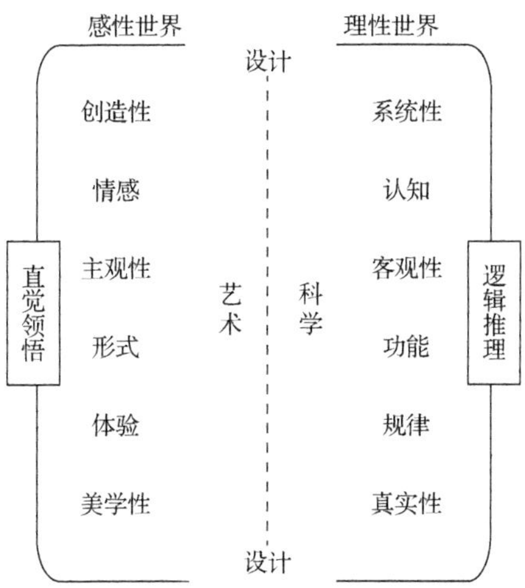


图 3.3　设计驱动创新理论的双重属性

“创新”这一概念最早由奥地利经济学家约瑟夫·熊彼特（Joseph Schumpeter）提出，他认为“创新”不仅是科学领域内技术的革新，还是将新型的科学技术应用于制造企业的各项流程中，使其获得一种全新的生产能力的过程。他将“创新”归为经济范畴，并指出经济学领域中的“创新”对于解释全要素增长具有关键性的作用。此后，学者们将创新与经济增长相联系（道格拉斯，1994；张永安，2010），进一步丰富了创新理论，并逐渐形成了新古典学派、新熊彼特学派、制度创新学派和国家创新系统学派。其中，新古典学派提出经济增长率由多个要素决定，新熊彼特学派认为技术创新是一个复杂的过程，制度创新学派提出制度创新与技术创新是相互促进的，国家创新系统学派强调系统的主导与推动作用。各学派主要观点如表 3.1 所示。

**表 3.1　各学派主要观点**

| 学派分类 | 主要观点 |
| --- | --- |
| 新古典学派 | 技术创新与资本、劳动共同决定着经济增长率 |
| 新熊彼特学派 | 技术创新和进步在经济增长中处于核心地位；技术创新是一个复杂的相互作用的过程，重点研究“黑箱”的内部运作机制 |
| 制度创新学派 | 世界经济发展是制度创新与技术创新往复循环、相互促进的过程 |
| 国家创新系统学派 | 国家创新系统在技术创新中起着主导与推动作用 |

现代管理学认为创新能够赋予资源前所未有的创造财富的能力，该理论主要包括技术创新和社会创新两种。学者们认为创新对经济增长具有明显的驱动作用，并进一步对研究开发和创新在经济增长过程中起到的引擎般的驱动作用进行探讨（Romer，1990；Aghion and Howitt，1992）。被誉为“竞争战略之父”的哈佛大学教授迈克尔·波特在《国家竞争优势》中首次提出“创新驱动”概念，丰富了创新理论。他运用国家竞争优势理论研究国家经济发展的不同阶段，将其分为生产要素驱动阶段、投资驱动阶段、创新驱动阶段和财富驱动阶段，这些阶段之间是不断递进的。其中，生产要素驱动阶段、投资驱动阶段与粗放型发展方式阶段相对应，创新驱动阶段、财富驱动阶段与集约型发展方式阶段相对应。基于创新理论的经济发展阶段如图 3.4 所示。

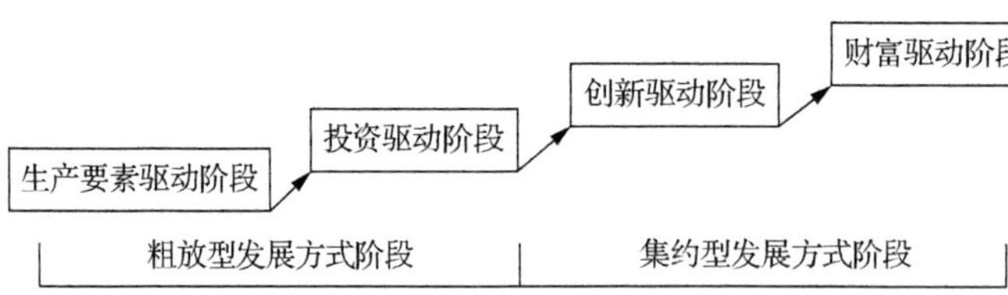


图 3.4　基于创新理论的经济发展阶段

技术能力和市场能力对于企业绩效的重要性已被很多学者肯定，构成了经典创新耦合模型的基础（乔·蒂德和约翰·贝赞特，2012）。通过创新形成的竞争优势是企业立足于国际产业分工高端位置的基础（陈云等，2018）。随着一大批创新型企业的兴起，越来越多的学者认为除传统技术推动创新和市场拉动创新外，还存在设计驱动创新（Verganti，2003）。其中，技术推动创新以提高工业技术水平的创新方式来提高企业的产品价值，市场拉动创新主要为满足不同顾客需求而进行的企业创新行为；而设计驱动创新以研发设计为创新原动力，进而推动技术创新和市场创新。根据设计驱动创新理论，越来越多的学者认为设计处于主导地位，能够对各种创新资源进行整合。与此相关的议题掀起了研究热潮（Christensen and Bower，1996；Borgianni and Rotini，2012），形成了重要的创新理论基础。

综上可以看出，设计驱动创新理论很好地阐释了设计对制造业转型升级、提升制造业竞争力的重要性。我们应运用设计驱动创新理论分析制造业信息生态系统与制造业转型升级路径，使其兼具科学性和艺术性。

### 3.4.3　价值链理论

1985 年，迈克尔·波特首次提出价值链理论。价值是顾客为企业产品或服务所支付的费用，而企业所开展的一系列技术、创新活动即为价值活动。随着价值链理论的不断发展，企业的价值活动又被分为主要活动和附加活动。其中，主要活动包括制造产品、市场营销、运送传输、售后服务等环节；而附加活动涵盖了技术研究、人力资源管理、基础设施建设等过程。可见，产业之间、企业之间的竞争不再是某个独立活动的角逐，而是价值链整体的综合性竞争。对企业价值活动的分解与分析，有利于制造业探寻提高企业整体价值优势的关键影响因素。

学者们在价值链理论与创新理论的基础上提出创新价值链理论（Hansen and Birkinshaw，2007），该理论认为企业应该形成具有一定操作性的创新流程，以便找到阻碍企业获得更好创新和发展机会的要素，进而有针对性地去除或减少障碍。在价值链分析的基础上，学者将创新价值链概括为多次投入与产出连续实现价值和增值的过程。创新投入和技术产出、技术产出和价值产出之间通过信息反馈相互影响，同时价值产出还会作用于创新投入。创新价值链理论如图 3.5 所示。

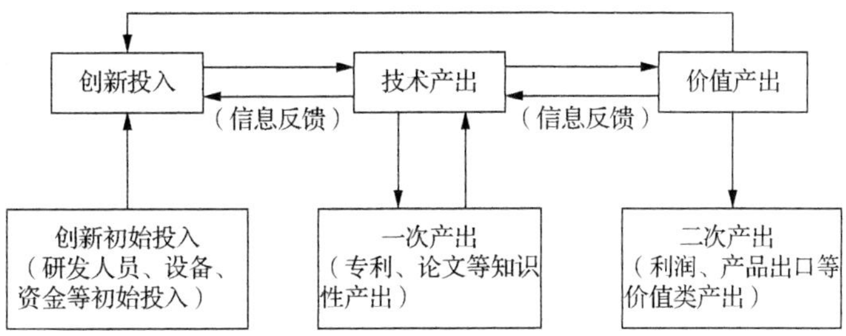


图 3.5　创新价值链理论

学者运用价值链理论将制造业及其相关企业的价值活动分为主要活动和附加活动，可以探寻提高制造业价值的关键活动，进而对制造业绩效评价及其转型升级路径进行探索。制造业在创新过程中，应当尽力保持并提升自己的创新优势，同时采取有效措施对创新活动中的薄弱环节进行改进，从根本上将竞争劣势转化为竞争优势。

### 3.4.4　可持续发展理论

1972 年，在联合国人类环境会议上首次提出可持续发展概念，随后在 1987 年的世界环境与发展委员会会议上对这一概念进行了界定。可持续发展理论强调在保证自然资源的基础上确保为社会公众提供服务的质量；同时，不以牺牲资源和环境为代价而获得经济发展带来的价值最大化。可见，该理论倡导的是不仅要注重发展长远的经济增长模式，还要注重经济、社会、政治、文化、科技及环境等多方面的协调发展的理念。

我国制造业多年来实行粗放型发展，导致自然环境恶化严重、空气质量急剧下降、资源消耗无度等诸多问题，严重阻碍了经济增长质量的提高，也降低了人类生活的质量。制造业转型升级目的是摒弃传统的“先污染、再治理”的发展思路，采用降低能耗与减少污染的生产方式，从而实现绿色发展。这与可持续发展理论的基本要求相契合，即针对产品、服务附加值低等问题，通过不同手段转变制造业的生产方式，实现投入与产出、污染与制造业绩效的更优目标组合，使经济增长模式由粗放型转为集约型，使产业从劳动密集型向资本密集型、知识密集型转变，使社会生产效率得到全面提升（丁文珺和杜志明，2018；李杨等，2018）。制造业转型升级是在欧美国家实施的再工业化战略阻碍我国制造业的外资吸收和产品出口背景下的必然之举（王展祥和李擎，2018），更是实现我国经济社会可持续发展的重要途径。在构建制造业信息生态系统的过程中，我们更要注重制造业的可持续发展，实现我国从制造大国向制造强国的战略转变（魏明和王杏，2018）。相关学者运用可持续发展理论可以对我国制造业现状、制造业绩效指标体系建立、制造业转型升级路径等进行深入分析与探讨。

### 3.4.5　逆向选择理论

1970 年，乔治·阿克尔洛夫（George Akerlof）在发表的论文《“柠檬”市场：质量的不确定性和市场机制》中首次提出了逆向选择理论（adverse selection theory）。这篇论文被认为是信息经济学中最重要的开创性文献。学者对逆向选择理论展开深入研究源自二手车市场因交易信息不对称而使市场上产品质量下滑。该理论强调在买卖双方信息不对称的条件下，劣质商品总能将优质商品赶出市场；或者说，具有信息优势的一方在交易中会倾向于做出趋利避害的选择。当制造业信息生态系统出现不平衡时，市场可能出现信息不对称的情况。此时，市场交易的一方往往会利用信息优势，做出有利于自身而使对方利益受到损害的决策。当市场中充斥着拥有信息优势的交易者时，信息劣势方难以顺利地做出交易决策，甚至会减少交易，于是价格随之扭曲，并失去平衡供求、公平交易的环境，进而导致市场效率降低，影响市场公平交易的实现。这一理论改变了人们分析问题的习惯角度，反映出市场的复杂性，使许多以往被普遍认为常识性的结论受到质疑。学者运用逆向选择理论，可以对我国制造业存在的问题及信息环境要素等方面进行探索。

### 3.4.6　国家治理理论

“治理”（government）一词源自拉丁语和古希腊语，原意是指控制、引导和操纵。随着新公共管理运动的兴起，“治理”的含义突破政治范畴，在社会、经济、文化等领域有了更加广泛的含义。国内外学者和研究机构对“治理”内涵的界定尚未统一。1994 年，世界银行提出治理是利用机构和政治权威管理、解决社会事务与问题的实践。1995

年，全球治理委员会将治理界定为各种公共和私人的机构共同管理公共事务方式的总和。刘家义（2012）提出，国家治理是对权力范围内的事项进行管控，并为社会提供服务，达到维护确保国家安全和人民利益的目标。蔡益群（2020）认为，国家治理包括市场治理、政府治理及社会治理等众多分支领域，国家治理与社会治理之间是相互融合、相互交叉的，社会治理是治理主体对社会进行的管理；而市场治理则成为国家治理的条件和基础。

目前，学者们在国家治理与制造业领域相结合方面的理论研究较少，但与其他产业的关联性研究较多。例如，王振江和李毅（2015）探讨了基于国家治理体系的文化产业建设问题，从产业性质出发，提出了将经济、文化和社会等功能相融合的文化产业国家治理思路；高菠阳和刘卫东（2016）以重庆市电子信息产业为例，探讨了政府如何通过财税、土地等多项改革，对空间治理能力进行提升，创造差异化的治理环境，以带动地方产业发展；陈晓峰（2018）以提升与国家现代化治理相符合的体育政策能力为视角，分析了国家治理视域下体育产业政策的基本属性和内容维度。可见，国家治理作为治理现代化的重要组成部分，对实现产业高质量发展具有重要的现实意义。相关学者运用国家治理理论提出了促进制造业信息生态系统建立的设想，基于国家治理层面分析发达国家制造业的演进和影响，可以丰富我国制造业转型升级路径研究领域的成果。

### 3.4.7　信息价值理论

人类社会已进入信息时代，无论是政府、企业还是作为单个主体的个人，每天都会面对大量的信息，也会产生大量的信息。信息逐渐成为一种可以用来交换的要素，其自身是具有价值的。制造业及其相关企业对海量、错综复杂的信息进行加工和筛选，能够使其为己所用，有利于制造企业做出科学决策，也有利于企业实现价值增长。Ahituv 和 Neumann（1986）在 *Principles of Information System for Management*（《管理信息系统原理》）一书中提出，信息具有标准价值、实际价值和主观价值。邬焜（2005）认为，人类的不同文明时代以不同的信息处理、创造和传播方式为技术前提，人类信息社会文明形态的崛起凸显了网络化信息处理、创造和传播方式对当代社会发展的巨大价值。张辑哲（2008）指出，信息价值可以分解为意义和功能两个层次，即信息的意义可形象表述为两个“一体化”。它将生命体和所生存的物质世界“连为一体”，使其因能动地适应环境而生存，并将生命体的个体“连为一体”形成群体和社会，从而成为一个类存在物。因此，信息功能也可以概括为实用功能和享用功能。

制造业获得的信息价值取决于其时效性、针对性和准确性。其中，时效性强调信息使用者能够及时获取信息，对信息价值具有决定性的作用。许多信息的价值会随着时间的流逝而急剧下降。高质量的信息能够带给信息使用者更高的效用，其价值也会更大。制造业通过针对性和准确性的信息可以发现制造企业发展过程中急需解决的问题并把握潜在的机会。此外，制造业在日常生产与经营活动中会产生大量的信息，这些信息往往杂乱无序。如果这些信息得不到及时的归集、清洁及有效的处理，信息价值就会大大降低，难以有效推动制造业转型升级，这也是构建制造业信息生态系统过程中需要关注的问题之一。相关学者运用信息价值理论，从信息生态视角分析制造业的信息人、信息和信息环境，最终实现制造业信息价值的最大化。

# 本 章 小 结

本章梳理了信息生态理论、绩效评价理论、产业升级与聚集理论、生命周期理论、设计驱动创新理论、价值链理论、可持续发展理论、逆向选择理论、国家治理理论、信息价值理论等，为分析制造业发展现状及存在的问题，分析信息生态、信息化建设与创新驱动内在机理，制造业绩效评价，基于信息生态视域的制造业转型升级路径探索等提供科学的依据。

信息生态理论一般包括信息人、信息及信息环境等要素。信息化建设旨在构建一个和谐的、完善的信息生态系统。绩效评价理论以一定的标准和流程对企业一段时期的经营状况进行评估，主要包括系统绩效评价方法和基本绩效评价方法。在产业升级与聚集理论中，产业升级强调产业结构由低级向高级的转变过程，而产业集聚关注同一条产业链上企业相互之间竞争又合作的关系。生命周期理论可以划分为传统的产品（行业）生命周期理论、更富有挑战性的需求生命周期理论及技术生命周期理论。随着知识量的连续积累，技术先进性呈现出阶段性变化。设计驱动创新理论关注社会文化方面的知识，是创新研究的前沿成果，融合了科学与艺术的双重属性。创新驱动是发展战略，信息化建设是实现手段，二者的最终目的均为通过信息技术与制造业的融合实现技术、产品、管理等方面的创新，从而推动制造业转型升级。

其他相关理论还涉及价值链理论，强调企业应当通过价值链分析提高整体优势，创新价值链理论更多关注企业多次投入与产出连续实现价值和增值的过程。可持续发展理论侧重经济、社会、政治、文化、科技及环境等多方面的协调发展理念。逆向选择理论提出具有信息优势一方在交易中倾向于做出趋利避害的选择，当制造业信息生态系统不平衡时可能出现信息不对称的情况，进而导致市场效率低下或失效。国家治理理论按内容可以划分为市场治理、政府治理与社会治理等，将国家治理与制造业相结合丰富了我国制造业转型升级路径领域研究的成果。信息价值理论认为信息具有价值，制造业及相关企业应当利用具有时效性、针对性和准确性的信息，实现产业价值最大化。

## 主要参考文献

阿尔弗雷德・韦伯，1997．工业区位论[M]．李刚剑，译．北京：商务印书馆．

边旭佼，2019．基于信息生态链的信息生态环境研究[D]．太原：山西大学．

蔡益群，2020．社会治理的概念辨析及界定：国家治理、政府治理和社会治理的比较分析[J]．社会主义研究（3）：149-156．

陈晓峰，2018．国家治理视域下体育产业政策的基本属性与内容维度[J]．上海体育学院学报，42（3）：23-28．

陈云，杜鹏程，王雪，2018．持续创新研究主题及其动态演变：基于 CITESAPCE 的知识图谱分析[J]．科技进步与对策，35（17）：151-160．

道格拉斯・C 诺思，1994．制度、制度变迁与经济绩效[M]．刘守英，译．上海：上海三联书店．

丁文珺，杜志明，2018．我国制造业发展四十年：成就、新形势与转型思路[J]．经济纵横（8）：70-79．

董理，茅宁，2013．公司成熟度、剩余负债能力与现金股利政策：基于财务柔性视角的实证研究[J]．财经研究，39（11）：59-68．

高菠阳，刘卫东，2016．政府空间治理与地方产业发展响应：以重庆市电子信息产业为例[J]．人文地理，31（3）：1-8，18．
郭玉屏，2013．全球价值链视角下的宁波装备制造业产业升级[D]．沈阳：辽宁大学．
韩先锋，惠宁，宋文飞，2014．信息化能提高中国工业部门技术创新效率吗[J]．中国工业经济（12）：70-82．
何祚庥，罗劲柏，1958．马克思主义再生产理论的数学分析（三）在实现扩大再生产时第一部类和第二部类所必需满足的上升比例关系，以及它们的经济意义的分析[J]．力学学报，2（3）：255-275．
黄满盈，聂秀平，2015．我国工程机械行业转型升级对其他制造业的启示[J]．经济纵横（1）：77-81．
李国策，王晰巍，林明兴，2011．基于信息生态视角的企业知识构建模型及影响因子研究[J]．情报理论与实践，34（4）：10-14．
李亚楠，宋昌耀，2021．信息化视角下生产性服务业集聚对制造业效率的影响研究[J]．调研世界（3）：8-15．
李杨，闫蕾，章添香，2018．中国生产性服务业开放与制造业全要素生产率提升：基于行业异质性的视角[J]．浙江大学学报（人文社会科学版），48（4）：94-110．
李云鹤，李湛，唐松莲，2011．企业生命周期、公司治理与公司资本配置效率[J]．南开管理评论，14（3）：110-121．
刘春明，郝庆升，周杨，等，2019．电商平台中绿色农产品消费者信息采纳行为及影响因素研究：基于信息生态视角[J]．情报科学，37（7）：151-157．
刘家义，2012．论国家治理与国家审计[J]．中国社会科学（6）：60-72，206．
刘军，吉敏，2011．产业聚集理论研究述评[J]．经济问题探索（8）：34-39．
刘燕，2015．基于产业异质性的资本结构及其调整速度研究[D]．南京：南京财经大学．
陆庆平，2006．企业绩效评价新论：基于利益相关者视角的研究[D]．大连：东北财经大学．
罗昊，何人可，2017．大数据思维驱动下的设计创新思变[J]．包装工程，38（12）：136-140．
罗琦，李辉，2015．企业生命周期、股利决策与投资效率[J]．经济评论（2）：115-125．
马琳，2020．汽车制造业上市公司绩效评价体系研究[D]．西安：西安科技大学．
迈克尔·波特，2012．国家竞争优势（下）[M]．李明轩，邱如美，译．北京：中信出版社．
迈克尔·波特，2014．竞争优势[M]．陈丽芳，译．北京：中信出版社．
彭松建，1981．外国人口思想史选择之五：英国著名统计学家和人口学家科林·克拉克[J]．人口与经济（6）：56-58．
浦根祥，周志豪，1998．从技术生命周期看企业“技术机会”选择[J]．自然辩证法研究，14（6）：47-49．
乔·蒂德，约翰·贝赞特，2012．创新管理：技术变革、市场变革和组织变革的整合[M]．4 版．陈劲，译．北京：中国人民大学出版社．
宋福铁，屈文洲，2010．基于企业生命周期理论的现金股利分配实证研究[J]．中国工业经济（2）：140-149．
王凤荣，高飞，2012．政府干预、企业生命周期与并购绩效：基于我国地方国有上市公司的经验数据[J]．金融研究（12）：137-150．
王莉静，丁琬君，2021．制造业企业创新过程中资源整合的影响因素与路径：基于企业生命周期的多案例研究[J]．中国科技论坛（1）：95-105，165．
王山，谭宗颖，2020．技术生命周期判断方法研究综述[J]．现代情报，40（11）：144-153．
王展祥，李擎，2018．美国“再工业化”对中国经济结构转型升级的影响及对策研究[J]．江西师范大学学报（哲学社会科学版），51（2）：84-91．
王振江，李毅，2015．基于国家治理体系的文化产业建设[J]．商业经济研究（29）：118-119．
魏明，王杏，2018．基于信息生态的制造业可持续发展研究：以陕西省为例[J]．科技管理研究，38（13）：106-112．
邬焜，2005．信息价值论纲要[J]．西安交通大学学报（社会科学版），25（2）：37-43．
吴利娟，2014．基于全球价值链视角的山西省加工贸易转型升级研究[D]．太原：山西财经大学．
杨多贵，周志田，2014．创新驱动发展的战略选择、动力支撑与红利挖掘[J]．经济研究参考（64）：3-9，54．
杨梦晴，2020．基于信息生态系统视角的移动图书馆社群化服务系统动力学仿真研究[J]．情报科学，38（1）：153-161．
张彩云，2020．中国高技术产业集聚效应研究[D]．长春：吉林大学．

张海锋，张卓，2018．技术生命周期阶段特征指标构建及判定[J]．技术经济，37（2）：108-112．

张辑哲，2008．新论信息价值[J]．档案学通讯（4）：20-23．

张辽，王俊杰，2018．中国制造业两化融合水平测度及其收敛趋向分析：基于工业信息化与信息工业化视角[J]．中国科技论坛（5）：32-40，70．

张永安，2010．区域经济一体化理论与实践[M]．上海：格致出版社．

张玉琴，2014．关于企业绩效评价体系的思考[J]．财经问题研究（S2）：107-111．

喆儒，2006．产业升级：开放条件下中国的政策选择[M]．北京：中国经济出版社．

郑月，2014．四川省工业结构高加工度化的实证分析[D]．成都：四川省社会科学院．

AGHION P, HOWITT P, 1992. A model of growth through creative destruction[J]. Econometricam, 60, (2):323-351.

AHITUV N, NEUMANN S, 1986. Principles of information systems for management[M]. W.C. Brown, London.

ANDERSON P, TUSHMAN M L, 1990. Technological discontinuities and dominant designs: a cyclical model of technological change[J]. Administrative science quarterly, 35(4):604-633.

ANTHONY J H, RAMESH K,1992. Association between accounting performance measures and stock prices: a test of the life cycle hypothesis[J]. Journal of accounting and economics, 15(2-3):203-227.

BENS D A, NAGAR V, WONG M H F, 2002. Real investment implications of employee stock option exercises[J]. Journal of accounting research, 40(2):359-393.

BORGIANNI Y, ROTINI F, 2012. Innovation trajectories within the support of decisions: insights about S-curve and dominant design models[J]. International journal of innovation science, 4(4):259-268.

CHOI J, CHOI W, LEE W, 2016. Corporate life cycle and earnings benchmarks: Corporate Life Cycle[J]. Australian accounting review, 26(4):415-428.

CHRISTENSEN C M, BOWER J L, 1996. Customer power, strategic investment, and the failure of leading firms[J]. Strategic management journal, 17(3): 197-218.

DAVENPORT T, PRUSAK L, 1997. Information ecology: mastering the information and knowledge environment[J]. The academy of management executive (1993-2005), 11(4):98-100.

DEANGELO H, DEANGELO L, STULZ R M, 2006. Dividend policy and the earned/contributed capital mix: a test of the life-cycle theory [J]. Journal of financial economics, 81(2):227-254.

DEANGELO H, DEANGELO L, STULZ R M, 2010. Seasoned equity offerings, market timing, and the corporate lifecycle[J]. Journal of financial economics, 95(3):275-295.

FRANCESCHINI F, TURINA E, 2013. Quality improvement and redesign of performance measurement systems: an application to the academic field[J]. Quality & quantity, 47(1): 465-483.

FOSTER, RICHARD N, 1986. Working the S-curve: assessing technological threats[J].Research management, 29(4):17-20.

FRANCESCHINI F, GALETTO M, TURINA E, 2014. Impact of performance indicators on organisations: a proposal for an evaluation model[J]. Production planning and control, 25 (9):783-799.

GEORGE A. AKERLOF, 1970. The market for “Lemons”: quality uncertainty and the market mechanism [J]. The quarterly journal of economics, 84(3):488-500.

GEREFFI G, 1999. International trade and industrial upgrading in the apparel commodity chain[J]. Journal of international economics, 48(1):37-70.

HANSEN M T, BIRKINSHAW J, 2007. The innovation value chain[J]. Harvard business review, 85(6):121-130, 142.

HARVEY M G, 1984. Application of technology life cycles to technology transfers[J]. Journal of business strategy, 5(2):51-58.

HASAN M M, CHEUNG W K, 2018. Organization capital and firm lifecycle[J]. Journal of corporate finance,48:556-578.

HERSEY P, BLANCHARD K H , LAMONICA E L,1976 . A look at your supervisory style[J]. Supervisor nurse, 7(6):27.

HORTON F W, 1978. Information ecology[J]. Journal of systems management, 29(9): 32-36.

HRIBAR P, YEHUDA N, 2015. The Mispricing of cash flows and accruals at different life-cycle stages[J]. Contemporary accounting research, 32(3):1053-1072.

HUMPHREY J, SCHMITZ H, 2002. How does insertion in global value chains affect upgrading in industrial clusters?[J]. Regional studies, 36(9):1017-1027.

JOUKE V D, PIET H P, 2000. Spatial perspectives on firm demography[J]. Papers in regional science, 79(2):107-110.

KRUGMAN P, 1991. Increasing returns and economic geography[J]. Journal of political economy, 99(3):483-499.

LIN Y M, CHANG C H, PARNG Y J, 2019. The effect of accounting conservatism on equity valuation: evidence from corporate life cycle[J]. Journal of applied finance and banking, 9(1): 1-25.

MARSHALL A, 1890. Principles of economics[M]. London: Macmillan.

MASAHISA FUJITA, JACQUES,2009. New economic geography: an appraisal on the occasion of paul krugman's 2008 nobel prize in economic sciences[J].Regional science and urban economics, 39(2):109-119.

MING W, YURU Q, XINGCHEN L, 2013. Empirical research of financial performance on the convergence of informatization and industrialization based on listed companies in Shanxi province[J]. International conference on management science & engineering(7):1764-1769.

MOORE G A, 1998. Crossing the chasm[M]. New York: Harper Collins Ebooks.

NAM Y, LEE Y O, PARK H W, 2013. Can web ecology provide a clearer understanding of people's information behavior during election campaigns[J]. Social science information, 52(1):91-109.

NARDI B A, O'DAY V L, 2003. Information ecologies: using technology with heart[J]. Telecommunications Policy (27): 651-653.

NARDI B A, 1998. Information ecologies: highlights of the keynote address[J]. Reference & user services quarterly, 38(1): 49.

PACI R, USAI S, 1999. Externalities, knowledge spillovers and the spatial distribution of innovation[J]. Geojournal, 49(4): 381-390.

POON S C, 2004. Beyond the global production networks: a case of further upgrading of Taiwans information technology industry[J]. International journal of technology & globalisation, 1(1):130-144.

PORTER M E, 1998. Cluster and the new economics of competition[J]. Harvard business review ,76(6):77-90.

RAPHAEL K, JEFF R, 2005. Globalization and upgrading: what can (and cannot) be learnt from international trade statistics in the wood furniture sector?[J]. Industrial & corporate change, 14(4):679-703.

ROMER P M, 1990. Endogenous technological change[J]. Journal of political economy, 98(5):71-102.

SCHUMPETER J A, 1934. The theory of economics development[J]. Journal of political economy, 1(2):170-172.

THÜNEN HV, WARTENBERG C M, HALL P, 1966. Von Thünen's isolated state: an English edition of der isolierte staat[M]. Oxford: Pergamon Press.

VERGANTI R, 2003. Design as brokering of languages: innovation strategies in Italian firms [J]. Design management jounal, 13(3):34-42.

VERGANTI R, 2009. Design driven innovation: changing the rules of competition by radically innovating what things mean[M]. Boston: Harvard Business Press.

# 第 4 章　国外制造业的发展历程及影响

18 世纪 60 年代，基于牛顿力学的蒸汽机引领了世界历史上第一次工业革命，以英国为代表的资本主义国家逐渐确立了统治地位。19 世纪 70 年代，在法拉第电磁理论的基础上，机械设备的动力能源从蒸汽向电能过渡，开始了第二次工业革命，极大地提高了劳动生产效率。以美国、德国为代表的国家的经济实力迅猛增长，奠定了其制造业领先的地位。随着电子计算机、原子能、空间技术、生物工程等新兴科技的涌现，发达国家率先进入信息时代，并引发了社会生活形式和经济结构的变革。然而，发达国家“去工业化”浪潮导致第三产业的产值比重上升而实体经济被削弱，以美国、德国、日本等为代表的许多国家认识到过度的“脱实向虚”给国民经济发展带来巨大危害，相继出台了一系列鼓励制造业创新转型的政策与规划。与此同时，物联网、人工智能等现代信息技术推动着新一轮的制造业变革，德国的“工业 4.0”、美国的“再工业化”、日本的“互联工业”、法国的“未来工业计划”、英国的“现代工业战略”、韩国的“制造业创新 3.0 战略”等相继被提出。国外制造业的快速发展给我国产品进出口等方面带来一定的消极影响，也在加大技术创新投入力度、优化创新价值链管理等方面对我国制造业产生积极影响。

## 4.1　德国制造业的发展历程

1946 年 3 月，由英国、美国等国家组成的柏林管制委员会下属的工业水平委员会发布了《赔偿与战后德国经济水平计划》，要求德国禁止发展军用、航空、航海装备及其相关的 14 种制造业，同时大量拆除重工业设备，断绝了德国短期内经济崛起的源泉（周鑫，2007）。直到 1947 年 7 月，时任英美占领区经济事务局长的路德维希·威廉·艾哈德（Ludwig Wilhelm Erhard）下令废除了战时延续下来的配给制等计划经济制度，改为自由市场体制的社会市场经济制度，加之战后的市场需求旺盛、马歇尔计划出台等，德国逐渐从第二次世界大战后的混沌状态走向稳定和繁荣。在德国制造业发展中，德国政府一直坚持“工业立国”，不仅注重加大教育和科研投资额，还从法规和社会层面给予大力支持，使德国迅速成为在机械设备、汽车、化工、电子电气等领域领先的多工业中心国家。随着全球经济的迅速发展，为了巩固核心竞争力、开拓新市场，德国提出“工业 4.0”，进一步制定工业战略指导方针。

### 4.1.1　德国“工业 4.0”的提出

德国作为世界上最强大的工业经济实体之一，其制造业产值占比高于欧盟平均水平，制造业的快速发展为德国经济繁荣做出了巨大贡献。长期以来，拥有创新能力、高端科技、家族传承的大中小型企业协同推动德国制造业的发展。实际上，德国制造业的领先地位离不开遍布在城市和乡村的“隐形冠军”（hidden champions）企业，这些企业专注于某一制造业领域，以独有的竞争优势占据着全球较大的市场份额，因不直接面向公众消费者而不为人所知，但又难以被超越和模仿。此外，德国非常注重理论与实践相结合的双轨制教育体系，倡导工匠精神，以及家族体系的历代传承及严谨的质量控制标准等，造就了德国企业的品牌领先地位。在全球经济加速发展、数字化和创新化的进程不断加快、国家干预日益增加及多国背离多边协议的时代背景下，世界工业格局面临着重新洗牌。对于长期坚持工业立国的德国而言，必须考虑以创新方式推动产业技术革新，从而增强国际竞争力。2011 年，德国在汉诺威工业博览会上首次提出“工业 4.0”（Industries 4.0），由此开启了新一轮的科技创新和产业变革。德国工业发展情况如表 4.1 所示。

**表 4.1　德国工业发展情况**

| 时间 | 事件 |
|---|---|
| 2011 年 4 月 | 德国人工智能研究中心董事沃尔夫冈 · 瓦尔斯特尔（Wolfgang Wahlster）首次提出“工业 4.0” |
| 2013 年 4 月 | 成立“工业 4.0”平台，发布《保障德国制造业的未来——关于实施“工业 4.0”战略的建议》，推进制造业数字化转型 |
| 2014 年 8 月 | 德国政府发布《数字议程（2014—2017）》 |
| 2014 年 | 设立高科技论坛组织，将“工业 4.0”、数字经济等纳入高科技战略 |
| 2015 年 | 德国教研部发起“工业 4.0：从科研到企业落地”计划；设立高科技战略专家委员会 |
| 2018 年 9 月 | 政府发布《高科技战略 2025》，重点关注人工智能、量子技术等尖端科技 |
| 2019 年 4 月 | 德国经济与能源部发布《2030 年德国工业 4.0 愿景》 |
| 2019 年 11 月 | 德国经济与能源部发布《国家工业战略 2030》 |
| 2020 年 6 月 | “工业 4.0”平台发布《2020 年进展报告：主权、操作性和可持续性》 |
| 2020 年 10 月 | “工业 4.0”平台发布《工业 4.0 实践项目：从愿景到实践》 |
| 2020 年 11 月 | “工业 4.0”平台发布《可持续生产：积极塑造工业 4.0 的生态转型》 |

资料来源：德国经济与能源部网站。

从表 4.1 中可以看出，2013 年成立的“工业 4.0”平台将政府、企业、学校、工会等联合起来，共同推进制造业数字化转型。2018 年 9 月，德国政府发布《高科技战略 2025》，强调充分发挥各级政府部门的协调作用，关注人工智能、量子技术等尖端科技，鼓励中小企业创新创业，加强专业人才培养，通过实行新的研发税收政策帮助企业实现战略目标。除了在理论框架层面不断对“工业 4. 0”战略细化，德国联邦政府还通过税收优惠、加大教育科研财政补贴等方式增加“工业 4.0”的相关投入，通过“工业 4.0：从科研到企业落地”计划促使“工业 4.0”落地于中小企业，进一步推动“工业 4.0”的广泛应用。

随着人工智能、区块链、5G 等新信息技术的不断涌现，“工业 4.0”生态体系被不断扩展，数字化和技术创新给传统制造业带来很大的冲击。2019 年，德国经济与能源部（Bundesministerium für Wirtschaft and Technologie, BMWi）相继发布《国家工业战略 2030：德国和欧洲产业政策战略准则》和《国家工业战略 2030：德国和欧洲工业政策指南》，提出互联网技术已普遍应用于工业生产中，以物联网为代表的“工业 4.0”发展十分关键，机器设备与互联网的融合发展使互联网上升到一个新的维度。2020 年，“工业 4.0”平台发布《2020 年进展报告：主权、操作性和可持续性》和《可持续生产：积极塑造工业 4.0 的生态转型》，从自主性、联通性和可持续性等方面对“工业 4.0”战略任务进行阐述，并指出数字化和技术创新有助于改变原有固化的产业价值链，应加快构建全球数字生态系统。

### 4.1.2 德国“工业 4.0”的内容

自 18 世纪 60 年代开始，德国陆续将引入的蒸汽、电力和信息化技术的工业变革分别定义为“工业 1.0”“工业 2.0”“工业 3.0”；在 21 世纪，将引入的物联网、人工智能等新兴技术的新一轮工业变革定义为“工业 4.0”。不同于以变革制造动力为主、自上而下的推动模式，德国的“工业 4.0”关注终端用户需求，从下而上地推动生产定制化的产品和服务，从而实现工业视角的转变。“工业 4.0”联盟网站相关资料显示，“工业 1.0”在 18 世纪 60 年代开启了机械制造时代，发明了蒸汽机；“工业 2.0”处于电气化和自动化时代；“工业 3.0”以电子计算机、互联网等为标志物，“工业 4.0”始于 2013 年。德国工业发展历程具体如表 4.2 所示。

**表 4.2 德国工业发展历程**

| 工业水平 | 工业 1.0 | 工业 2.0 | 工业 3.0 | 工业 4.0 |
|---|---|---|---|---|
| 开始时间 | 18 世纪 60 年代 | 19 世纪后期 | 20 世纪 70 年代 | 2013 年 |
| 特征 | 机械制造时代 | 电气化和自动化时代 | 信息化时代 | 两化融合 |
| 标志物 | 蒸汽机 | 发电机、内燃机、电话、飞机 | 电子计算机、互联网、原子能、航天技术、生物工程、人工材料 | 大数据、云计算、物联网等新型技术 |

以数据驱动为主的全新商业模式形成的互联网价值链将取代过去以产品为导向的固定产业价值链。互联网价值链更加灵活、敏捷，能够满足客户的定制化产品需求，从而促进高质高效经济形态的发展。“工业 4. 0”为德国的创新经济带来机遇，而获取数据的能力和信息透明度成为影响这次变革的关键因素。制造业通过构建创新数字服务和产品保持其国际核心竞争力。德国“工业 4.0”的框架主要由 1 个核心、2 种战略、3 大趋势、4 个领域及 8 项措施组成，如图 4.1 所示。

从图 4.1 中可以看出，“工业 4.0”以“智能+网络化”为核心并贯穿始终。其中，“智能”是将人工智能技术引入生产，方便生产过程中的实时控制；而“网络化”则是通过人工开发的信息物理系统实现人机交互，进行指令传达和数据分析。供应商和市场战略凸显以智能生产为主的领先供应体系，并通过互联网实现信息共享的整合与细分。“工业 4.0”主要包括以下方面：一是基于物联网的工程数字集成，实现不同生产阶段端对端的信息共享；二是基于各类应用软件促进企业之间的横向整合与协同发展；三是拥有内部纵向生产体系，即智能工厂内联网，采取建立标准化和开放标准体系、设计综合工业宽带基础设施、创新工作组织和方式等一系列措施。

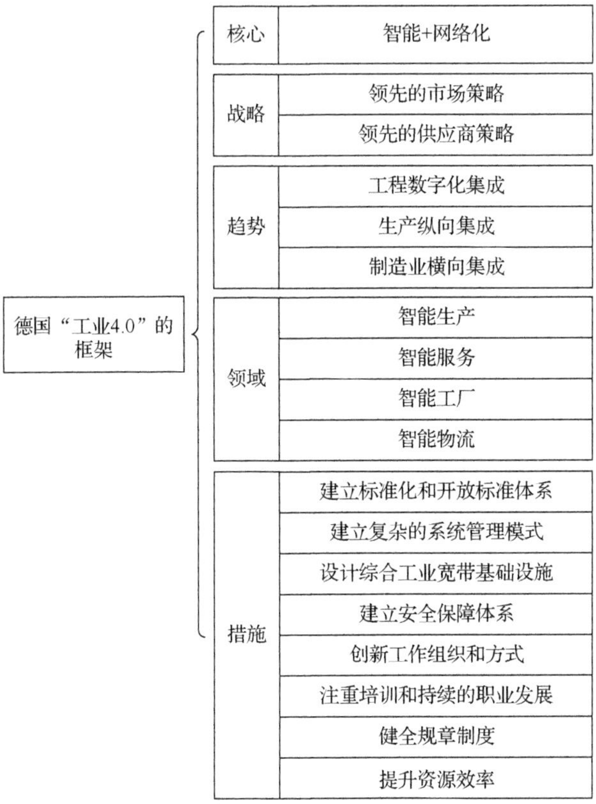


图 4.1　德国“工业 4.0”的框架[①]

2019 年 4 月，德国经济与能源部发布《2030 年德国工业 4.0 愿景》，进一步将“工业 4.0”的核心特性概括为自主性、联通性和可持续性。其中，自主性通过技术开发、安全及数字设施来实现；联通性主要通过监管体系、整合标准及区块链（包括人工智能）来实现；可持续性主要通过教育培训、环境友好及社会参与来实现。“工业 4.0”的核心特性如图 4.2 所示。

德国“工业 4.0”平台对近年实践项目的进展情况进行汇总与分析，形成调研报告《工业 4.0 实践项目：从愿景到实践》，主要介绍了项目目的、实践活动及重大贡献。在基础设施方面，以 GAIA-X 项目为代表的开放、透明、安全的欧洲下一代数据基础架构，可以应对数字主权挑战并促进企业创新，这一全新的数字生态系统有助于企业保持全球竞争力。该项目为“工业 4.0”生态系统的准入标准提供了参考。在工业价值链革新过程中，安全的基础数据设施是关键要素。

此外，由德国经济与能源部投资设立的“工业 4.0”网络实验室为中小企业提供资源、技术及外包平台，用来测试创新技术和业务模式。截至 2020 年 10 月，约 250 家企业在“工业 4.0”网络实验室进行了 110 多个创新实践项目。在智能制造方面，基于现有的制造标准，德国开发了符合“工业 4.0”生态系统和制造业要求的 OPC（OLE for

① 佚名，2019. Was ist Industrie 4.0? [EB/OL].（2019-05-22）[2020-12-13]. https://www.plattform-i40.de/PI40/Navigation/DE/Industrie40/WasIndustrie40/was-ist-industrie-40.html.

process control，用于过程控制的接口标准）、UA（unified architecture，统一架构）接口标准和操作规范，以提高国内外制造领域生产的互操作性。2020 年 11 月，德国“工业 4.0”工作小组发布了《可持续生产：积极塑造工业 4.0 的生态转型》，关注如何构建气候友好和资源节约的未来社会，确定了高效资源和低碳数字化生产、新价值观念下的数字业务模式及数据经济体系的合作共享等发展路径。

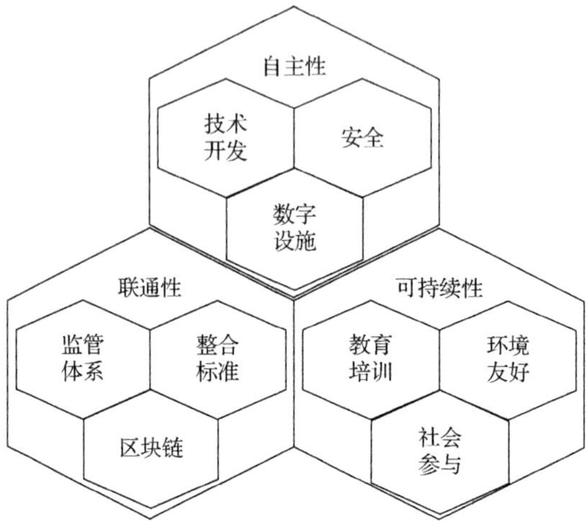


图 4.2 “工业 4.0”的核心特性①

### 4.1.3 德国制造业与数字经济

中国信息通信研究院 2019 年的调研数据显示，德国数字经济占 GDP（gross domestic product，国内生产总值）比重为 63.4%，位居全球第一。其中，德国工业的数字经济渗透率为 45.3%，显著高于其他国家。2020 年，反映德国社会数字化水平的“D21 数字指数”（D21 digital index）表明，无论是在工作中还是在生活中，德国数字化水平都在持续提高。这一结果与德国政府非常注重信息技术发展、对数字化的重视程度日益增强有关。2018 年，默克尔（Merkel）提出了数字化战略，随后几年数字化战略上升到了新高度，进一步加速了德国数字化发展的进程，如表 4.3 所示。

**表 4.3 德国数字化发展进程**

| 时间 | 事件 |
| --- | --- |
| 2018 年 3 月 | 新一届德国政府组织数字与网络议题 |
| 2018 年 5 月 | 更新《德国联邦数据保护法》 |
| 2018 年 8 月 | 任命数字化国务部长，并成立数字化内阁委员会 |
| 2018 年 11 月 | 组织联邦内阁闭门会议，确立德国数字化政策 |
| 2019 年 3 月 | 进一步明确“建设数字化”战略 |
| 2019 年 4 月 | 发布《2030 年德国工业 4.0 愿景》 |
| 2019 年 11 月 | 发布《国家工业战略 2030》 |

资料来源：德国经济与能源部网站。

① 德国联邦经济和能源部，2020．2030 年德国工业 4.0 愿景[EB/OL]．（2020-09-01）[2021-01-10]．https://www.plattform-i40.de/PI40/Redaktion/DE/Downloads/Publikation/Umsetzungsprojekte.pdf?__blob=publicationFile&v=7.

从表 4.3 中可以看出，2018 年，德国联邦政府在执政规划中多次提到数字与网络议题，随后采取了一系列政策、措施推进数字化发展，主要包括发布新版《德国联邦数据保护法》、任命数字化国务部长、成立数字化内阁委员会及明确数字化战略等。其中，“建设数字化”战略涉及数字化能力、数字化基础设施、数字化转型创新、数字化转型社会、数字化现代国家五大行动领域，提出加强德国联邦政府与地方政府及欧盟机构间的数据管理、建立双元制职业教育数字资源交换平台、推进“创新办公数字生活”等任务，并宣布计划投资超过 30 亿欧元发展人工智能等尖端数字技术。德国的数字化战略如表 4.4 所示。

**表 4.4　德国的数字化战略**

| | |
|---|---|
| 行动领域 | 数字化能力 |
| | 数字化基础设施 |
| | 数字化转型创新 |
| | 数字化转型社会 |
| | 数字化现代国家 |
| 任务 | 加强德国联邦政府与地方政府及欧盟机构间的数据管理 |
| | 建立新的信息技术系统 |
| | 建立双元制职业教育数字资源交换平台 |
| | 建设“数字德国”项目，了解不同人群的数字化能力 |
| | 推进“创新办公数字生活”，激发创新潜能 |
| | 建设安全高效的政务网络基础设施 |
| | 发布数字化法律法规 |
| | 加强公检法机构间的数据交换 |
| | 建设“非洲云”，为当地提供就业培训 |

资料来源：德国经济与能源部网站发布的《数字化战略》及其相关内容。

2019 年 4 月，德国经济与能源部发布《2030 年德国工业 4.0 愿景》，将构建全球数字生态作为未来 10 年德国数字化转型的新愿景，并明确了数字化转型的重点任务。德国制造业致力于基础共性技术研究，以“工业 4.0”为契机从运营和战略层面推进数字孪生（digital twins）①技术创新，驱动制造企业的价值创造及现实应用场景构建。德国教研部发起的“工业 4.0：从科研到企业落地”计划强调通过建立“中小企业 4.0 能力中心”，在数字信息与制造系统联网等“工业 4.0”应用方面，有力保障中小企业的数字化发展。在政府财政支持方面，德国教育与研究部、经济与能源部及各级地方政府积极筹措资金，支持“工业 4.0”技术研发项目。德国经济与能源部主动出资并建立全球数字经济研发中心、中小企业数字化能力中心等。同时，德国地方政府也积极筹措配套资金，协同推进“工业 4.0”落地。

德国电工技术委员会（Deutsche Kommission Elektrotechnik，DKE）、德国电气电子

① 数字孪生实现了现实物理系统向赛博空间数字化模型的反馈。美国国防部提出利用该技术在数字空间建立真实飞机的模型，通过传感器实现与飞机真实状态的完全同步。数字孪生有时也指企业的厂房及生产线未建造前完成的数字化模型。

制造商协会（Zentralverband der Elektrotechnischen industrie，ZVEI）、德国机械设备制造业联合会（Verband Deutscher Maschinen-und Anlagenbau，VDMA）、德国工程师协会（Verein Deutscher Ingenieure，VDI）、德国电气工程师协会（Verband Deutscher Elektrotechniker，VDE）等组织合作开展"工业 4.0"标准化研究。德国标准化协会（Deutsches Institut für Normung，DIN）和德国电工技术委员会联合成立了"工业 4.0"指导委员会及 IT 安全协调委员会，专门开展"工业 4.0"的相关研究工作。

2019 年 11 月，德国经济和能源部公布的《国家工业战略 2030》提出，当今最重要的突破性创新就是数字化，该战略认为德国的数字化创新能力不足。在瑞士洛桑国际管理学院发布的《世界数字竞争力报告》（*World Digital Competitiveness Yearbook*）中，德国 2017 年和 2020 年的排名靠后，分别位于第 17 名和第 18 名。在硬件基础设施方面，德国光纤化进程较缓慢。20 世纪 80 年代初，施密特政府决议在全国部署的光纤基础设施建设周期过长，目前已远远落后于其他发达国家。德国光纤网络仅覆盖了 6.6%的家庭单位，其中乡村地区占比 1.4%；网络速率相对较低，固定宽带平均速率不及韩国一半，与瑞典、日本等国家也有较大差距。2017 年度中期的德国宽带分布显示，乡村地区有 45%的家庭没有超过 30M 的高速互联网接口；4G 网络发展缓慢，用户渗透率远远低于 OECD（Organization for Economic Co-operation and Development，经济合作与发展组织）国家平均水平，网速在 34 个工业化国家里位列第 29 名，不及美国的一半①。"D21 数字指数"数据调查结果表明，德国约有 1/4 人口极少使用或从不使用互联网，成为数字时代的"离线者"。

综上可知，虽然德国在钢铁工业、机械制造业及汽车产业等关键工业领域处于领先地位，但数字化与产业创新变革对这些传统领域将产生更大的冲击。在数字化转型背景下，传统工业流程和制造方法可能被彻底颠覆，进而形成新的制造业价值链体系。德国"工业 4.0"的落地仍须引起制造业及相关企业的普遍重视，《国家工业战略 2030》的核心在于保持或赢回德国工业的竞争力，但未来的产业结构是由市场选择还是由政府干预有待科学决策。2020 年席卷全球的新冠肺炎疫情，让德国意识到制造业数字化转型的落后局面，因此为数字化社会实践项目的开拓创造了新的契机。从远程办公到工业机器人、智慧城市和大数据分析，新兴的商业模式、新技术开发与应用等已开始在德国乃至欧洲引发新一轮的变革。

## 4.2　美国制造业的发展历程

18 世纪 80 年代，美国进入工业化萌芽时期。美国政府的第一任财政部部长亚历山大·汉密尔顿（Alexander Hamilton）洞察到英国第一次工业革命带来的经济和社会繁荣，遂提出"工业立国论"，即发展制造业不仅可以让美国经济增长，还能让美国拥有与欧洲各国抗衡的实力。随后，持续了近半个世纪的"西进运动"推动了美国在纺织、

① 方小诗，澎湃新闻，2019．德国的数字化进程为何如此"迟缓"？[EB/OL]．（2019-02-13）[2020-06-10]．http://m.haiwainet.cn/middle/ 456991/2019/1211/content_31495545_1.html.

冶炼、化工等领域的快速发展。19 世纪 70 年代，美国紧跟第二次工业革命浪潮，不断推动钢铁、火电、汽车等领域的创新。美国能够成为全球制造业强国主要归功于第一次和第二次世界大战期间建筑设施、武器装备、运输设备等的供不应求，加之政策引导、科技创新、优越的地理位置等因素，共同促进了美国制造业产值的快速增加。不断攀升的人力成本迫使劳动密集型制造业迁移海外，金融自由化推动逐利资本涌入金融、互联网等新兴行业，导致美国制造业日渐衰落。次贷危机、互联网经济泡沫等现象迫使美国开始反思过去几十年“去工业化”的后果。21 世纪初，美国制造业遭受了重大破坏，2007～2008 年的大衰退加剧了经济停滞、贸易不平衡及社会分化等（威廉姆·邦维利安和彼得·辛格，2019）。2009 年时任总统贝拉克·侯赛因·奥巴马（Barack Hussein Obama）重新提出“再工业化”，并将其作为重振美国制造业的重要战略之一。“再工业化”旨在引导传统制造业回归本土，大力发展新兴高端产业，推动制造业产业结构调整，从而刺激实体经济增长。

### 4.2.1　美国“再工业化”的提出

1978 年，吉米·卡特（Jimmy Carter）提出通过“再工业化”，即制造业回归，解决美国东北部传统制造业基地衰落导致的经济增长放缓问题。但这一次“再工业化”随着这位总统的离任而中止。随后的里根政府尽管在税收补贴、贸易干预等方面再次推出了“再工业化”政策，但仍未能改变美国制造业日渐衰落的趋势。根据美国政府网站的相关资料，奥巴马政府 2009 年以《美国制造业振兴框架》作为第三轮“再工业化”的开端，鼓励美国制造业回归本土。2009～2020 年，美国政府相继出台多项政策推动“再工业化”战略的实施，主要包括税收补贴、法律法规、项目计划及设立相关机构等，如表 4.5 所示。

**表 4.5　美国“再工业化”相关政策**

| 时间 | 事件 |
| --- | --- |
| 2009 年 12 月 | 《美国制造业振兴框架》是奥巴马政府“再工业化”战略的开端 |
| 2010 年 8 月 | 出台《制造业促进法》，通过降低企业所得税、永久性地对中小企业和个人税收抵免等举措留住本国制造企业 |
| 2011 年 | 设立“制造业社区税收补贴”，计划补贴税收 60 亿美元，以鼓励制造企业在失业率较高的地区投资 |
| 2011 年 6 月 | 发布《先进制造业伙伴关系计划》，旨在通过政府、企业、学术界共同投资研发高端技术 |
| 2012 年 2 月 | 发布《先进制造业国家战略计划》，提出美国先进制造业发展的五大目标及相应措施 |
| 2014 年 12 月 | 通过《美国制造业和创新复兴法案》，支持制造业创新项目 |
| 2016 年 10 月 | 发布《国家人工智能研究和发展战略计划》，确定八大战略要点 |
| 2017 年 4 月 | 颁布“买美国货、雇美国人”行政令，推进制造业回归本土，为美国工人增加就业机会 |
| 2017 年 12 月 | 推行有史以来降幅最大的税改方案，预计未来 10 年将减少 2.8 万亿美元税金 |
| 2018 年 1 月 | 发布“亿万基建计划”，用于改善基础设施状况 |
| 2018 年 3 月 | 发布《美国机器智能国家战略》，提出在机器智能时代保持竞争优势的方法和应对风险的措施 |
| 2019 年 2 月 | 发布新版《航空安全国家战略》，聚焦无人机、网络空间连接等新兴技术对航空安全的威胁，并制订战略行动计划 |
| 2020 年 7 月 | 美国国会众议院批准重建基础设施投资法案 |

资料来源：美国政府网站。

2017 年 1 月，唐纳德 • 特朗普（Donald Trump）将“再工业化”战略从增加高端制造品出口，转向鼓励制造企业回归美国本土，保障美国工人就业；通过减免税收、鼓励先进制造业发展、贸易保护及放松环保管制等相关政策与制度，支持本国制造业发展。基于美国政府的大力支持，“再工业化”战略在刺激出口和提高就业率方面取得了一些成效：美国 GDP 同比年增长率从 2009 年的负数上升至 2019 年的 2.16%，货物出口额从 2009 年金融危机低谷期的 1.06 万亿美元提高到 2019 年的 1.65 万亿美元，增长近 56%①；美国的失业率从金融危机时期的最高值 10%下降到 2019 年的 3.7%①。

### 4.2.2 美国“再工业化”的内容

1. 奥巴马政府的“再工业化”战略

美国制造业在过去很长时间里都是美国经济的核心产业，为美国数百万家庭提供高薪就业岗位。科学技术的高速发展促进了制造业生产率的迅速增长，这使美国处于经济全球领先地位。然而，生产率的提高也意味着对制造业劳动力的需求趋于减少，居民消费支出开始从电视和汽车等制成品，向旅游、餐饮和医疗保健等服务转移。此外，互联网、卫星定位、微波炉等均由美国政府军用技术研发，这些新技术能够快速商业化，离不开政府、企业与学校公私合作模式的应用。历史经验表明，未来经济与社会生活的提升更依赖科技成果的不断创新，美国政府对制造业研发投入的支持直接影响着美国经济的可持续发展。奥巴马政府的“再工业化”战略基于 2009 年发布的《重振美国制造业框架》，以《美国创新战略》为行动指南，以激发技术创新、创造良好就业机会为重点，以《美国复苏与再投资法案》（2009 年）、《制造业促进法案》（2010 年）、《先进制造业伙伴关系计划》（2011 年）、《STEM 教育战略规划》（2013 年）、《美国制造业和创新复兴法案》（2014 年）等一系列政策与规划为辅助，以重振制造业并培育重要的新兴产业为目的。《重振美国制造业框架》的主要内容包括提高工人技术能力、加大对创新技术及其商业转化的投资、发展稳定与高效的资本市场、帮助社区和工人度过危机、投资先进的交通基础设施等，如表 4.6 所示。

**表 4.6 《重振美国制造业框架》的主要内容与具体措施②**

| 主要内容 | 具体措施 |
| --- | --- |
| 提高工人技术能力 | 为工人提供获得必要技能以提高生产力的机会；教育系统应尽可能地为劳动者提供工作所需技能的相关教育及培训，以提高劳动者的素质和技术能力，进而提高制造业竞争力 |
| 加大对创新技术及其商业转化的投资 | 未来政府工作的重点应集中在未能进行商业转化的高端研发领域，保护知识产权；在扩大新兴技术规模、促进制造业创新转化等方面发挥更积极的作用 |
| 发展稳定与高效的资本市场 | 鼓励资本机构对一些能够提高劳动生产率、创造知识产权的项目进行商业投资 |
| 帮助社区和工人度过危机 | 当制造企业不需要雇佣大量的工人时，政府应当通过一系列措施帮助受到影响的社区和工人重获维持未来生活的希望 |

① 数据来源于 CEIC 数据库。

② 根据美国政府网站 2009 年发布的《重振美国制造业框架》相关内容整理。

续表

| 主要内容 | 具体措施 |
|---|---|
| 投资先进的交通基础设施 | 制造业的竞争力提升的关键在于现代化、可靠和高效；投资先进的交通基础设施，可以将货物、能源、人员和信息经济高效地从一个地方转移到另一个地方 |
| 改善商业环境 | 从法律、税收和监管制度等方面进行改革，优化环境并促进制造业发展 |
| 确保市场准入和公平竞争环境 | 政府应当保障回归本土的制造企业不会面临具有优势的外国生产者的不公平竞争 |

《重振美国制造业框架》通过分析制造过程，推动政府在产业链成本投入中发挥作用，重新定义政府在支持制造业发展中所扮演的角色。这里的制造过程，即首先将原材料运输到工厂，然后对劳动力、专用技术、设备和能源等各类资源进行综合应用，使其转化为市场所需的产品，最终将产品运送到下游工厂，或运输到可供其他企业及消费者购买该产品的市场。从根本上说，如果要从充满活力和蓬勃发展的制造业中获利，政府就必须持续创造有竞争力的商业环境，特别是通过市场无法获得最佳收益的一些领域。在这些领域中，政府出台的相关政策支持与制度保障尤为重要。然而，重振美国制造业并不包括劳动密集型制造企业及在本土缺乏原材料的制造企业等。

美国新一轮“再工业化”的实质是以科技创新推进高端制造业发展，催生新兴产业。奥巴马政府分别在 2009 年、2011 年和 2015 年发布《美国创新战略》，虽然每次的侧重点有所不同，但均强调在科技创新改革中政府应发挥增强先进制造业优势的积极作用，如表 4.7 所示。

**表 4.7　《美国创新战略》的主要内容**[①]

| 主要内容 | 2009 年 | 2011 年 | 2015 年 |
|---|---|---|---|
| 创新驱动目标 | 推动可持续增长和高质量就业 | 确保国家的经济增长和繁荣 | 创建共享繁荣 |
| 创新驱动主体 | 政府、企业和高校 | 政府、企业、高校和各阶层劳动者 | 政府、企业、高校和各阶层劳动者 |
| 创新驱动形式 | 注重投资创新基础要素，鼓励创新创业竞争市场，帮助国家重点项目取得突破性成果 | 对创新的基本要素投资，推进以市场为基础的创新，促进国家在优先领域取得突破 | 投资创新生态环境基本要素，推动私营部门创新，打造创新国家 |
| 创新优先领域 | 清洁能源、先进车辆技术、医疗保健技术及其他应对 21 世纪“重大挑战”的技术 | 清洁能源、生物技术、纳米技术、先进制造技术、空间技术、医疗保健及教育技术 | 精准医疗、脑神经、先进交通、智慧城市、清洁能源、教育技术、空间技术及高性能运算 |

从表 4.7 中可以看出，美国政府 2009 年 9 月发布的《美国创新战略：推动可持续增长和高质量就业》由创新驱动目标、创新驱动主体、创新驱动形式及创新优先领域构成。其中，创新驱动形式强调注重投资创新基础要素、鼓励创新创业竞争市场等。2011 年 2 月发布的《美国创新战略：确保美国经济增长和繁荣》对美国未来科技发展做出新的规划，对科技创新驱动目标进行调整，创新驱动主体增加了各阶层劳动者。2015 发布的《美国创新新战略》更注重政府在全民创新创业中的重要作用，创新优先领域增加了智慧城市、精准医疗及高性能运算等。

① 根据美国政府网站 2009 年、2011 年、2015 年 3 次发布的《美国创新战略》整理。

2011 年 6 月，美国总统科技顾问委员会（President's Council of Advisors on Science and Technology，PCAST）提交了《确保美国在先进制造业的领先地位》报告。随后，该机构在 2012 年和 2014 年分别发布了《获取先进制造业国内竞争优势》和《加速美国先进制造业发展》报告，共同构成了奥巴马政府《先进制造业伙伴关系计划》，如图 4.3 所示。

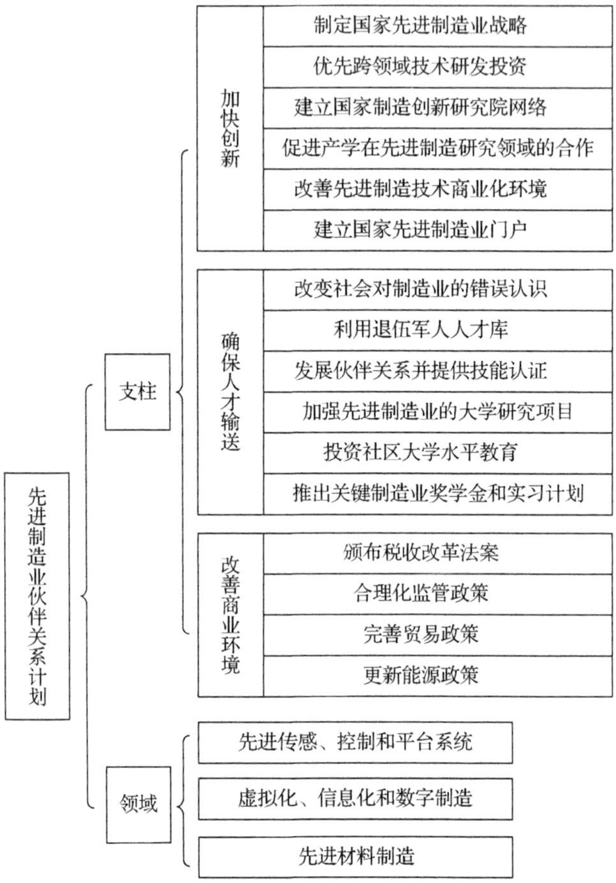


图 4.3　《先进制造业伙伴关系计划》的内容①

从图 4.3 中可以看出，该计划的三大支柱分别为加快创新、确保人才输送及改善商业环境，三大领域涉及先进传感、控制和平台系统，虚拟化、信息化和数字制造及先进材料制造。《先进制造业伙伴关系计划》强调通过顶尖大学、创新企业和联邦政府之间紧密合作的伙伴关系，广聚英才并引导投资，促进创新科技商业转化。该计划的短期目标是增加就业并提升中小制造企业的竞争力，而长期目标是确保美国在全球制造业的领先地位。

① 根据美国政府网站《先进制造业伙伴关系计划》的相关资料整理与归纳。

### 2. 特朗普政府的“再工业化”战略

2017 年，特朗普政府强调“美国优先”施政纲领，提出“买美国货、雇美国人”的政策导向，进一步推进美国的“再工业化”战略。特朗普任命多位行业专家成立制造业委员会（Manufacturing Council），依托专家们丰富的经验为促进就业增长并使国人重返工作岗位出谋划策。2017 年 1 月，特朗普政府宣布启动《制造业就业计划》，以解决失业率过高的问题，这一计划的提出与近年很多建筑企业扩大海外投资，却忽略美国本土基础设施年久失修的情况有关。美国基建大发展阶段主要是从 1933 年的罗斯福新政时期开始到第二次世界大战结束，目前美国的公路建设与铁路、港口、电网、水利等大部分基础设施都超过 50 年未能得到重建。基础建设工程项目的减少，导致高等院校多年来一直在缩减工程师的培养计划，加之很多工程师已接近退休年龄，使基础设施建设领域人才供给不足的问题日益凸显。2018 年 2 月，美国政府出台基础建设法案，计划在未来 10 年推动地方机构和企业投资合作，共同改造公路、铁路、水利等基础设施。受新冠肺炎疫情影响，2020 年 7 月，美国国会众议院批准重建基础设施投资法案，用于建设学校、经济适用房及 5G 网络设施等建设投资项目。近年来，一系列推进基础设施建设的举措的出台，不仅为美国创造了大量的就业岗位，进一步健全了教育人才培养体系，还有效破解了目前工程师人才匮乏的难题。

在发展先进制造业方面，特朗普政府于 2018 年 10 月发布《确保美国先进制造业领先地位的战略》，描述了美国政府及地方政府、各类教育机构、大中小企业、投资者及美国公民对确保先进制造业全球领导地位的国家愿景。该战略的主要目标是开发和推广新技术，为制造业培养技术人才并增强制造业供应链能力，保障国家安全，促进经济繁荣，如表 4.8 所示。

**表 4.8　《确保美国先进制造业领先地位的战略》的目标与措施**

| 目标 | 措施 |
| --- | --- |
| 开发和推广新的制造技术 | 争夺智能制造领域市场 |
| | 开发新型材料和工艺技术 |
| | 通过本土企业制造医疗用品 |
| | 保持电子产品设计和生产技术优势 |
| | 为食品、农业制造企业创造机会 |
| 培养制造业人力资源 | 吸引并培养适应未来的劳动力 |
| | 创新并扩大职业技术培训途径 |
| | 推广学徒制并获得技术证书 |
| | 培养未来行业需要的技术工人 |
| 增强国内制造业供应链的能力 | 加大中小型制造企业在先进制造业的作用 |
| | 推进制造业创新生态系统的建立 |
| | 加强国防制造业基础研究 |
| | 推动农村社区先进制造业发展 |

资料来源：美国政府网站发布的《确保美国先进制造业领先地位的战略》。

2017 年 12 月出台的《税收减免与就业法案》是美国近 30 年最大规模的税费减免法案，这表明了美国政府在本土制造业回流和增加就业机会方面的决心。该法案通过将企业所得税从 35%降至 21%吸引制造业回归本土，将个人所得税最高税率降至 37%，并提高抵扣额度以刺激居民消费。此外，美国政府通过退出《跨太平洋伙伴关系协定》（Trans-Pacific Partnership Agreement，TPP）等多边协定、与加拿大就《北美自由贸易协定》（North American Free Trade Agreement，NAFTA）进行重新谈判、征收高额关税等一系列贸易保护措施对本国制造业发展进行大力支持。

另外，2020 年全球蔓延的新冠肺炎疫情威胁着全世界人民的生命安全，也严重影响世界各国经济的发展。截至 2021 年 1 月，美国累计病例超过 2400 万，累计死亡人数超过 40 万①，已超过美国因第二次世界大战而死亡的总人数。受新冠肺炎疫情影响，美国失业率一度超过 15%，已有超过 3600 家企业申请破产，这些都对美国“再工业化”战略的发展形成严峻的挑战。2021 年 1 月，乔・拜登（Joe Biden）呼吁民众要团结，帮助美国度过危机。美国政府紧急出台《美国营救计划》为民众提供救济，加强中小企业投资并增加就业机会，以期实现美国经济的复苏。

### 4.2.3 美国工业互联网联盟

数字转型无疑正在彻底改变制造业，许多高端制造业巨头已经开始采用数字技术削减成本并提高工业流程的效率。特别是新冠肺炎疫情爆发以来，远程办公、工业机器人等需求呈指数性增长，制造业的数字化转型迫在眉睫。然而，全新的数字模式也给制造业带来安全性、稳定性、隐私性等方面的挑战。

2014 年 3 月，由通用电气公司牵头，联合美国电话电报公司（American Telephone & Telegraph Company，AT&T）、思科公司（Cisco Systems）、万国商业机器公司（International Business Machines Corporation，IBM）及英特尔公司（Integrated Electronics，Intel）等成立了美国工业互联网联盟（Industrial Internet Consortium，IIC），旨在汇集必要的组织力量和技术力量，通过识别、组装、测试和推广实践，加速工业互联网的发展。IIC 认为单独一家公司无法支撑完整的物联网生态系统，只有通过跨公司合作，才能实现物联网真正的收益。因此，IIC 从推广物联网产业应用实践和测试平台项目、构建工业互联网系统框架、制定工业互联网技术标准、共享工业互联网知识与实践经验、提高社会对创新型工业互联网模式的信任等方面推动工业互联网发展。可以看出，IIC 的资源是由全球众多行业专家多年来合作开发的，能够为企业战略应用数字技术并实现数字化转型提供所需的指导。IIC 通过举办物联网公开挑战赛，为企业设计工业互联网解决方案，帮助技术用户、供应商、系统集成商和研究人员在整个企业实现数字化转型。IIC 设立了针对新概念、计算工具和新技术进行严格、透明和可复现的测试的协作试验平台，可以解决物联网应用实践过程中的合作问题。2019 年 6 月，IIC 在 2015 年和 2016 年分别发布的 V1.7 版本和 V1.8 版本的《工业互联网参考架构》基础上，发布了 V1.9 版本的《工业互联网参考架构》，如图 4.4 所示。

① 方小诗，2021. 全球疫情简报：美国累计新冠死亡病例超过 40 万例[EB/OL].（2021-01-20）[2021-03-25]. http://www.xinhuanet.com/2021-01/20/c_1127003709.htm.

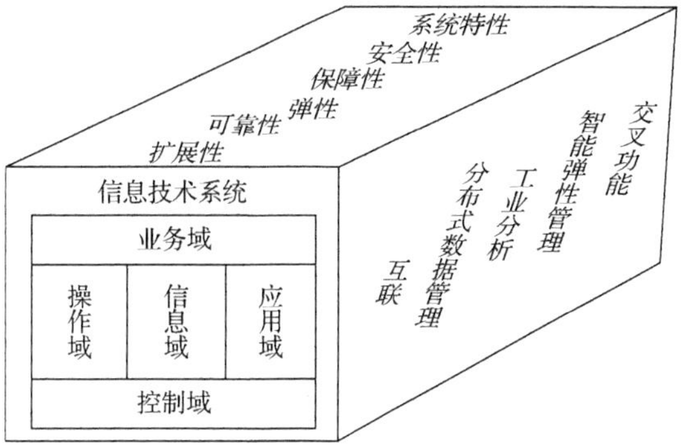


图 4.4　工业互联网参考架构①

此外，新的工业互联网架构增加了对商业视角、使用视角、功能视角和实现视角的定义，提出无线通信技术在控制领域的重要性，澄清了实现视角并不是部署和操作方面的问题，而是需要单独考虑的生命周期问题。工业互联网架构具体包括以下 4 个方面：一是商业视角关注的是在商业和监管环境中建立工业物联网（industrial internet of things，IIoT）系统，其利益相关者的识别及其商业愿景、价值和目标，进而确定如何通过映射基本系统的能力来实现既定目标；二是使用视角解决了预期系统使用的问题，其通常被表示为涉及人类或逻辑用户的一系列活动；三是功能视角更关注工业物联网系统中的功能组件，通过它们的结构和相互关系、彼此间的接口和交互、系统与环境中外部元素的关系与交互，支持整个系统的使用和活动；四是实现视角处理功能组件所需的技术、通信方案和生命周期等元素，这些元素由各项活动进行协调并支持系统功能。

## 4.3　日本制造业的发展历程

20 世纪 70～90 年代，日本制造业在短短 20 年间成功实现了转型升级，其制造业产值增长超过 1.7 倍，从以重工业为主导的发展模式转变为技术含量高、加工水平高的新型发展模式。在这一阶段，日本制造业对外直接投资规模迅速扩大。日本贸易振兴机构（Japan External Trade Organization，JETRO）统计数据显示，1974～1991 年制造业累计对外投资额约为 1950～1973 年的 28 倍，国际化发展成为日本制造业转型升级的助推器。20 世纪 90 年代，日本经济增长缓慢，但依然是世界第二大制造强国。联合国工业发展组织《2018 年工业竞争力绩效报告》显示，在过去 5 年的全球制造业竞争力指数排名中，日本一直排名第二；在《2020 年工业竞争力绩效报告》中，日本排名下降至第四，排名前三的分别是德国、中国和韩国②。从 2002 年开始，日本每年 5 月或 6 月发布《日本制

① INDUSTRIAL INTERNET CONSORTIUM, 2019. The industrial internet of things Volume G1: reference architecture [EB/OL]. （2019-06-19）[2019-09-08]. https://www.iiconsortium.org/pdf/IIRA-v1.9.pdf.

② VALENTIN TODOROV, 2020. Competitive industrial performance index 2020: Country Profiles (Report) [EB/OL]. (2020-07-03) [2020-11-20]. https://stat.unido.org/content/publications/competitive-industrial-performance-index-2020%253a-country-profiles?_ga=2.182121711.979359973.1619536600-1329552636.1619350665#.

造业白皮书》，也被称为《制造基础白皮书》，由经济产业省、厚生劳动省、文部科学省共同编制，主要是政府对作为支柱产业的制造业所采取措施的报告，一般分为两个部分，如图 4.5 所示。《日本制造业白皮书（2018）》提出制造业处于一个“非连续创新”的时期，并将这个时期称为“第四次工业革命”。《日本制造业白皮书（2019）》强调企业持续低迷的销售额和盈利水平在未来一段时期不会得到改善，劳动力短缺问题愈发凸显。为了进一步提高制造业的劳动生产率，企业不能仅仅通过变革机器人、信息技术、物联网等新技术的应用和工作方式提升业务效率，还要通过灵活运用数字技术而获得新的制造业附加值。

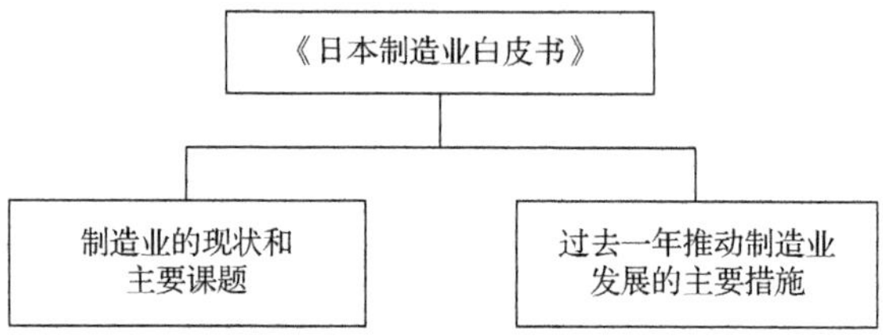


图 4.5　《日本制造业白皮书》的构成①

### 4.3.1　日本“互联工业”的提出

日本政府于 2016 年 1 月发布重组后的首个计划，即《第五期科技技术基本计划（2016—2020）》，该计划提出“社会 5.0”（Society 5.0）这一新概念。随后，日本经济产业省网站发布的《科学技术创新战略 2016》对“社会 5.0”做出了进一步的阐释。继狩猎社会（社会 1.0）、农业社会（社会 2.0）、工业社会（社会 3.0）和信息社会（社会 4.0）后，日本尝试通过科技创新构建引领未来社会发展的超级智能社会（社会 5.0），以缓解当前人口老龄化、能源短缺、自然灾害等迫在眉睫的社会问题。“社会 5.0”历经工业社会和信息社会，从产业相对独立发展到网络空间、物理空间的高度融合，旨在形成以人工智能为引领的信息高度集成的超级智能社会。社会阶段与工业互联演化如表 4.9 所示。

**表 4.9　社会阶段与工业互联演化**

| 发展阶段 | 社会 2.0 | 社会 3.0 | 社会 4.0 | 社会 5.0 |
|---|---|---|---|---|
| 社会形态 | 农耕社会 | 工业社会 | 信息社会 | 超级智能社会 |
| 产业形态 | 产业发展 | | 产业融合 | |
| 关键技术 | 蒸汽机车 | 电力、电机 | 计算机 | 人工智能 |
| 驱动因素 | 获取动力 | 动力创新 | 自动化发展 | 自律性优化 |
| 历史阶段 | 第一次工业革命 | 第二次工业革命 | 第三次工业革命 | 第四次工业革命 |

2017 年 3 月，在德国汉诺威召开的国际信息及通信技术博览会（Centrum der Büro- und Informationstechnik，CeBIT）上，安倍晋三提出“互联工业”，其核心思想就是利用企业、数据、人员和机械，将众多行业互相连接而创造新价值，建立人、设备和系统交

① 经济产业省，2020. 制造基础白皮书（制作白皮书）[EB/OL].（2020-05-29）[2020-09-10]. https://www.meti.go.jp/report/whitepaper/index_mono.html.

互的新型数字社会，产生新的产品和服务并大力提高生产力，这与日本政府“社会 5.0”的发展目标密切相关。作为战略层面的产业愿景，“互联工业”更强调通过各种关联，创造新附加值的产业社会，包括物与物的连接、人和设备及系统之间的协同、人和技术相互关联、经验与知识的传承、生产者和消费者之间的关联等。此外，年老、熟练的技术员与年轻、不熟练的技术员相关联，可以实现技术的传承性，由此会创造更多的制造业价值。在整个数字化进程中，日本提出充分发挥高科技、高现场力两大优势，从而构筑一个以解决问题为导向、以人为本的新型产业社会。

### 4.3.2 日本“互联工业”的内容

2017 年，日本经济产业省发布了最具代表性和影响力的“汉诺威宣言”和“东京倡议”，进一步明确了“互联工业”的重点领域、数据共享、基础建设等内容。“汉诺威宣言”提出通过连接人、设备、技术等实现价值创造，发展“互联工业”，并在物联网相关技术的国际标准规格上共同提案，促进与德国在人工智能、电动交通、自动驾驶等领域的技术合作。“东京倡议”将无人驾驶技术、工业机器人技术、生物新材料技术、基础设施安全技术和智能生活等领域确定为未来关键发展领域，通过横向政策协同推进“互联工业”的实施。日本“互联工业”的内容如表 4.10 所示。

表 4.10　日本“互联工业”的内容①

| 重点领域 | 数据共享 | 基础建设 | 横向合作与推广 |
| --- | --- | --- | --- |
| 无人驾驶技术 | 创新数据合作模式 | 开发应对物流等的服务方案 | 强化人才培养 |
| 工业机器人技术 | 数据格式等国际化标准 | 面向中小企业的物联网基础建设 | 加强网络安全等领域的企业合作 |
| 生物新材料技术 | 协调领域的数据合作 | 构建实用化人工智能技术平台 | 提高社会认可度 |
| 基础设施安全技术 | 企业间数据协调 | 有效利用物联网设施的自主安保技术 | 推进规章制度改革 |
| 智能生活 | 企业联盟共享数据 | 智能制造的融合应用 | 发掘需求服务具体化 |

1. 无人驾驶技术

欧美国家和日本在汽车制造业方面一直处于世界领先地位，但日本在无人驾驶的软件和零部件领域已逐渐落后于欧美国家。2015 年 2 月，为了提高无人驾驶技术方面的国际竞争力，日本经济产业省与国土交通省成立了无人驾驶战略工作小组。该工作小组提出发展无人驾驶技术有助于缓解交通拥堵，减少交通事故，减轻排放负担，增加驾驶的舒适性，以满足老年人、儿童等弱势群体的出行需求，提升日本汽车制造业在全球无人驾驶领域的竞争实力。在无人驾驶技术战略部署方面，该工作小组主要围绕数据共享、人工智能系统开发、人力资源开发、标准化、网络安全等方面展开讨论，具体包括以下内容。

1）数据共享方面。该战略试图利用政府收集的地图数据和行驶中车辆拍摄的动态影像，建立包括普通道路在内的高精度地图和地图数据业务模型；从扩大数据合作领域

① 经济产业省，2017．“Connected Industvies” Tokyo Initiative 2017[EB/OL].（2017-10-02）[2018-03-07]. https://www.meti.go.jp/english/press/2017/pdf/1002_004b.pdf.

的角度出发，探寻行业间可实现共享的数据及其带来的增值业务。

2）人工智能系统开发方面。该战略计划基于机器学习等新技术开发人工智能系统，实现自动驾驶和远程操作驾驶，并通过“最后一英里示范测试项目”收集、清洗数据。

3）人力资源开发方面。该战略要求建立无人驾驶技术领域的人才培养体系，改善无人驾驶软件领域专业高端人才缺乏的现象。

4）标准化建立方面。日本作为无人驾驶技术国际标准委员会成员，与其他成员国积极提出建立各项新的国际标准的建议，如先进公路运输系统的国际标准。

5）网络安全方面。日本汽车制造商协会已建成了用于分析网络安全事件信息的系统，在系统测试评估后投入商用。

2019 年 10 月，群马大学与相铁巴士在日本横滨首次以 L3 标准开展无人自动驾驶公开载客测试，驾驶安全性和行驶速度的提高有赖于 5G 技术和高精度地图技术的进步。这些示范性测试项目不仅促进了制造业测试数据的共享，还进一步扩大了政府和制造企业在其他领域的共享基础设施数据（如自动驾驶地图、开发数据库等）方面的合作。由丰田牵头，斯巴鲁、铃木、马自达等汽车制造企业共同成立的 Monet 无人驾驶技术服务公司，因技术和数据的资源共享而实现了各利益相关方的价值最大化。

### 2. 工业机器人技术

为了应对劳动力短缺的严峻挑战，日本制造业利用自身制造领域尖端技术优势，通过创新工业机器人技术提高产品质量、技术水平等，持续推行“以人为本”的战略方针，切实满足社会和消费者需求，进一步提高制造业价值。2015 年，日本政府发布了“机器人革命计划”（Robotics Revolution Initiative，RRI），提出三大核心目标和五年具体计划，旨在通过推进低成本工业机器人的开发，解决医疗、农业及中小企业等专业技术人力资源严重短缺的问题，如表 4.11 所示。

**表 4.11 日本“机器人革命计划”的目标和计划**[①]

| | |
|---|---|
| 核心目标 | 世界机器人创新基地 |
| | 世界第一的机器人应用国家 |
| | 迈向世界领先的机器人新时代 |
| 具体计划 | 设立“日本机器人革命促进会”，承担总体协调职能 |
| | 研发下一代机器人要求实现的数据终端化、网络化、云计算等技术 |
| | 积极开展国际标准化与国内标准化 |
| | 大规模建设机器人应用的实验场地 |
| | 培育机器人与信息技术相结合的跨学科人才 |
| | 调整行业管理制度，同时制定保护消费者隐私及机器人安全性等原则 |
| | 数字化发布法律法规 |
| | 加强公检法机构之间的数据交换 |
| | 建设“非洲云”，提供就业培训 |

① 日本经济产业省，2015. 日本机器人革命计划[EB/OL].（2015-01-23）[2015-05-11]. https://www.meti.go.jp/earthquake/nuclear/pdf/150130/150130_01d.pdf.

从表 4.11 中可以看出，机器人革命计划主要围绕 5 个方面开展，即标准化、网络安全、数据共享、人力资源开发和中小企业应用。具体包括以下内容：一是在标准化方面，通过对“智能工厂示范测试项目”收集的工厂内外部运营数据进行分析与总结，进一步规范制造业及国内工业机器人标准，并将相关资料提交国家标准化委员会，为工业机器人国际标准的制定提供重要参考。二是在网络安全方面，一些智能制造工厂已经意识到工业机器人领域的网络安全措施不同于传统 IT 领域，应当通过政府进一步完善网络安全指南的标准化，提高制造业网络安全意识。三是在数据共享方面，通过共享各类示范项目的成果及先进的行业经验，推动修订《数据使用权合同准则》；通过物联网和其他计划，加快示范项目的数据共享，优先推进工业机器人和无人机项目的数据共享。数据共享的范围不应局限于制造业内部，而应跨行业共享，以探寻数据共享带来的更多增值业务。四是在人力资源开发方面，通过建立制造业、学校及政府之间的三方合作体系，注重培养复合型专业技术人才。例如，培养在制造业和信息技术领域均有专业知识素养的人才。五是在中小企业应用方面，向企业传播“互联工业”战略内核及其实施的重大意义；通过向中小企业派遣智能制造创新团队，引入数字技术和工业机器人技术，从而提高中小企业的生产率。

自 2016 年以来，日本经济产业省相继发布了工业价值链促进会（Industrial Value Chain Initiative，IVI）计划、物联网加速联盟（IoT Acceleration Consortium，IIAC）计划、人工智能研究计划中心（AI Research Center，AIRC）计划等。其中，IVI 计划与安倍经济学的理念相一致，主要是为了应对德国“工业 4.0”带来的严峻挑战。这些产业政策有助于日本在新科技领域形成完整布局，保证日本工业机器人技术处于全球领先地位。

### 3. 生物新材料技术

根据经济合作与发展组织的评估，2030 年全球生物技术的市场规模将扩大到 200 万亿日元。其中，日本具有优势的电子材料市场规模约为 3 万亿日元。在日本内阁发布的《未来投资战略 2017》中，经济增长新战略的目标是将人工智能、物联网等新技术应用到“社会 5.0”中，将政策资源集中投向健康、环保等领域，推动制造企业利用生物资源和数据资源开拓新的业务领域，增强制造企业对生物材料的研发能力，开发出具有新附加值的下一代生产系统，以稳固日本在生物新材料技术和市场上的优势。

关于生物新材料技术的发展规划主要涉及数据共享、标准化、人力资源开发及研究开发等方面。具体包括：一是数据共享，探索在生物资源和材料开发方面的数据共享模式，特别关注从制造业物料供应到最终用户的供应链中应用的数据共享模式。二是标准化，主要针对新材料特性的评估、环保材料的认证及新材料数据库等建立标准。三是人力资源开发，由学校和政府共同推进培养具有生物新材料领域和 IT 领域（如生物信息学）专业知识素养的复合型高端技术人才。四是研究开发，将现有生物信息和系统开发项目中取得的成果加速商业化，并构建基于人工智能的技术平台。由于制造业生物新材料技术发展和国际化步伐的加快，产品供应周期逐渐缩短，新材料商品化发展迅速，由三菱化学控股株式会社、住友化学株式会社等制造企业组成的生物材料技术战略规划组，尝试建立社会认可的数据共享模式，从而提高生物新材料技术的研发效率。

4. 基础设施安全技术

由于设备老化、经验丰富的基础设施安全技术工程师退休等原因，日本工厂的安全事故增多。为了应对这类风险，日本制造业开始利用物联网、大数据等先进技术开展安全维护示范性项目，提高维护和检查的有效性。基础设施安全技术的发展主要围绕网络安全、国际业务发展、数据共享、人力资源开发及推广物联网设备等方面展开。具体包括以下内容：一是网络安全方面，为了应对由于物联网、人工智能等技术不成熟带来的信息泄露和网络攻击等风险，政府针对制造企业厂房、基础设施安全领域制定相关的网络安全准则，为可能发生的网络攻击提供应对措施。二是国际业务发展方面，日本逐步将精密机械设备安全维护业务发展到国外，并计划将大数据定位火力发电厂故障等先进的安全维护服务业务发展到国外。三是数据共享方面，日本通过专门为制造企业确立基础设施安全维护领域数据共享的相关标准、简化企业之间的竞合协议等措施，提高日本制造企业对资源安全维护的积极性。相比其他跨企业的数据共享，日本政府应为安全技术方面的跨企业数据共享提供更多的政策支持。四是人力资源开发方面，制造业将物联网、人工智能等技术引入安全维护管理，大力培养具备物联网、人工智能等先进技术的专业安全工程师，同时考虑技术革新导致的人工操作减少所引发的新风险。五是推广物联网设备方面，日本政府鼓励制造企业利用无人机、传感器和其他设备收集工厂大数据，并通过物联网、人工智能等先进技术建立预测模型。

2019 年，日本通过一项新的物联网安全法规，由日本国家信息与通信技术研究所（Japan National Institute of Information and Communication Technology，NICT）统一接管部分制造企业的物联网设备，并定期制定风险设备清单，以提醒制造企业及时修改密码并进行安全维护。近年来，日本政府不断修订基础设施安全维护相关标准，运用市场机制推动制造企业示范项目的创新与开发，以期提高基础设施的安全性和生产率。

5. 智能生活

人口老龄化加剧了日本社会劳动力短缺和其他社会问题，使智能生活领域的规模不断扩大。其中，智能家用电器市场份额占比日益提升。对智能生活领域的发展规划主要从以下 4 个方面展开：一是应用场景，日本经济产业省就各行业人群的生活愿景进行调研，发掘解决人们日常生活关键问题的新服务，如针对老年人减轻家庭劳动负担的服务。二是数据共享，日本扩大数据共享与合作领域，创新跨企业、跨行业的数据共享增值业务和数据共享方式。在考虑商业竞争和用户隐私的前提下，日本政府组织相关部门制定与新技术相关的数据使用准则。三是节能，智能生活领域通常使用电力作为主要能源，因而节能也成为智能生活发展中要解决的核心问题。四是安全准则制定。由于建筑、家用电器等制造企业及各大批发零售制造企业的安全维护需求不同，日本政府需要综合考虑，科学制定制造企业产品进入智能生活领域后的安全指导准则。一些制造企业开始尝试将物联网技术应用到智能生活设备中，以便利用获取相关数据产生其他增值业务，这可能引发较大的信息泄露风险。2017 年，日本政府成立智能家居工作组，通过创建智能生活监控示范项目，促进有关安全准则的制定和发布。

### 4.3.3　日本制造业的国际化进程

进入全球产业变革的新时期，日本政府采取以新兴制造业发展引导产业国际化发展的战略思路，通过夯实制造业新兴领域的技术基础，向国际新能源、新材料、智能制造等领域拓展。20 世纪 70～90 年代，日本制造企业在已经取得国际化成就的基础上，其国际化的步伐不断加快，近年在国际市场上一直保持着持久的竞争力。

#### 1. 制造业出口和对外投资规模双升

有关学者整理日本经济产业省网站相关数据，以 2005～2019 年为时间窗口进行分析，发现近 10 年日本制造业国际化程度不断提高，且稳中有进。从日本制造业出口总额看，2005～2019 年有一定的波动性，但总体保持增长趋势。其中，高科技制造业出口表现坚挺。在金融危机前，日本制造业出口总额呈稳步上升趋势，并于 2008 年达到近 7 700 亿美元的峰值。此后，受金融危机的影响，日本制造业出口急剧下跌，但在 2010 年开始复苏，2011 年达到 8 200 亿美元。自 2017 年以来，在日元汇率升值和出口市场疲弱的影响下，日本制造业出口额仍维持在 7 000 亿美元。近 10 年，日本按制造业要素密集程度划分的产业中，高科技制造业一直保持稳定的出口份额，即使在金融危机导致全球经济严重衰退的影响下，其出口跌幅也未超过 20%。可见，与 2009 年世界制造业出口整体高达 30%的跌幅相比，日本制造业表现出极强的抗危机能力。

与此同时，日本制造业对外直接投资规模持续扩大，海外渗透程度不断深化。在 2005～2008 年，日本制造业对外直接投资份额从 26 亿美元增长到 45 亿美元，在金融危机期间经历短暂下滑，但在 2011 年恢复并超过金融危机前的投资份额。2019 年日本制造业对外直接投资达到 107 亿美元，比金融危机前的投资份额增长约 140%。此外，日本制造企业的海外销售率从 2005 年的 31%提高到 2019 年的 39%，海外生产率从 2005 年的 29%提高到 2019 年的 37%。

从产业结构看，日本制造业对外直接投资结构持续升级，即从技术水平较低的制造业（如纤维、木材等制造业），逐渐转向技术水平较高的制造业（如化学和制药、一般机械等制造业）。学者通过收集和整理日本经济产业省网站发布的历年相关数据发现，在 2005～2019 年，日本纤维制造业对外直接投资额在制造业对外直接投资总额中的占比从 1.6%下降到 0.7%，而日本木材制造业对外直接投资额占比从 3.2%下降到 1.3%。日本化学医疗和一般机械制造业对外直接投资额占比处于上升趋势。其中，化学医疗制造业从 12.9%上升到 39.0%，而一般机械制造业从 5.0%上升到 6.5%。日本制造业对外直接投资额占比如图 4.6 所示。可以看出，日本跨国制造企业重点发展高新科技领域。

#### 2. 制造业国际化发展机制

通过日本制造业国际化历程可以看出，其国际化发展机制以国内产业升级与产业国际化互促发展为主线，以大、中、小型制造企业联盟的国际化生态体系为核心，以国内外产业基地的国际化功能为执行工具，并以拓展国际开发渠道动力为牵引，如图 4.7 所示。

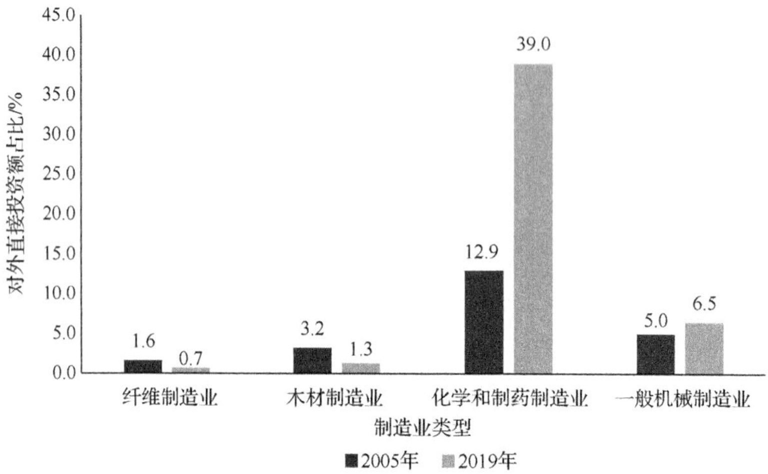


图 4.6　日本制造业对外直接投资额占比

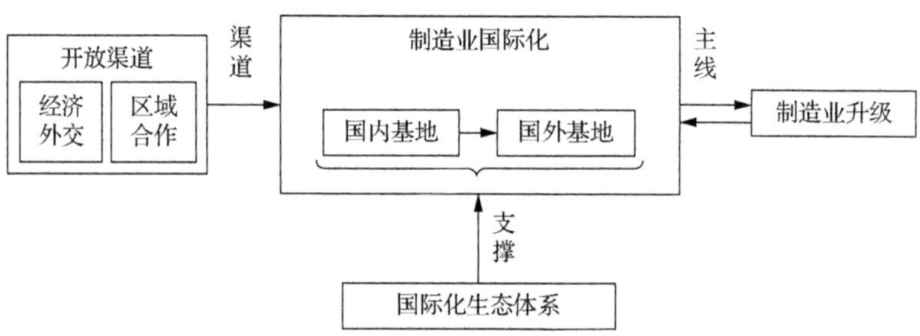


图 4.7　日本制造业国际化发展机制

1）以国内产业升级与产业国际化互促发展为主线。日本经济产业省网站相关资料显示，20 世纪日本政府在制造业发展方面一直注重利用国际化带动产业转型。20 世纪 50 年代以来，“贸易立国”战略使日本经济迅速增长，一跃成为全球重要工业产品出口国之一。20 世纪 80 年代初，“投资立国”战略进一步推动了日本产业结构优化，通过将劳动密集型产业转移到海外，大大降低了制造业成本。21 世纪，日本政府更加重视以高端制造持续促进制造业国际化的战略布局，如表 4.12 所示。

**表 4.12　日本制造业国际化发展**

| 时间 | 事件 |
| --- | --- |
| 20 世纪 50 年代 | 提出“贸易立国”战略 |
| 20 世纪 70 年代 | 成为全球最主要的工业产品出口国之一 |
| 20 世纪 80 年代初 | 提出“海外投资立国” |
| 21 世纪全球产业变革的新时期 | 采取以新兴制造业发展引导制造业国际化 |
| 2004 年 | 发布新兴产业创造战略 |

续表

| 时间 | 事件 |
| --- | --- |
| 2008 年金融危机后 | 提出新经济增长战略，并于 2010 年出台“产业结构蓝图” |
| 2015 年 | 提出机器人制造国家三大核心目标和五年具体计划 |
| 2016 年 | 先后发布《第四次工业革命先导战略》与《日本复兴战略 2016》，旨在通过第四次工业革命促进国际经济发展和社会变革 |
| 2017 年 | 将制造业作为《官民数据活用推进基本计划》的重点领域之一 |
| 2018 年 | 发布《日本制造业白皮书 2018》，将“互联工业”确定为制造业发展目标 |
| 2020 年 | 发布《日本制造业白皮书 2020》，提出重建制造业“高效+经济安全”的韧性供应链体系 |

2）以大、中、小型制造企业联盟的国际化生态体系为核心。大型、中型与小型制造企业通过采购、生产及销售等环节的协同发展，形成垂直产业链，如大型制造企业采购中、小型制造企业生产的零部件或原材料，而中、小型制造企业为大型制造企业提供设备与设施维修等服务。大型跨国制造企业的横向合作十分紧密，特别是在零部件标准化方面。跨国制造企业使用统一标准生产零部件，当一家供应商产能不足时，可以从其他供应商及时采购。大型跨国贸易集团在制造业国际化发展中不可或缺，以贸易业务为核心，并以研发、生产、金融、物流等为辅助，建立完整的产业链智能化体系，从而为制造业提供技术、资金、人力资源等全方位服务。此外，日本政府大力支持中、小型制造企业对外投资，制定《中小企业现代化资金扶持法》，建立中、小型制造企业对外投资服务信息平台，从而辅助大型制造企业的海外生产。

3）以国内外产业基地的国际化功能为执行工具。根据全球价值链理论（global value chain，GVC），制造企业只有专注于创新并保留核心和关键环节，才能拥有持续的动态竞争优势。因此，日本跨国制造企业一直坚持国内基地的研发创新功能定位及国外基地的生产功能定位。随着日本制造业国际化的不断深入，其海外基地功能定位正在从扩大产量、建立销售点向本地化产品策划与获取海外优势资源转变。

4）以拓展国际开发渠道动力为牵引。日本政府极力为制造企业开拓对外投资平台，通过经济外交和区域经济，共同推进制造业的国际化发展。这点在经济外交方面主要体现为外事访问时通常有庞大的制造企业团体随行，以便与到访国家和地区洽谈合作事宜。自 1993 年起，日本连续 8 年成为全球最大救助国，以经济援助促进与援助国的经济合作。此外，这点在区域经济方面主要体现为日本积极加入《跨太平洋伙伴关系协定》，以增强区域内产业影响力；通过“10+6 计划”逐层推进 EPA（Ethernet for Plant Automation，工厂自动化以太网）战略，争夺东亚区域经济合作的领导权。

2019 年，日本 GDP 约为 5.1 万亿美元，增速仅为 0.7%。全球经济指标数据网数据显示，截至 2020 年 11 月，日本制造业 PMI（Purchasing Manages’ Index，采购经理指数）已经连续 19 个月低于 50 荣枯线。中美贸易战和新冠肺炎疫情冲击是原因之一，但主要原因在于长期的产能过剩及供应链的持续疲弱。尽管日本经济在过去的 20 年处于长期低迷状态，但仍稳居世界第三大经济实体的位置，这与日本多年来致力于制造业的国际化战略转型密切相关。同时，日本跨国制造企业的主营方向已从传统的低端制造业（如家电制造业），向高端产业（如新能源、机器人、金融商务等）转变，依靠创新研发团队不断巩固制造业的竞争优势，从而使海外获得的收益源源不断流回本国，这也是日本一直处于世界发达国家行列的主要原因。

## 4.4　其他国家制造业的发展历程

2008 年金融危机后，发达国家逐渐意识到制造业对国家经济的重要作用，以美国、德国、日本等为代表的发达国家相继出台了一系列鼓励制造业发展的政策法规。继德国提出“工业 4.0”后，法国、英国、韩国等也陆续推出振兴制造业的战略方针，以期在新一轮的工业革命中实现大发展。

### 4.4.1　法国

除了众所周知的奢侈品、红酒和香水等领域，法国还在航空、高铁及核能应用等领域处于世界领先地位。例如，每年为波音公司供应超过 50%发动机的法国赛峰集团、以“全球第一高速”闻名的高铁 TGV（train à grande vitesse，法国高速列车）、核动力航母戴高乐号等都代表了法国强大的工业制造能力。与其他国家相似，法国也在 20 世纪 70 年代开始实施“去工业化”，但其“去工业化”程度远高于一些发达经济体。经济合作与发展组织数据显示，从 1970 年开始，法国制造业增加值逐年下降，占 GDP 的比重从 1970 年的 23.6%降至 2009 年的 10.6%，2019 年制造业增加值占 GDP 的比重仅为 8%，而德国和美国分别为 19%和 12%[①]。可见，“去工业化”导致法国制造业增加值占 GDP 的比重下降幅度很大，就业岗位大量减少。特别是金融危机后，法国经济遭受重创，制造业发展低迷，迫使政府重新认识制造业和政府引导对经济增长的重要性。随后，法国政府推出一系列“再工业化”政策，如表 4.13 所示。

**表 4.13　法国“再工业化”相关政策**

| 时间 | 事件 |
|---|---|
| 2013 年 9 月 | 法国政府推出新工业战略，开启“再工业化”进程 |
| 2015 年 5 月 | 法国经济与工业部发布“未来工业计划”，作为新工业战略的二期核心规划 |
| 2018 年 11 月 | 法国总理府发布“工业版图”计划，进一步扩大法国工业政策范围 |
| 2019 年 11 月 | 法国政府正式推行“生产公约”，助力工业复苏并增加就业 |
| 2020 年 5 月 | 法国总统马克龙发布“汽车产业振兴计划” |
| 2020 年 7 月 | 法国政府计划在 2021 年和 2022 年为企业减税 200 亿欧元，刺激工业发展 |
| 2020 年 9 月 | 法国政府发布“国家氢计划”，计划投资 72 亿欧元发展氢能源 |
| 2021 年 1 月 | 法国总统马克龙发布“法国量子技术国家战略”，计划投资 18 亿欧元用于量子计算机等研究 |

资料来源：法国政府网站相关文件和资料。

---

① 佚名，2021．瞭望：法国“去工业化”程度缘何如此之高？[EB/OL].（2021-04-29）[2021-04-30]. https://baijiahao.baidu.com/s?id=1698338968099602335&wfr=spider&for=pc.

2013 年 9 月，法国政府网站发布了“新工业法国”计划，该战略关注提高法国制造业国际市场竞争力、保持传统工业技术优势、为未来工业打下坚实基础等方面，针对环保和新能源、医疗健康、前沿科技提出 34 项工业振兴计划，如表 4.14 所示。

**表 4.14　“新工业法国”计划的主要内容**

| 类别 | 主要内容 |
| --- | --- |
| 环保和新能源 | 可再生能源、百公里油耗 2 升以内的汽车、充电桩、电池自主自强、无人驾驶汽车、电动飞机和新一代飞行器、重载飞艇、软件和嵌入式系统、全电推进卫星、未来高速铁路、绿色船舶、智能创新纺织技术、现代创新的木材工业、回收和绿色材料、建筑物节能改造、智能电网、智能水管理、生物燃料和绿色化学 |
| 医疗健康 | 医学生物技术、数字化医院、新型医疗卫生设备、安全健康和可持续的创新食品 |
| 前沿科技 | 大数据、云计算、电化教育、电信主权、纳米电子学、物联网、增强现实技术、非接触式服务、超级计算机、机器人、网络安全、未来工厂 |

经济的低迷使法国政府很快认识到，没有工业的国家注定要衰落。法国政府对法国工业复兴保持乐观的态度。未来经济的增长、就业岗位的增加及社会形态的改变取决于重塑后的法国工业。法国制订的工业振兴计划涉及一个生产效率更高的绿色化、数字化的“新社会”，在这个“新社会”中，食品、物流、基础设施、医疗保健、教育等均能实现新的变革。例如，在新能源方面，法国希望可以成为一个以再生能源为主的国家，减少对石油和天然气的依赖；以风能、太阳能等可再生能源为主要能源。显然，发展目前掌握的还不成熟的一些新技术是法国提高国际竞争力的关键。

此外，法国开展以提高医疗保健质量、降低医疗保健费用为目标，主要包括开发医院信息化系统、数字医疗工具、电子医疗产品等内容的数字化医疗改革。“新工业法国”计划在前沿技术方面保持优势地位，主要包括大数据、云计算、网络安全技术、超级计算机技术等。各项目计划的推进工作由法国政府和制造企业代表共同组成的项目小组负责，通过政府直接投资、研发退税及企业投资等方式扶持工业发展，以期大幅度增加工业增加值和就业岗位。

法国政府以“新工业法国”计划开启重塑制造业、振兴经济的新征程。该计划在提出后的短短一年多的时间里，使法国工业复兴行动获得了卓越的成绩。法国政府投资扶持 3D 打印、无人驾驶、纯电动汽车等上千个技术创新项目，并通过与其他国家合作促进法国工业的大发展。然而，“新工业法国”计划涵盖的领域多且比较分散，导致财政资源使用效率低下；同时，单独发展产品或服务已无法适应当前国际竞争的新趋势。2015 年 4 月，法国总统奥朗德重新调整产业战略定位，发布“未来工业计划”。该计划涉及 9 个发展领域，如图 4.8 所示。

法国“未来工业计划”确定了开发前沿技术、支持企业转型、开展技能培训、推广法国“未来工业计划”及加强国际合作等内容，强调整合产品和服务，以便与市场需求紧密结合。法国通过推广“未来工业计划”，吸引国际投资，并在政府支持、企业协调及当地机构参与的基础上，将“新工业法国”计划中的 34 项工业振兴计划，整合为 9 个优先关注领域，以期提高工业管理效率。法国“未来工业计划”强调与德国“工业 4.0”

平台的衔接，在欧洲投资计划的框架下，与德国在联合试点项目和技术开发项目等方面加强国际合作。作者通过整理新华网相关资料发现，以德国、法国和意大利为代表的欧洲国家在推动制造业数字化发展方面不断加强合作，如表 4.15 所示。

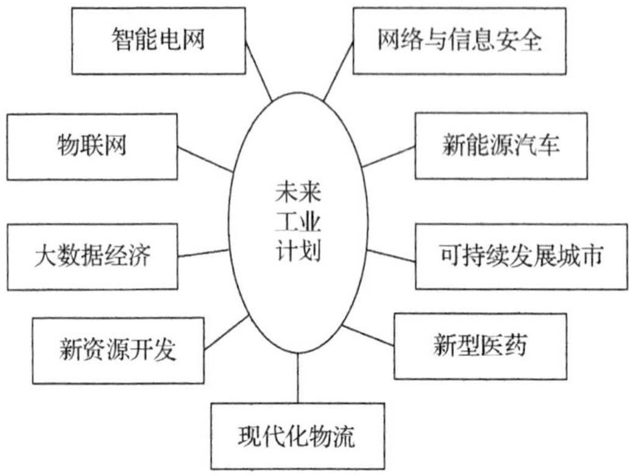


图 4.8 法国“未来工业计划”涉及的领域

**表 4.15 欧洲各国制造业数字化合作进展**

| 时间 | 内容 |
| --- | --- |
| 2017 年 2 月 | 在“G20 数字化制造”会议上，德国“工业 4.0”平台与法国“未来工业计划”、意大利“工业 4.0”达成制造业数字化战略合作 |
| 2017 年 6 月 | 德国、法国和意大利联合发布《共同行动计划——制造业数字化三方合作的路线图》，针对标准体系、中小企业应用测试及政策支持进行具体分工 |
| 2018 年 3 月 | 德国、法国和意大利共同发布《数据所有权》，加强数字法律保护；发布《智能制造三方合作的巴黎宣言》，制定智能制造的全球标准；发布《管理壳的结构》，涵盖信息和功能的灵活框架，以促进智能制造方面的发展 |
| 2020 年 2 月 | 德国、法国和意大利共同推出了新的倡议书 |

从表 4.15 中可以看出，2017 年 2 月，德国、法国和意大利就推进制造业数字化的战略合作达成一致。随后，上述 3 国在智能制造、数据管理、标准体系等数字化制造业领域展开多项合作。2020 年 2 月，德国、法国和意大利共同发布了新的意见书（position paper），在法律法规、标准体系、技术研究、安全信任等方面提出建议，旨在推动欧洲制造业数字化发展，促进欧洲经济繁荣与可持续发展。因此，无论是“新工业法国”计划还是“未来工业计划”，都体现了法国政府推动制造业数字化转型的决心。法国政府通过未来投资计划、人工智能计划等不断加大对制造业科技创新的资助，其涵盖生物技术、核能应用等各领域。例如，法国泰雷兹集团通过汇聚人工智能、大数据和网络安全技术方面的人才，以项目孵化的形式加速科技创新成果的商业转化，其在 2017 年建成的“数字工厂”体现了制造业数字化转型的成果。此外，法国政府大力资助在全部制造企业中占比很高的中小企业，为法国工业体系中的汽车、能源、食品、医疗等基础产业搭建数字平台，共享行业内的创新技术资源，从而推动中小制造企业数字化转型。与德国和意大利相比，法国的数字化发展起步较晚，同时还面临着政府财政压力和就业形势

严峻等问题，如何激发制造业创新活力、刺激多渠道投资，仍是法国亟待解决的难题之一。

### 4.4.2 英国

第一次工业革命的发源地是英国，它是世界现代工业革命的摇篮，制造业曾为英国经济带来空前的繁荣。尽管 20 世纪 70 年代以来，“去工业化”战略使英国金融业、服务业等第三产业逐渐取代制造业在经济贡献方面的重要地位，但英国在化工、制药、航空、电子及食品等领域仍拥有一批极具竞争力的制造企业。直到金融危机爆发，英国才意识到以金融业、服务业为支柱的产业结构严重失衡，如何通过振兴制造业来扭转经济困境成为英国政府需要解决的主要问题。近年来，英国政府推出一系列“再工业化”政策，旨在通过重振制造业解决就业、经济等方面的问题。根据英国政府网站相关资料进行整理，这些政策如表 4.16 所示。

表 4.16　英国“再工业化”相关政策

| 时间 | 事件 |
| --- | --- |
| 2008 年 5 月 | 在金融危机和制造业衰退的背景下，英国技术战略委员会提出《高价值制造战略 2008—2011》 |
| 2011 年 12 月 | 发布《促进增长的创新与研究战略》，集中发展生命科学、高价值制造、纳米技术和信息技术 |
| 2013 年 10 月 | 发布《未来制造业：一个新时代带来的机遇与挑战》 |
| 2014 年 10 月 | 在《高价值制造战略 2008—2011》基础上，发布《高价值制造战略 2012—2015》 |
| 2017 年 1 月 | 提出《构建我们的产业战略绿皮书》，强调清洁能源、智慧电网等 10 项绿色发展领域 |
| 2017 年 11 月 | 发布《适应于未来英国的工业战略》，即《工业战略白皮书》 |
| 2018 年 12 月 | 发布《打造我们的未来：工业战略阶段性成果》 |
| 2019 年 3 月 | 发布《中小企业行动计划》 |
| 2020 年 12 月 | 英国数字化、文化、媒体和体育部更新 2013 年发布的《建设数字英国计划》，更新固定宽带、移动数字基础设施建设目标 |

英国提出《高价值制造战略 2008—2011》，依据能源效率、生产流程、商业模式等 22 项制造能力标准，筛选出全球最有潜力的高价值领域，作为英国未来制造业的投资方向；通过将领先的技术知识和专业技能应用于生产流程，为英国带来拥有巨大潜力的可持续增长和高经济价值的产业和服务，使高价值制造业成为英国经济复兴的关键驱动力。2012 年，英国启动“工业 2050 战略”。2013 年，英国发布了《未来制造业：一个新时代带来的机遇与挑战》，提出未来制造业并不是传统意义上的“制造后进行销售”，而是“服务再制造”，即以生产为中心的价值链；未来的英国制造业还应具有迅速而灵敏地贴近客户需求、不断挖掘新的市场机遇、可持续发展及高度依赖技能工人等特点。具体包括以下方面：一是由于技术创新加速，企业对市场的响应时间更短，提供的产品和服务要契合顾客需求，因此英国应进一步加快智力知识向应用领域的转化，有效保护知识产权。二是财富结构和人口结构的变化对制造业和市场产生重大影响，新兴经济体的地位不断提高；服务外包、离岸业务等将使全球价值链碎片化问题越来越凸显，新的商业模式不断涌现。因此，英国需要保持其高技术产品的优势地位，

持续提升制造业对国际直接投资（foreign direct investment，FDI）[①]的吸引力。三是制造业可持续性发展需要政府加强环境监管，提高制造企业能源利用效率、材料回收和废物处理标准。四是高技能劳动力的培养需要政府的支持。政府应提高工程类高等院校的课程质量，并用有效方式吸引国际人才。此外，该战略进一步提出英国制造业的发展需要政府采取新的政策，以适应不断变化的国内外市场需求。这些政策主要包括：第一，注重制造业整体价值链的发展。政府应鼓励新的商业模式，发展生产服务业，鼓励生产和创新活动的集群化，重新界定英国在工程技术、人员技能、市场营销等方面的优势，促进制造业出口，发掘中小制造企业潜力。第二，满足制造业价值链的特定要求。政府应提升产业战略，促进具备全球竞争力的制造企业发展，提升不会轻易被其他国家复制的生产与研发能力，重视发展研发集群，扩大生产性服务业，提高制造企业的能源利用效率。第三，提高政府在评估和协调长期政策方面的能力，发展新的制度框架。

2016 年，英国进行了脱离欧盟的全民公决，离开欧盟意味着该国获得了重塑未来的机会。2017 年 1 月，为建立一个更强大、更公平的国家，英国政府出台《构建我们的产业战略》绿皮书，以期通过提高生产效率和推动国家经济的增长，提高人们的生活水平和工业经济增长率。可以看出，这一政策希望保持政府与制造企业之间的长期协同发展关系，以适应未来产业变化。在航空航天、汽车等制造业领域，政企合作模式已非常成熟，但在其他制造业领域还有待发展与完善，因此“现代工业战略”应运而生。该战略由英国时任首相特雷莎 · 梅（Theresa May）于 2017 年 1 月 23 日公布，旨在提高生产力和振兴工业生产，促进民众生活水平和经济增长率的改进，以振兴“脱欧”后的英国经济。英国“现代工业战略”涵盖十大重点领域，如加大对科研与创新的投资、提升技能、基础设施升级等，具体如表 4.17 所示。

**表 4.17　英国“现代工业战略”的主要内容[②]**

| 重点领域 | 主要内容 |
| --- | --- |
| 加大对科研与创新的投资 | 发起“工业挑战基金”，刺激本土创业者的潜力，推动以用户体验为驱动力的创新发展，重点领域为电池技术、储能技术及网络技术 |
| 提升技能 | 创建适合未接受过高等教育的年轻人的技术教育系统，并投资 1.7 亿英镑建设一批具有良好声誉的技术院校，以满足提升产业技能的需要 |
| 基础设施升级 | 以基础设施建设平衡南北经济发展的差异，总体规划未来的基础设施投资，充分运用经济集聚效应，解决部分地区生产力水平低的问题 |
| 支持初创企业 | 与商业银行合作，为融资困难的制造企业提供优惠贷款；重点支持中小初创企业发展，利用 B2B 评级、反馈平台等为中小制造企业合作提供服务 |
| 完善政府采购制度 | 推出由内阁办公室开发的“平衡记分卡”，尝试在公共部门采购中设计和收集供应商反馈的不同意见 |

① 国际直接投资主要指在投资人所属国以外的国家所经营的企业拥有持续利益的资本国际化形式，其目的是获得被投资企业的部分或全部控制权。

② HM GOVERNMEN, 2017. Building our industrial strategy [EB/OL]. (2017-01-01) [2020-05-10]. https://assets.publishing.service.gov.uk/government/uploads/system/uploads/attachment_data/file/611705/building-our-industrial-strategy-green-paper.pdf.

续表

| 重点领域 | 主要内容 |
| --- | --- |
| 鼓励贸易、吸引境外投资 | 与加拿大、中国、印度、墨西哥、新加坡和韩国等建立新型贸易关系，建立新的政府团队为制造企业海外竞标提供政治支持，实施更具有战略性的对外投资手段 |
| 提高能源供应效率及绿色发展 | 公布减排计划，制定能源供应长期路线图，审查新成立的电池技术、储能和电网技术研究机构，进一步降低海上风电成本 |
| 培育世界领先产业 | 与领导力强的部门合作，将重点放在先行发展的行业，如生命科学、超低排放车辆、工业数字化、核工业及创意产业等 |
| 驱动经济增长 | 使用额外的基础设施资金释放地区增长活力，改善重大基础设施推动经济增长，创造有竞争力的研发资金支持的创新业务，建议设立“工业战略部长级论坛”等 |
| 创建合适的体制机制、促进产业集聚和地方发展 | 制定支持供应链增长的新政策，最大限度地发挥大型制造企业的龙头作用；确定优先投资领域及地区在吸引投资方面的优势，给予地方政府更大的自由支持产业增长等 |

在政府和企业的努力下，英国制造业取得了显著的成绩，实现经济增长，使失业率趋于降低。2017 年 11 月 27 日，英国工业发展战略白皮书由英国商业、能源和产业战略部发布，题为《工业战略：建设适应未来的英国》（*Industrial Strategy: Building a Britain Fit for the Future*）。该战略从创意、人才、基础设施、商业环境和地区发展等基础条件，提出英国经济增长的具体举措，如表 4.18 所示。

**表 4.18　《工业战略：建设适应未来的英国》的主要内容①**

| 基础条件 | 具体措施 |
| --- | --- |
| 创意 | 到 2027 年，将研发投资总额提高到 GDP 的 2.4% |
| | 将研发税收抵免率提高到 12% |
| | 投资 7.25 亿英镑用于新的产业战略挑战基金项目 |
| 人才 | 建立一个能与世界上最佳教育体系竞争的技术教育体系 |
| | 在数学、数字和技能教育上增加 4.06 亿英镑投资，解决该领域人才短缺的问题 |
| | 在数字和建筑领域投资 6 400 万英镑；构建再培训体系，支持民众重新掌握技能 |
| 基础设施 | 增加国家生产投资基金 310 亿英镑，支持交通、住房和数字基础设施发展 |
| | 增加 4 亿英镑的充电基础设施投资，新增 1 亿英镑用于扩大插电式汽车补贴及支持电动汽车发展 |
| | 通过超过 10 亿英镑的公共投资推动数字基础设施建设；其中，1.76 亿英镑用于 5G 建设，2 亿英镑用于本地全光纤网络建设 |
| 商业环境 | 启动政府和制造业之间的商业关系，提高产业生产率，涉及生命科学、建筑、人工智能和汽车制造业等领域 |
| | 推动超过 200 亿英镑的创新和高潜力业务投资；其中，在英国商业银行设立 25 亿英镑的新投资基金 |
| | 发起提高中小制造企业生产率的行动计划，涵盖如何解决生产率较低企业的“长尾”问题 |

① HM GOVERNMENT, 2017. Industrial strategy:building a Britain fit for the future [EB/OL]. (2017-11-01)[2020-03-20]. https://assets.publishing.service.gov.uk/government/uploads/system/uploads/attachment_data/file/730048/industrial-strategy-white-paper-web-ready-a4-version.pdf.

续表

| 基础条件 | 具体措施 |
| --- | --- |
| 地区发展 | 基于地区优势提出区域工业战略 |
| | 建立新的转型城市基金，为城市内部交通提供 17 亿英镑资助 |
| | 提供 4 200 万英镑奖励教师发展 |

从表 4.18 中可以看出，英国的工业战略是一项长期的举措，为了实现建立世界性的最具创新性的经济体、提供更多的工作和更高的收入、对基础设施进行升级改造等目标，构建了一个鼓励投资者、创业者、就业者和消费者共同参与的政策框架。此外，英国政府还将建立一个独立的工业战略委员会，通过定期评估战略的实施情况向政府提出建议，以保证工业战略能够持续开展。

英国统计局官网的相关数据显示，受新冠肺炎疫情冲击，英国 2020 年二季度的 GDP 环比下降 19.8%，在三季度增长了 15.5%，但仍然比 2019 年新冠肺炎疫情发生前降低了 9.7%。除了要面对新冠肺炎疫情的冲击，英国制造业还受到“脱欧”的影响，无协议“脱欧”后的英国与欧盟国家的贸易关系将以 WTO 为基本原则。也就是说，英国所有的进出口货物都需要审查与征税，从而导致英国制造业成本上升及供货期延长。此外，由于英国无法保持原有的欧洲市场份额，新的贸易壁垒将降低全球对其制造业投资的积极性。例如，日本的本田公司因欧洲市场竞争激化而销售低迷，提出 2021 年内结束在英国南部斯温登工厂的四轮车生产①。2021 年 1 月，英国政府发布《工业战略：大挑战》，提出英国工业发展目前确实正面临着前所未有的大挑战。

### 4.4.3　韩国

与德国、英国等传统制造业强国相比，韩国是一个新兴的工业国家。20 世纪 60 年代，在韩国政府的推动下，韩国正式开启发展制造业的首个“五年计划”。经过几十年的快速发展，韩国成长为一个独立完善、种类齐全、技术发达的制造业强国，其电子、汽车、船舶、化工等制造业对全球具有重要影响。在世界银行公布的 2019 年世界各国制造业增加值排名中，韩国仅次于中国、美国、日本和德国，位居第五名。韩国制造业的增加值为 4 409.4 亿美元，占 GDP 比重约为 27.2%②。

2014 年 6 月，在国际“再工业化”浪潮和本国制造业转型的背景下，韩国政府提出了“制造业创新 3.0 战略”。韩国贸易工业和能源部网站相关资料显示，截至 2015 年 3 月，韩国将物联网、大数据等八大智能制造技术与制造业高度融合，建成了 300 家新型智能工厂，并在三星电子公司、现代汽车公司等智能工厂中进行应用方案的推广和标准

① 王欢，2019．本田宣布 2021 年内结束英国工厂生产[EB/OL]．（2019-02-20）[2020-03-20]．https://www.sohu.com/a/295890280_162522.

② 南生今世说，2019．2018 年韩国的制造业增加值约 4409.4 亿美元，全球第 5 名，仅次于中美日德[EB/OL]．（2019-07-08）[2020-09-18]．https://www.sohu.com/a/325500141_100110525.

认定[①]。同时，韩国贸易工业和能源部发布了《制造业创新 3.0 战略行动方案》，阐述了韩国从“制造业创新 1.0 战略”到“制造业创新 3.0 战略”的演进过程，旨在通过推动智能工业革命，从根本上改进制造业生态系统，从而提高制造业的国际竞争力，如图 4.9 所示。

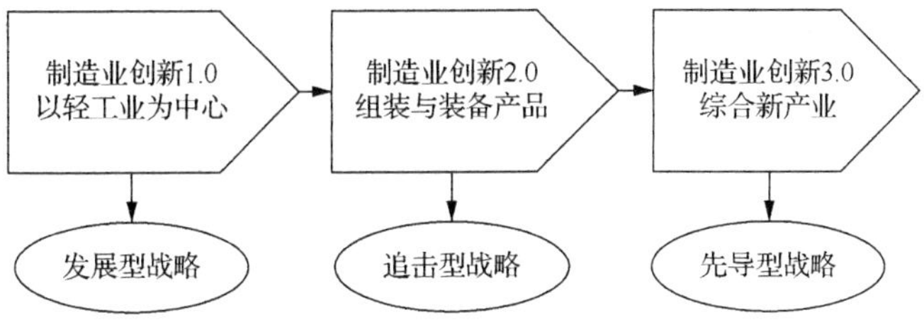


图 4.9　韩国制造业创新战略演变过程

“制造业创新 3.0 战略”也被称为韩国版的“工业 4.0”，具体划分为三大战略、六大主题和 13 项重点领域；提出计划建成 1 万个智能工厂，拉动政府和企业的创新投资约 24 万亿韩元；到 2024 年实现 1 万亿美元出口额，跻身制造业国家世界四强行列，如表 4.19 所示。

**表 4.19　韩国“制造业创新 3.0 战略”相关内容**

<table>
<tr><th>战略</th><th>主题</th><th>重点领域</th></tr>
<tr><td rowspan="2">创新融合型制造企业</td><td>IT·SW 基础工程创新</td><td rowspan="6">可穿戴智能装置<br>自动驾驶汽车<br>垂直起降高速无人机系统<br>极寒环境下的海上平台<br>尖端材料加工系统<br>国民安全和保健机器人系统产业<br>高效超小型发电系统<br>低损耗直流送电配电系统<br>塑料底盘传输机核心碳材料<br>尖端工业用钛材料<br>个人定制型健身体系<br>纳米仿生装置<br>虚拟训练平台开发</td></tr>
<tr><td>创造融合的增长动力</td></tr>
<tr><td rowspan="2">强化产业核心力量</td><td>确保材料和零件主导权</td></tr>
<tr><td>强化制造业软实力</td></tr>
<tr><td rowspan="2">制造创新基础高度化</td><td>培养技术紧缺的人才</td></tr>
<tr><td>进军东北亚研发中心</td></tr>
</table>

2019 年 6 月，韩国政府发布“制造业复兴发展战略蓝图”，以成为世界四大制造业强国之一（以出口规模为标准）为目标，确定了制造业发展的中长期规划，提出到 2030 年实现三大目标和四大战略，如表 4.20 所示。该战略强调全面推进产业智能化，即在所有制造业推广人工智能工厂，计划到 2030 年建成 2 000 家人工智能工厂。韩国政府通过建立数据中心获取智能工厂的各类数据，进一步促进机器人、传感器、软件系统等智能制造技术的发展。

① 韩国贸易和工业部产业政策科，2015．以制造创新 3.0 战略，到 2024 年跃居制造业第四位[EB/OL]．(2015-03-19) [2020-09-21]．http://www.motie.go.kr/motie/ne/presse/press2/bbs/bbsView.do?bbs_seq_n=157086&bbs_cd_n=81&currentPage=1&search_key_n=title_v&cate_n=&dept_v=&search_val_v=.

**表 4.20　韩国“制造业复兴发展战略蓝图”的主要内容[①]**

<table>
<tr><th>目标</th><th>战略</th><th>具体措施</th></tr>
<tr><td rowspan="5">制造业增长率从 25%提高到 30%，与发达国家持平</td><td rowspan="3">智能化、绿色化与融合化，加快产业结构创新</td><td>全面推动以人工智能为基础的智能工厂与智能产业</td></tr>
<tr><td>通过生产更环保的产品，力争使韩国成为环保领域的领先国家</td></tr>
<tr><td>制造业与服务业融合以提高附加值</td></tr>
<tr><td rowspan="6">通过创新改造现有主力产业，实现以新产业为主的产业结构目标</td><td>凝聚国家能力和资源，持续创造新产业</td></tr>
<tr><td>以潜力项目为中心，加速商业转化，提高项目附加值</td></tr>
<tr><td rowspan="5">新工业、新品种占比从 16%提高到 30%</td><td>集中培育材料、零部件与装备产业</td></tr>
<tr><td>业务重组和公司结构创新</td></tr>
<tr><td>为新产业创建工业园区，实现制造业创新基地转变</td></tr>
<tr><td>加强出口支持，不断增加世界一流企业</td></tr>
<tr><td rowspan="3">优化产业创新生态环境</td><td>培养制造业急需人才</td></tr>
<tr><td rowspan="5">世界一流制造企业规模扩大 1 倍</td><td>基于技术挑战，全面变革研发体系</td></tr>
<tr><td>构建支撑制造业创新的金融体系</td></tr>
<tr><td rowspan="3">强化政府对投资和创新的支持</td><td>加大境外投资的支持力度</td></tr>
<tr><td>以需求为主导，扩大政府采购</td></tr>
<tr><td>推广政府与制造企业合作的创新体系</td></tr>
</table>

## 4.5　国外制造业的发展对我国的影响

纵观国外制造业发展轨迹，从“去工业化”到“再工业化”，各国越来越重视本国制造业的回流，这就给我国制造业增长带来很大的影响。因此，本节从国外制造业发展对我国的消极影响和积极影响两个方面展开分析，如图 4.10 所示。

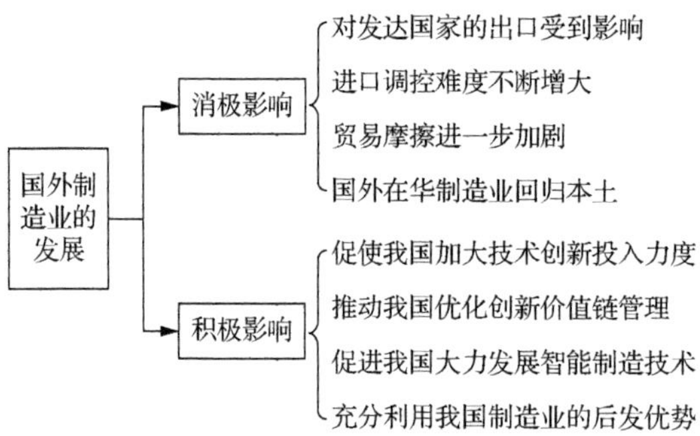


图 4.10　国外制造业发展对我国的影响

① 韩国贸易工业和能源部，2019．制造业复兴发展战略蓝图[EB/OL]．（2019-06-19）[2020-11-21]．http://www.motie.go.kr/motie/py/brf/motiebriefing/motiebriefing101.do?brf_code_v=101#header.

### 4.5.1 消极影响

促使传统制造业回归本土且推行“再工业化”已成为发达国家调整经济发展战略的重要组成部分，这对我国制造业发展的影响不容小觑。

1. 对发达国家的出口受到影响

发达国家力推“再工业化”、制造业创新战略等，对我国出口的影响日趋明显。已有研究成果表明，自 2012 年以来，发达国家经济逐渐开始复苏，而我国对发达国家的出口增速出现不增反降的趋势。2013 年，虽然美国、日本经济持续温和增长，欧盟经济也逐渐复苏，但我国对美国、欧盟和日本的出口额增长率均为 2010 年以来的最低水平，分别增长 4.72%、2.1%和-0.01%（李大伟，2014），明显低于当年出口平均增速。可见，随着国外制造强国扶持本国制造业发展的相关政策逐步完善与落实，我国对发达国家的出口难度不断加大。

2. 进口调控难度不断增大

我国促进国内消费、扩大进口的着力点是鼓励先进技术和设备进口，扩大国内紧缺物资进口，并增强进口议价能力。各国制造业回归本土，将会提高其制成品的出口份额，进一步弥补贸易不平衡状况。例如，欧美对华出口可能包括机械及运输设备、计算机和电子产品，甚至是传统制造品，这与我国对欧美出口产品具有一定的同质性。因此，扩大进口产品类别与欧美对华出口制成品的差异性，也造成我国进口调控的难度持续增大。

3. 贸易摩擦进一步加剧

近年来，许多发达国家纷纷推出重振和加强本国制造业竞争力的计划。例如，美国降低制造业原材料进口关税，日本推进低成本工业机器人的开发与应用，以及“意大利制造”法案涉及服装、鞋、皮衣和家具等，导致国内外制造业市场竞争更加激烈。为了帮助本国企业获得竞争优势，各国不断加大对我国产品的反倾销、反补贴等贸易制约。此外，一些国家为保持其国际领先地位，对其他国家高科技制造业实行打压与经济制裁，造成国际制造业领域竞争日趋白热化，也给我国制造业及相关企业发展带来很大的消极影响。

4. 国外在华制造业回归本土

随着我国“刘易斯拐点”[①]临近，制造业成本迅速上升，而发达国家近年为鼓励制造业回归，采取了减税、补贴等一系列措施，导致我国与欧美总体生产成本差距不断缩小，部分欧美企业因此转移生产基地。在华的欧美企业可能以制造业回归本土为筹码，对放宽投资门槛、降低市场准入和行业准入等方面提出更多要求。可以看出，一些劳动密集型的在华制造企业陆续回归本土，或转移到东南亚国家，这给我国制造业增长和就

① 刘易斯拐点（Lewis turning point）是形成一个健康的劳动力市场制度的良好契机，主要指在工业化进程中，农村富余劳动力向非农产业转移后，农村富余劳动力逐渐减少，从而处于瓶颈状态。

业率提升带来显著的消极影响。

### 4.5.2 积极影响

作为制造大国，中国面临着新一轮工业革命带来的机遇和挑战。通过比较发达国家制造业发展战略与计划可知，德国、美国、日本、法国、英国与韩国等制造业的“工业4.0”“再工业化”“互联工业”“未来工业计划”“现代工业战略”“制造业创新3.0战略”等，均是在原有的产业技术创新优势基础上的制度创新，这对我国选择制造业转型升级路径具有很强的积极影响。

1. 促使我国加大技术创新投入力度

从德国、美国、日本、法国、英国、韩国等制造业强国的发展历程中可以看出，确保充分的技术创新投入资金，是实现核心技术创新的前提。一个国家的科技水平最终取决于基础研究水平，只有拥有强大的基础研究能力，才可能支撑发达国家的科技强国地位。近年来，我国在载人航天、载人深潜、大型飞机、北斗卫星导航、超级计算机、高铁装备、百万千瓦级发电装备、万米深海石油钻探设备等领域已达到国际领先水平。然而，我国科技水平在总体上与发达国家相比还存在很大的差距。随着各国整体科技水平的提高，基础研究的重要性不断增加。基础研究周期长、风险高且经济效益不明显，因此各国制造业的基础研究更多依赖政府投资。根据发达国家经验，只有研发强度不断提高，制造业才可能具有较强的国际竞争力。因此，提高我国制造业的创新能力，应当进一步鼓励政府、制造企业、科研机构、高等院校等多方合作，持续加大技术创新投入力度，实现制造业核心技术研发产出水平的大幅度提高。

2. 推动我国优化创新价值链管理

制造业的价值创造是通过一系列活动构成的，可以划分为基本活动和辅助活动。这些既互不相同又相互关联的活动共同构成了价值创造的动态过程，即价值链。价值创造活动是制造业生存和发展的重要前提，其中，基本活动主要涉及生产作业、内外部后勤、市场和销售等；辅助活动一般包括采购、技术开发、人力资源管理和制造企业基础设施等。各国制造业的“再工业化”推动我国采用先进模式整合价值链，进而提高核心技术能力，持续优化创新价值链管理，以期实现制造业价值创造最大化，从而在全球市场竞争中占据优势地位。

3. 促进我国大力发展智能制造技术

前瞻产业研究院官网发布的《企业智能化升级策略》指出，智能化是制造自动化的发展方向，是指在制造过程的各环节广泛应用人工智能技术。可见，智能制造日益成为未来制造业发展的重大趋势和核心内容，是加快制造业发展方式转变、促进工业向中高端迈进、建设制造强国的重要举措，也是新常态下具备并保持制造业国际竞争优势的必然选择。但是推进智能制造是一项复杂而庞大的系统工程，需要不断地探索与试错，不能急于求成。在发展智能制造技术的过程中，德国“工业4.0”计划是在制造技术和信息通信技术分别达到世界领先水平的基础上而提出的。然而，我国制造技术、信息通信技术与世界先进水平还存在一定的差距，其融合效果必然大打折扣。因此，我国在制定智能制造发展战略时须借鉴发达国家工业化模式，持续重视制造技术的创新投入，不断提高信息通信技术，推动新一代信息技术与制造技术的融合发展。

#### 4. 充分利用我国制造业的后发优势

国外发达国家的工业化进程已经持续了 100 多年，取得了很大的成就，同时也积累了不少教训。借鉴国外产业变革的经验与教训，我国制造业可以少走弯路。一方面，我国应避免国外发达国家的工业化进程中出现的“先污染、后治理”困境，在制造业发展中应当充分重视对环境的保护，坚持“既要金山银山，又要绿水青山”的绿色发展理念；另一方面，国外发达国家在经济发展中过度“去工业化”，使金融业无序扩张，造成就业率大幅下滑、国家应对突发灾害的能力不断降低，并成为次贷危机的导火索之一，给经济增长带来巨大的阻力。近年来，国外发达国家意识到过度“去工业化”的危害后，纷纷提出“再工业化”的相关战略和计划。因此，我国应当重视实体经济在国民经济发展中的地位，避免经济过度“脱实向虚”；充分利用后发优势①，借鉴国外制造强国成熟的发展战略并科学引进其技术、资金及设备等，实现我国制造业转型升级目标。

## 本章小结

本章主要总结了德国、美国、日本、法国、英国、韩国等国家在金融危机后重振制造业的举措和成果，围绕国外制造业发展经验与教训对我国的消极影响和积极影响展开讨论。德国的“工业 4.0”、美国的“再工业化”、日本的“互联工业”、法国的“未来工业计划”、英国的“现代工业战略”、韩国的“制造业创新 3.0”等，均是利用高新技术转变生产方式、改造生产流程、创新生产技术、优化管理模式，旨在推动制造业发展、增加就业岗位、拉动国民经济全面上升。以物联网、人工智能、大数据等创新技术为引领的全球制造业变革已成为新一轮全球制造业竞争的焦点。在德国“工业 4.0”的影响下，许多国家相继出台的制造业发展战略均包含技术创新、人才培养、绿色可持续发展等内容，因为掌握核心关键技术有助于提升其全球竞争优势。发达国家纷纷以振兴制造业作为发展实体经济、走出经济困境的重要措施，实施一系列战略与计划推动本国制造业的创新发展，以期获得全球市场竞争优势，这对我国制造业的影响不容小觑。在新的国际环境下，我国应当借鉴一些发达国家的“再工业化”经验，注重加大技术创新投入力度，优化创新价值链管理，大力发展智能制造技术，充分利用我国制造业的后发优势，尽可能弱化消极影响。

① 后发优势（late-mover advantage）由美国经济史学家亚历山大·格申克龙（Alexander Gerchenkron）于 1962 年提出。他在总结德国、意大利等国家经济追赶成功经验的基础上，强调对先进国家技术的模仿和借鉴，可以使后发国家处于较高起点，少走很多弯路。

# 主要参考文献

李大伟，2014．我国对发达国家出口增长乏力的外部因素分析及相关建议[J]．中国经贸导刊（21）：33-35．

刘建江，李诗，2020．新冠疫情冲击下美国再工业化战略举措及前景研究[J]．广西师范大学学报（哲学社会科学版），56（6）：129-145．

马文秀，高周川，2021．日本制造业数字化转型发展战略[J]．现代日本经济，40（1）：27-42．

威廉姆・邦维利安，彼得・辛格，2019．先进制造：美国新创新政策[M]．沈开艳，等译．上海：上海社会科学院出版社．

袁永，张宏丽，李妃养，2017．2015 年版《美国创新战略》评析及对策研究[J]．科技管理研究，37（2）：57-61．

周鑫，2009．由《波茨坦会议公报》看战后对德国的经济制裁[J]．理论月刊（7）：153-155．

経済産業省，2015.ロボット新戦略[EB/OL]．（2015-01-23）[2020-12-28]．https://www.meti.go.jp/shingikai/sankoshin/seizo_sangyo/pdf/003_s01_03.pdf.

経済産業省，2017.重点 5 分野の取組[EB/OL]．（2017-10-02）[2020-12-26]．https://www.meti.go.jp/policy/mono_info_service/connected_industries/index.html.

経済産業省，2019．2019 年版ものづくり白書[R/OL]．（2019-06-11）[2020-12-19]．https://www.meti.go.jp/report/whitepaper/mono/2019/index.html.

BMWi, 2019. Industrial Strategy 2030: guidelines for a German and European industrial policy[EB/OL]. (2019-22-29) [2020-12-20]. https://www.bmwi.de/Redaktion/EN/Publikationen/Industry/industrial-strategy-2030.pdf?__blob=publicationFile&v=7.

BUNDESMINI STERIUM FÜR WIRTSCHAFT UND ENERGIE, 2020. Industrie 4.0-umsetzungsprojekte[R/OL]. (2020-10-12) [2020-12-21]. https://www.plattform-i40.de/PI40/Redaktion/DE/Downloads/Publikation/Umsetzungsprojekte.pdf?_ blob=publication File&v=7.

CHG, 2020. 2019-2020 D21 digital index shows that the transition toward a digital work culture is stalling in germany[R/OL]. (2020-02-01) [2020-11-20]. https://www.chg-meridian.com/explore-chg/media-center/press/2020/d21-digital-index-2019-2020.html.

DEPARTMENT FOR BUSINESS, ENERGY & INDUSTRIAL STRATEGY, 2021. Industrial strategy: the grand challenges [EB/OL]. (2021-01-26) [2021-02-11]. https://www.gov.uk/government/publications/industrial-strategy-the-grand-challenges/industrial-strategy-the-grand-challenges.

EXECUTIVE OFFICE OF THE PRESIDENT, 2019. A framework for revitalizing American manufacturing[R/OL]. (2019-12-01) [2020-10-20]. https://obamawhitehouse.archives.gov/sites/default/files/microsites/20091216-maunfacturing-framework.pdf.

GOVERNMENT OFFICE FOR SCIENCE, 2013. The future of manufacturing: a new era of opportunity and challenge for the UK[EB/OL]. (2013-10-30) [2020-11-21]. https://assets.publishing.service.gov.uk/government/uploads/system/uploads/attachment_data/file/255922/13-809-future-manufacturing-project-report.pdf.

HIM GOVERN MENT, 2017. Industrial strategy: building a britain fit for the future[EB/OL]. (2017-11-27) [2020-12-21]. https://assets.publishing.service.gov.uk/government/uploads/system/uploads/attachment_data/file/730048/industrial-strategy-white-paper-web-ready-a4-version.pdf.

HM GOVERNMENT, 2017. Building our industrial strategy[EB/OL]. (2017-01-23) [2020-10-12]. https://assets.publishing.service.gov.uk/government/uploads/system/uploads/attachment_data/file/611705/building-our-industrial-strategy-green-paper.pdf.

IMD World Competitiveness Center, 2021. The IMD world digital competitiveness ranking 2021 results[EB/OL]. (2021-01-01) [2021-02-02]. https://www.imd.org/centers/world-competitiveness-center/rankings/world-digital-competitiveness/.

INDUSTRIAL INTERNET CONSORTIUM, 2019. The industrial internet of things volume G1: reference architecture[EB/OL]. (2019-06-19)[2020-10-22]. https://www.iiconsortium.org/pdf/IIRA-v1.9.pdf.

Industrie 4.0, 2020. Fortschrittsbericht 2020[R/OL]. (2020-06-01) [2020-10-20]. https://www.plattform-i40.de/IP/Redaktion/DE/Downloads/Publikation/2020-fortschrittsbericht.pdf?__blob=publicationFile&v=9.

Industrie 4.0, 2020. Nachhaltige produktion: mit industrie 4.0 die Ökologische transformation aktiv gestalten[EB/OL]. (2020-11-30) [2020-12-15]. https://www.plattform-i40.de/PI40/Redaktion/DE/Downloads/Publikation/Nachhaltige-Produktion. pdf?__blob=publicationFile&v=4.

INNOVATE UK, 2014. High value manufacturing strategy 2012-2015[EB/OL]. (2014-10-21) [2020-12-15]. https://assets. publishing. service.gov.uk/government/uploads/system/uploads/attachment_data/file/362294/High_Value_Manufacturing_Strategy_2012-15.pdf.

LE GOUVERNEMENT, 2015. Industry of the future: rallying the *New Face of Industry in France*[EB/OL]. (2015-03-18) [2020-12-25]. https://www.economie.gouv.fr/files/files/PDF/pk_industry-of-future.pdf.

LE GOUVERNEMENT, 2013. The new face of industry in france[EB/OL]. (2013-09-12) [2021-02-25]. https://www.economie.gouv.fr/files/nouvelle_france_industrielle_english.pdf.

NATIONAL ECONOMIC COUNCIL AND OFFICE OF SCIENCE AND TECHNOLOGY POLICY, 2015. A strategy for american innovation[R/OL]. (2015-10-01)[2020-01-22]. https://obamawhitehouse.archives.gov/sites/default/files/strategy_for_american_innovation_october_2015.pdf.

NATIONAL ECONOMIC COUNCIL, COUNCIL OF ECONOMIC ADVISERS, AND OFFICE OF SCIENCE AND TECHNOLOGY POLICY, 2011. A strategy for american innovation: securing our economic growth and prosperity [R/OL]. (2011-02-11) [2020-07-22]. https://obamawhitehouse.archives.gov/sites/default/files/uploads/InnovationStrategy.pdf.

SUBCOMMITTEE ON ADVANCED MANUFACTURING COMMITTEE ON TECHNOLOGY OF THE NATIONAL SCIENCE & TECHNOLOGY COUNCIL, 2018. Strategy for american leadership in advanced manufacturing[R/OL]. (2018-10-01) [2020-08-29]. https://www.manufacturing.gov/news/announcements/2018/10/strategy-american-leadership-advanced-manufacturing.

The White House, 2017. President trump announces manufacturing jobs initiative[N/OL]. (2017-01-27) [2020-08-19]. https://trumpwhitehouse.archives.gov/briefings-statements/president-trump-announces-manufacturing-jobs-initiative/.

The White House, 2011. President obama launches advanced manufacturing partnership[N/OL]. (2011-06-24) [2020-08-21]. https://obamawhitehouse.archives.gov/the-press-office/2011/06/24/president-obama-launches-advanced-manufacturing-partnership.

보도/해명, 2015. 제조업 혁신 3.0 전략으로 2024 년 제조업 4 강 도약[EB/OL]. (2015-03-19) [2020-12-23]. http://www.motie.go.kr/motie/ne/presse/press2/bbs/bbsView.do?bbs_cd_n=81&bbs_seq_n=157086.

보도/해명, 2019. 제조업 르네상스 비전 및 전략 발표 [EB/OL]. (2019-06-19) [2021-01-20]. http://www.motie.go.kr/motie/ne/presse/press2/bbs/bbsView.do?bbs_cd_n=81&bbs_seq_n=161803.

# 第 5 章 我国制造业发展情况及现状分析

新中国成立以来，尤其在 1978 年改革开放后，我国积极推进工业化和现代化进程，制造业不断发展壮大，无论是产业规模还是产业门类均已位居世界前列，综合国力显著增强。然而，与世界先进水平相比，我国制造业主要集中在煤炭、水泥、钢铁、消费类电子产品等生产资料和基础产品领域，其结构性问题日益凸显，亟待产业转型升级。“十四五”期间的重要任务是推进我国从“工业大国”走向“工业强国”，从“中国制造”走向“中国创造”，以及从“世界制造业中心”走向“全球产业链枢纽”（宋大伟，2021）。本章通过收集 2001～2020 年《中国统计年鉴》的制造业相关数据，结合相关产业政策与战略规划，对我国制造业发展情况、面临的挑战及现状进行分析。

## 5.1 我国制造业发展情况

过去几十年间，我国制造业的高速发展举世瞩目。改革开放初期，由于工业基础较薄弱、技术水平相对落后、劳动力颇为廉价及人民币价值被低估等原因，我国这一阶段的工业发展以模仿与跟随发达国家为主，即通过增加资源、要素投入实现产业规模扩张。1990 年，我国制造业总量占全球的比重不到 3%，居世界第九位。随着全球生产制造商的大量涌入，我国制造业开始高速增长。2000 年，我国制造业总量占全球的比重上升到 6.0%，位居世界第四位；2007 年达到 13.2%，居世界第二位；2010 年提高到 19.8%，我国制造业产值首次超越美国，成为世界第一制造大国，并在之后连续多年稳居世界第一[①]。《中国制造 2025》“互联网+”“制造业高质量发展”等一系列战略规划的提出，为我国制造业的发展进一步指明了方向。2020 年，工业和信息化部在全国工业和信息化工作会议上公布，我国制造业增加值在 2016～2019 年由 20.95 万亿元增至 26.92 万亿元，年均增长率为 8.7%，占全球比重达到 28.1%[②]。可见，我国制造业总体规模已经成为世界第一，也是全世界唯一拥有联合国产业分类中所列全部工业门类的国家，形成了以超大规模和完整体系为核心的独特优势。

### 5.1.1 先进制造业发展迅猛

先进制造业是我国制造业未来的主要发展方向。在党的“十九大”报告提出“加快

① 统计局，2018. 统计局：中国制造业总量连续多年稳居世界第一[EB/OL].（2018-09-04）[2020-09-13]. https://baijiahao.baidu.com/s?id=1610645291583171691&wfr=spider&for=pc.

② 工业和信息化部，2020. 工信部：中国制造业增加值年均增 8.7%，占全球比重约三成[EB/OL].（2020-12-30）[2021-01-06]. http://finance.sina.com.cn/tech/2020-12-30/detail-iiznctke9293592.d.html.

建设制造强国，加快发展先进制造业”后，2017 年 10 月 30 日，在国务院常务会议上审议通过的《关于深化“互联网+先进制造业”发展工业互联网的指导意见》①，指出要进一步发展先进制造业，支持传统产业优化升级。2019 年 11 月 15 日，我国 15 部门印发的《关于推动先进制造业和现代服务业深度融合发展的实施意见》②，提出先进制造业和现代服务业融合是顺应新一轮科技革命和产业变革、增强制造业核心竞争力、培育现代产业体系及实现高质量发展的重要途径。

不同于传统制造业，先进制造业主要强调不断吸收电子信息、计算机、机械、材料及现代管理技术等方面的高新技术成果，并将这些先进制造技术综合应用于制造业产品的研发设计、生产制造、在线检测、营销服务和管理的全过程，实现优质、高效、低耗、清洁、灵活的生产，即开展信息化、自动化、智能化、柔性化、生态化生产，最终取得较显著的社会效益和经济效益。可见，先进制造业的“先进”涵盖了产业先进性、技术先进性与管理先进性。我国先进制造业一般被划分为两个部分：一是传统制造业通过吸纳、融入先进制造技术和其他高新技术，尤其应用信息技术，提升为先进制造业，如采用数控机床、海洋工程装备、航天装备、航空装备等；二是新兴技术成果产业化后形成的新产业，包括基础性和引领性的产业，如增量制造、生物制造及微纳制造等。

近年来，党中央和国务院高度重视产业集群化发展战略，并做出了多层面的决策部署。自“十九大”报告提出促进我国产业迈向全球价值链中高端、培育若干世界级先进制造业集群以来，我国加速推进先进制造业产业集群发展，使具有联动效应的相关产业的厂商、专业化供应商、服务供应商及相关机构等，实现地理位置上的聚集，并对周边地区的经济产生了积极的辐射带动作用。2020 年 10 月，十九届五中全会审议通过的《中共中央关于制定国民经济和社会发展第十四个五年规划和二〇三五年远景目标的建议》③进一步指出，要推动先进制造业集群发展，构建一批各具特色、优势互补、结构合理的战略性新兴产业增长引擎。这为推动我国制造业转型升级、加快制造强国建设指明了新的方向。

《中国工业经济发展形势展望（2020 年）》中的相关数据显示，我国 2019～2020 年已支持培育 40 多个先进制造业集群，集群产业覆盖领域日趋多样，地区辐射范围不断扩大，有力地拉动了区域经济发展和传统制造业转型升级。国家统计局网站的相关数据显示，我国高技术制造业增加值和装备制造业增加值占规上工业增加值的比重呈现增长趋势，2019 年所占比重分别达到 32.5%和 14.4%，成为带动制造业转型升级的主要力量，如图 5.1 所示。

中国 2020 年经济年报显示，全年全国规上工业增加值比上年增长 2.8%，而高技术制造业和装备制造业增加值分别比上年增长 7.1%、6.6%，增速分别比规上工业快 4.3%、

① 国务院．国务院关于深化“互联网+先进制造业”发展工业互联网的指导意见[EB/OL]．(2017-11-27) [2018-05-06]. http://www.gov.cn/zhengce/content/2017-11/27/content_5242582.htm.

② 发展和改革委员会．15 部门印发《关于推动先进制造业和现代服务业深度融合发展的实施意见》[EB/OL]．(2019-11-15) [2020-03-22]．http://www.gov.cn/xinwen/2019-11/15/content_5452459.htm.

③ 新华社．中共中央关于制定国民经济和社会发展第十四个五年规划和二〇三五年远景目标的建议[EB/OL]．(2020-11-03) [2021-02-16]．http://www.gov.cn/zhengce/2020-11/03/content_5556991.htm.

3.8%。此外，依托政策支持、技术改造和资金投入等，我国各省份大力培育先进制造业集群发展。赛迪智库 2021 年 3 月发布的《2020 先进制造业集群白皮书》①显示，在 2020 年 31 个省（自治区、直辖市）政府工作报告中，有 29 个省（自治区、直辖市）明确提出产业集群式发展，占比为 93.5%。可见，先进制造业正成为经济增长的新动能，将不断影响着周边城市和相关产业，有效带动区域经济的协同发展。

图 5.1 高技术与装备制造业增加值占规上比重

### 5.1.2 制造业成为推动 GDP 增长的主力

制造业是拉动一个国家经济增长的关键产业，我国经济的快速增长与近年制造业的高速发展息息相关。从图 5.2 中可以看出，由于各国的经济发展战略定位不同，制造业增加值占 GDP 的比重差异也较大。根据快易理财网的相关数据可知，由于美国和英国的金融自由化程度较高，其金融业的发展加快了制造产业外移，造成产业空心化问题严重，导致制造业增加值占 GDP 比重较低，分别为 8.59%和 11%；巴西和印度等国家处在工业化进程初始阶段，制造业增加值占 GDP 比重分别为 9.44%和 13.65%；德国多年来一直重视制造业发展，在经济战略制定上将制造业发展置于重要地位，因此其制造业增加值占 GDP 比重较高，接近 20%；韩国作为新兴市场国家之一，其制造业发展呈现“稳中有变”的态势，2019 年制造业增加值占 GDP 比重达 25.32%。2019 年，我国制造业产值总量排名世界第一，制造业成为我国 GDP 增长的主要动能。

由于金融与房地产行业的“暴利”增长、地缘政治冲突、货币政策收紧和新冠肺炎疫情等因素的影响，全球产业链、供应链体系遭受重大冲击，生产、投资和贸易大幅收缩，世界经济下行压力不断加大。国家统计局网站相关数据显示，我国制造业成本快速上升，部分制造业向外转移，导致制造业增加值占 GDP 比重近年呈下降趋势。从图 5.3 中可以看出，我国制造业增加值占 GDP 比重从 2015 年的 28.95%下降到 2019 年的 27.17%。

快易理财网的相关数据显示，2019 年我国制造业增加值为 38 234 亿美元，人均制

① 中国电子信息产业发展研究院规划研究所，2021．2020 先进制造业集群白皮书[EB/OL].（2021-03）[2021-04-08]. https:// docs.qq.com/pdf/DVlhCQVB2b3phWVBn.

造业增加值仅 2 735 美元；而美国的制造业增加值为 23 599 亿美元，人均制造业增加值为 7 195 美元；德国的制造业增加值为 7 380 亿美元，人均制造业增加值为 8 881 美元；日本的制造业增加值为 10 280 亿美元，人均增加值为 8 159 美元；韩国的制造业增加值为 4 170 亿美元，人均增加值为 8 066 美元。可以看出，我国制造业增加值远远高于其他国家，但仍需面对人均制造业增加值偏低的现状，如图 5.4 所示。

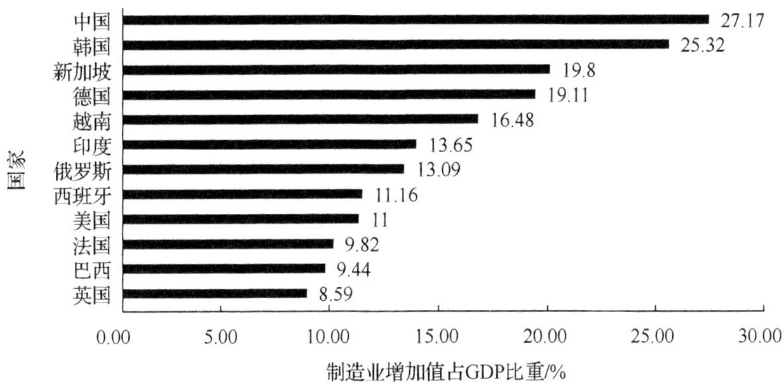


图 5.2　各国制造业增加值占 GDP 比重比较（2019 年）

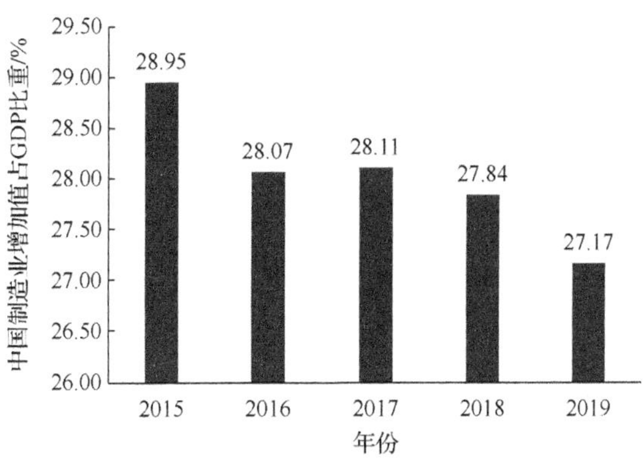


图 5.3　中国制造业增加值占 GDP 比重（2015～2019 年）

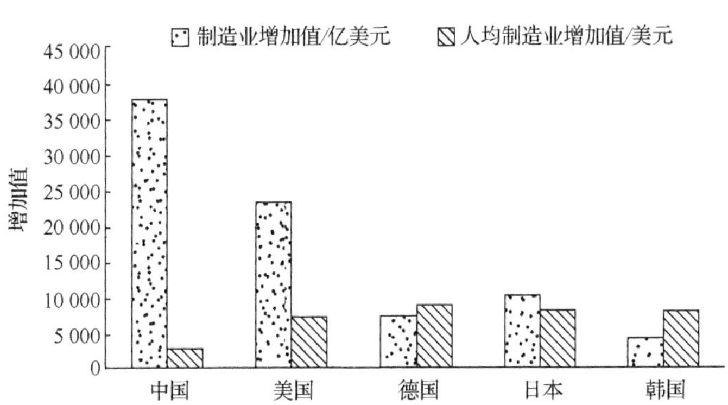


图 5.4　制造业增加值及人均制造业增加值比较（2019 年）

### 5.1.3 技术创新不断涌现

保护知识产权是推动制造业创新的关键环节。习近平总书记在主持中央政治局第二十五次集体学习时指出，创新是引领发展的第一动力，保护知识产权就是保护创新。我国早期对知识产权重视不够，如今人们越来越意识到知识产权的缺乏日趋成为制造业创新发展的瓶颈。李强（2020）提出知识产权保护产生的费用超过一定的值时，就会“倒逼”企业进行技术创新。国家统计局网站相关数据显示，“十三五”期间，我国全球创新者地位和知识产权创造能力显著提升。2015～2020 年，我国 R&D（研发投入）经费支出不断上升，如图 5.5 所示。2020 年，我国 R&D 经费支出高达 24 426 亿元，比上年增长了 10.31%。世界知识产权组织发布的 2012～2020 年《全球创新指数》显示，我国创新实力在全球的排名不断提高，从 2012 年的第 34 名上升到 2020 年的第 14 名，是前 20 名中唯一的发展中国家。此外，我国在 2019 年首次实现 PCT[①]（Patent Cooperation Treaty，专利合作协定）申请量世界第一，在世界 PCT 申请量中占比为 22.2%。在世界 PCT 申请量 TOP10 公司中，我国公司占据 4 席。其中，华为公司连续三年登顶第一[②]。

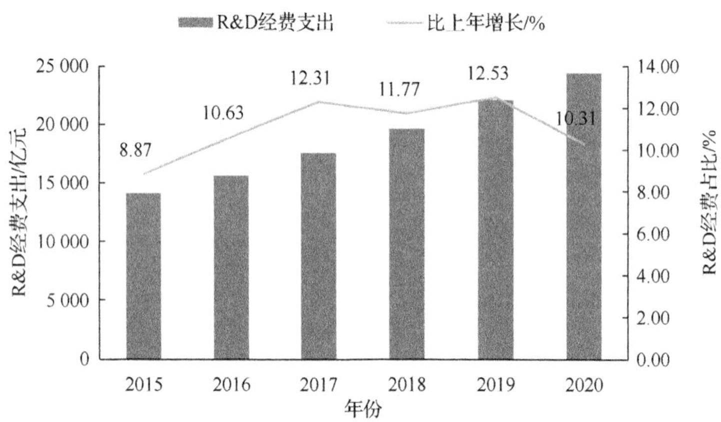


图 5.5 我国 R&D 经费支出及其增长速度（2015～2020 年）

近年来，我国一批重大创新成果相继涌现，载人航天、载人深潜、高速轨道交通、新一代通信、发电和输变电等重要领域的产品技术达到世界领先水平，初步形成了以 17 家国家制造业创新中心、130 多家省级制造业创新中心为核心节点的网络化创新体系。从地域分布看，我国制造业创新中心形成了“东部多极、中西一带”的分布格局；从领域分布看，已建成的制造业创新中心主要集中在关键基础材料、核心元器件、关键工艺、重大装备及工业软件 5 个领域。这些成果得益于国家陆续出台的一系列鼓励技术创新政策，加之经费投入额度不断增加，我国制造业技术创新能力和知识产权保护意识日益增强。

① PCT 指有关专利的国际条约。专利申请人可以通过 PCT 递交国际专利申请，向多个国家申请专利。

② 中国电子信息产业发展研究院，2021. 制造业创新指数报告（2020 年）[EB/OL].（2021-03-18）[2021-03-26]. https://docs.qq.com/pdf/DT2dIWG5lSEtqRlJT.

### 5.1.4　制造业进出口实现量质提升

根据国家统计局网站相关资料和数据可知，在国内外风险挑战明显上升、经济下行压力加大的复杂情况下，我国外贸进出口实现了量的稳定增长和质的稳步提升，保持着全球货物贸易第一大国地位。从图 5.6 中可以看出，受 2008 年金融危机的影响，我国进出口总额在 2009 年处于低谷，在 2010 年开始缓慢回升。金融危机破坏了世界经济增长动力，国际经济总体复苏乏力，全球贸易进入深度调整期，我国制造业的出口增长受到抑制。2015 年，全球商品贸易面临的国际与国内形势更加复杂严峻。根据 WTO 公布的相关数据①可知，按美元计价，2015 年前 10 个月全球出口总额下降幅度超过 11%，是 2008 年金融危机全面爆发后的又一次降低。受外需低迷的影响，国际大宗商品价格大幅下跌，2015 年我国货物贸易进出口总额为 24.59 万亿元，同比下降 7%，贸易顺差为 3.69 万亿元，上升 56.7%。但与国际相比，我国出口仍好于全球主要经济体和新兴市场，在全球市场的份额稳中有升，货物贸易总额位居世界第一。2019 年，我国全年进出口总额为 31.54 万亿元人民币，增长 3.4%。其中，出口总额为 17.23 万亿元，增长 5.0%；进口总额为 14.31 万亿元，增长 1.6%②。进出口、出口及进口规模都创下历史新高。根据国家统计局发布的《2020 年国民经济和社会发展统计公报》数据可知，2020 年我国货物进出口总额为 321 557 亿元，比上年增长 1.9%。其中，出口总额为 179 326 亿元，增长 4.0%；进口总额为 142 231 亿元，下降 0.7%。货物进出口顺差为 37 096 亿元，比上年增加 7 976 亿元。我国成为 2020 年世界唯一实现经济正增长的主要经济体，外贸进出口明显好于预期，其规模再创历史新高。

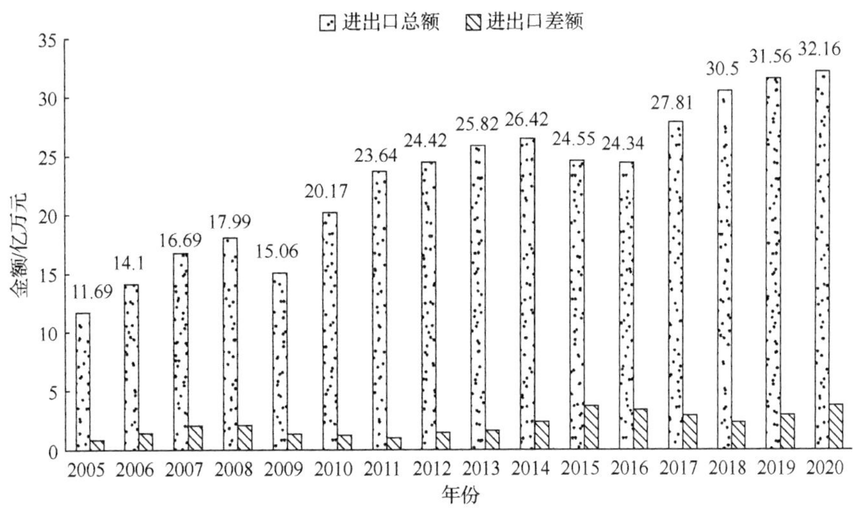


图 5.6　我国进出口情况（2005～2020 年）

① 倪铭娅，2016. 海关数据：一季度出口压力仍然较大[EB/OL].（2016-01-14）[2020-05-20]. https://www.sohu.com/a/54393711_121315.

② 佚名，2020. 商务部：2019 年中国进出口、出口、进口规模均创历史新高[EB/OL].（2020-01-15）[2020-05-20]. https://baijiahao.baidu.com/s?id=1655785474367397451&wfr=spider&for=pc.

近年来，我国出口商品的结构不断升级。制造业生产能力的快速提高使我国生产制造的各类商品出口量增加。1978～2018 年，我国货物出口总额增长了 979 倍。新中国成立初期，出口商品中 80%以上是初级产品；1978 年，初级产品出口占比降到 53.5%，工业制成品出口占出口总额的 46.5%；2000 年以后，我国工业制成品出口占比上升到 90%以上①。我国制成品出口额持续增加，从 2009 年的 11 384.8 亿美元增长至 2018 年的 23 181.5 亿美元，占世界制成品出口总额的 17.6%。2019 年，机电产品出口占比达 58.4%，集成电路、汽车整车等高技术产品出口额分别增长 25.3%和 8.2%。各类经营主体进出口占比不断提高，其中，外资企业进出口占比为 39.9%，民营企业进出口占比为 43.3%②，外贸对制造业转型升级的促进作用显著提高。

此外，“一带一路”倡议给我国制造业“走出去”提供了广阔的市场空间。根据国家统计局 2020 年 1 月 17 日发布的数据可知，2019 年我国对“一带一路”沿线国家进出口总额增长 10.8%，全年货物进出口总额为 315 446 亿元，比上年增长 3.4%。其中，出口总额为 172 298 亿元，增长 5.0%；进口总额为 143 148 亿元，增长 1.6%。进出口相抵，顺差为 29 150 亿元。机电产品出口额增长 4.4%，占出口总额的 58.4%。我国对欧盟、东盟进出口总额分别增长 8.0%和 14.1%。与此同时，我国制造业“引进来”的份额也稳步提升，已经连续 11 年成为世界第二大进口市场，进口额占世界进口总额的 10%以上。自 2008 年金融危机以来，我国贡献了全球 1/6 的进口额增量，是全球经济复苏的助推器和稳定器。目前，我国已成为美国、欧盟等 120 多个国家和地区的主要贸易伙伴③，制造业的进出口规模显著提升。

## 5.2　我国制造业面临的挑战

经过改革开放 40 多年的发展，我国制造业规模持续、快速增长，建立了门类齐全、独立完整的工业体系，但在很多方面大而不强。在世界 500 多种主要工业产品中，我国大约有 220 种产品的产量位居全球榜首。然而，2008 年进入世界五百强的我国制造企业只有 36 家；2014 年进入世界五百强的制造企业达到 56 家，但美国进入世界五百强的制造企业有 130 家④。在新一轮科技革命和产业变革背景下，我国制造业仍面临着劳动力成本增加、研发投入力度不足、创新能力区域差异显著、国际竞争加剧等挑战。

### 5.2.1　劳动力成本持续增加

随着人口老龄化进程的加快，我国劳动力逐渐减少，在绝对数量减少的同时，劳动

① 佚名，2019. 制造业潜力巨大：工业制成品出口占比超 90%[EB/OL].（2019-08-03）[2020-09-15]. https://baijiahao.baidu.com/s?id=1640800540629022135&wfr=spider&for=pc.

② 佚名，2019. 商务部：2019 年中国进出口、出口、进口规模均创历史新高[EB/OL].（2020-01-15）[2020-05-20]. https://baijiahao.baidu.com/s?id=1655785474367397451&wfr=spider&for=pc.

③ 韩亚栋，管筱璞，2021. 中国成 120 多个国家地区最大贸易伙伴 持续吸引全球投资者[EB/OL].（2021-03-19）[2021-03-20]. https://m.gmw.cn/baijia/2021-03/19/1302174493.html.

④ 刘然，2015. 李国斌：中国 220 种工业产品产量居世界第一[EB/OL].（2015-12-18）[2020-09-15]. https://www.sohu.com/a/49333420_119694.

力结构也出现了新的变化，各地出现的“用工荒”问题日益突出。国家统计局人口统计数据显示，我国从 2012 年开始劳动年龄人口的数量和比重连续 7 年出现双降，7 年间减少了 2 600 余万人[①]；受劳动年龄人口持续减少的影响，劳动力供给总量下降，2018 年末全国就业人员总量也首次出现下降，但劳动者学历和受教育水平普遍提高。可以看出，老年人口比重的不断上升，加重了劳动年龄人口负担；而劳动者学历和受教育程度的提高直接导致劳动力成本迅速增加。这些都为我国经济发展和社会保障带来严峻的挑战。

欧睿国际[②]的相关数据显示，2005～2016 年，我国制造业平均时薪迅速增加（从 1.2 美元/时涨至 3.6 美元/时），高于除智利以外的拉美国家，达到了较弱欧元区成员国水平的 70%左右[③]。与其他发展中国家相比，我国劳动力成本提升幅度最大，如图 5.7 所示。然而，劳动者工资水平的快速上升会使我国失去一些就业岗位，即就业机会将转移到具有薪资优势的其他发展中国家，这种现象也被称为“雁行模式”[④]。某些大型跨国企业考虑人力成本因素（如斯里兰卡的时薪仅为 0.5 美元/时），陆续将工厂转移到东南亚等地区，其商品生产不断从较发达的国家和地区向发达程度相对较低的地区转移。

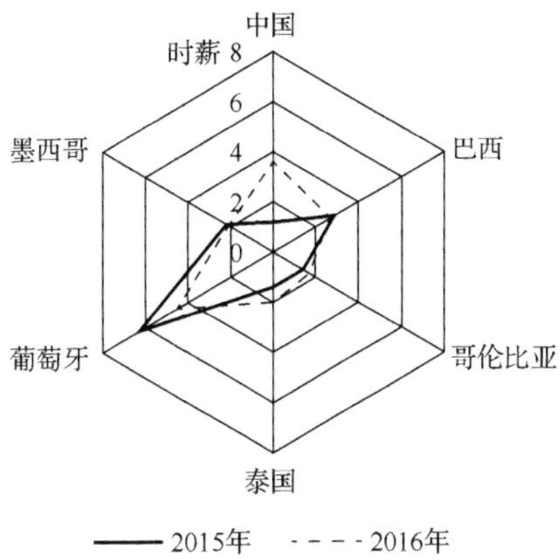


图 5.7　发展中国家制造业平均时薪比较（单位：美元/时）

综上可以看出，制造业劳动力工资水平的大幅度上升，从一定程度上反映出劳动者生活水平的提高，但也意味着我国人口红利期的结束，拥有更低人力成本的东南亚国家和拉美国家将快速抢占全球中低端制造业市场。劳动力成本的增加，使我国劳动力资源优势明显减弱，一些劳动密集型的大型制造企业向劳动力成本更加低廉的国家转移，这对我国制造业带来了一定的冲击和挑战。不过也应该看到，劳动力成本增加是经济高速

---

① 华尔街见闻，2019．统计局：中国劳动年龄人口数量、比重连续 7 年双降[EB/OL]．(2019-01-23) [2020-09-15]. https://baijiahao.baidu.com/s?id=1623429442926058569&wfr=spider&for=pc.

② 欧睿国际信息咨询公司成立于 1972 年，总部位于英国伦敦，在英国伦敦、美国芝加哥、中国上海，日本东京等设有分部。每年出版超过 6000 份市场调查报告，包括行业报告、国家报告及全球报告等。

③ 华尔街见闻，2017．中国制造业平均时薪十年间持续猛涨至 3.6 美元 已超拉美[EB/OL]．(2017-02-27) [2020-09-15]．http:// finance.sina.com.cn/china/gncj/2017-02-27/doc-ifyavvsk3729264.shtml.

④ 雁行模式（Flying Geese Paradigm）可以划分为企业内雁行模式、行业内雁行模式、行业间雁行模式和区域间雁行模式，由日本经济学家赤松要 1956 年根据产品生命周期理论提出，认为在工业化初期阶段，一些发展中国家由于经济和技术落后，不得不向发达国家开放某些工业产品的市场。

发展的一个必然阶段，带来挑战的同时也为我国制造业转型升级提供了机遇。只要政府坚持科学引导，充分调动制造业及相关企业的积极性和能动性，极大提升产业研发创新能力和劳动生产率，就能推动我国制造业的高质量发展。

### 5.2.2 制造业研发投入不足

产业技术创新不仅包括产品升级，还包括质量提升和工艺改进。对于制造业而言，技术创新的核心在于产品研发与生产工艺改进，加快提升技术创新能力关系着产业能持续获得竞争优势并攫取高收益。我们应该看到，创新能力的提高离不开大量的研发投入，制造业智能化能够显著促进经济高质量发展（王立平和李缓，2021）。以苹果手机为例，iPhone6 的部件和劳工成本为 200～247 美元，16GB 版本的 iPhone6 Plus 的部件和劳工成本为 216 美元。相比之下，iPhone6 的裸机售价最低为 649 美元，iPhone6 Plus 的裸机售价最低为 749 美元，这两款产品的利润率均在 70%左右，而我国的代工厂商从中获利只有 5%左右[①]，利润差距悬殊。显然，没有核心技术，制造业就会丧失话语权。近年来，我国制造业引进了不少国外技术，出现的技术问题需要支付较高费用引进国外专家来解决。我国制造业技术引进成本过高且对国外技术依赖性太大，产业自主研发投入严重不足。我国制造业转型升级已迫在眉睫，必须尽快破解自主创新瓶颈，打造产业核心品牌。通过整理与分析国家统计局网站相关数据可知，我国制造业 2009～2019 年全社会固定资产投资同比增长率情况如图 5.8 所示。

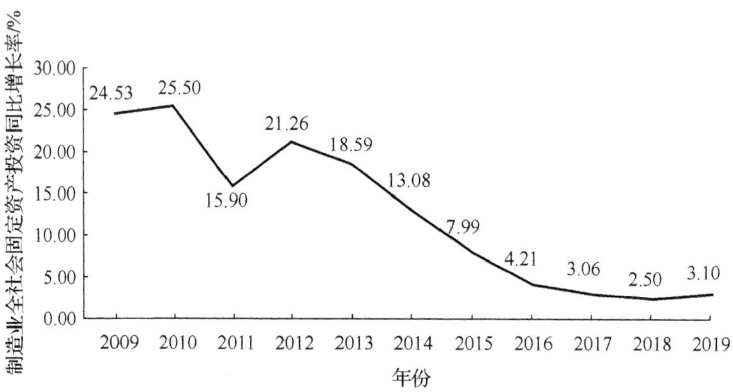


图 5.8　我国制造业 2009～2019 年全社会固定资产投资同比增长率情况

从图 5.8 中可以看出，我国制造业 2009～2014 年的全社会固定资产投资平均同比增长仅为 19.81%。这与民间投资政策落实不到位、政务服务水平不高、市场环境不佳等密切相关。加之投资机会缺乏、投资利润空间较小，严重影响了投资者的积极性。2015 年，我国制造业全社会固定资产投资同比增长首次跌破 10%，仅为 7.99%；2016 年其持续下降至 4.21%；2017 年，制造业全社会固定资产投资为 193 709.97 亿元，同比增长 3.06%，整体投资额略有增加，但增长速度仍在放缓。2019 年，我国制造业全社会固定

① 佚名，2014．iPhone6 成本 1227 元 苹果利润率 70% 代工厂利润只有 5%[EB/OL]．(2014-10-24) [2019-07-15]. http:// www.techweb.com.cn/it/2014-10-24/2089059.shtml.

资产投资同比增长 3.1%，增速加快 0.6 个百分点。其中，电力、热力、燃气及水生产和供应业投资增长 4.5%，增速提升 0.9 个百分点，但制造业整体研发投入不足问题仍需进一步解决。

### 5.2.3　区域创新能力差异显著

自主创新是拉动中国制造业在全球价值链地位攀升的主要引擎（屠年松和龚凯翔，2021）。通过收集与整理国家统计局网站相关数据，作者发现我国国家级创新水平连年稳步攀升，但随着时间的推移区域之间创新能力的差异越来越显著。

在制造业发展初期阶段，我国各地区专利授权数的分布不均衡，东部和中部地区的专利授权数高于西部地区。其中，东部地区的浙江省和江苏省、中部地区的湖南省依托自身资源优势和良好的工业基础，其创新能力高于其他地区。随着我国制造业水平和规模的不断提升，中西部地区的创新能力与东部地区的差距越来越大。2019 年，我国各地区专利授权数分布差异性较大。可以看出，沿海地区的广东省、江苏省的创新能力遥遥领先。1995～2019 年，黑龙江省、陕西省和广东省的专利授权数分别增长了 14 倍、53 倍及 103 倍。近年来，在政府、产业、企业与高校等各方的协同发展过程中，我国区域创新能力整体不断提高。与中西部地区相比较，东部地区的创新能力提升幅度更大。

制造业创新能力存在显著的区域差异，与我国各区域的经济基础、市场条件等息息相关。具体表现在以下方面：一是西部地区受经济发展水平、技术水平、政策环境等方面的制约，制造业技术创新能力较弱且发展难度较大。按照国家西部大开发总体规划，2010～2030 年进入西部开发的冲刺阶段[①]，要实现经济产业化、市场化、生态化和专业区域布局的全面升级。由于西部地区制造业创新能力受技术创新人才质量的影响较大，因而改善西部地区制造业发展环境的关键是产业技术创新高层次人才的挖掘、培养与保留。二是中部地区承东启西连南接北，拥有巨大的发展潜力。创新环境与创新人才研发能力对中部地区的影响较大，《促进中部地区崛起规划（2016—2025 年）》等相关政策为提高中部地区制造业创新能力营造了良好的环境。三是东部地区基于改革开放先行先试的战略规划，承担着为全国经济引路的重任，其经济发展一直处于相对领先地位，具备良好的制造业技术创新条件。东部地区已形成了以市场为主体的创新发展模式，并取得了良好效果（徐鹏杰和黄少安，2020）。一般而言，影响东部地区制造业创新能力的因素各不相同。例如，广东省地处珠三角地区，拥有先进制造业基地，加之具备天然的外贸优势，因而其创新能力受创新环境的影响较大；北京市、浙江省具有较完善的基础设施且创新人才资源较丰富，因而具备较强的资源转化能力，具有促进区域制造业转型升级的强大驱动力。

总之，创新能力在不同区域的差异性给我国制造业的转型升级带来显著的影响，我们应充分认识到区域创新能力的不平衡性并采取有效的应对策略，针对不同地区的创新能力的发展水平，因地制宜，制定科学政策，使东部地区的创新能力保持强劲引领势头，

---

① 肖亭，2019. 西部大开发开发战略[EB/OL].（2019-12-21）[2020-09-16]. http://www.chinadaily.com.cn/dfpd/xibu10nian/2009-12/21/content_11190087_2.htm.

带动并激发中西部地区创新能力的稳步提升。

### 5.2.4 国际竞争日益加剧

随着国际竞争的日益加剧，我国制造业大而不强的弊端凸显，突出表现为许多关键核心技术受制于发达国家。工业“四基”（核心基础零部件、关键基础材料、先进基础工艺和产业技术基础）对外依赖程度较高，高新技术产业领域的专利授权量与美国、日本、德国等制造强国存在较大差距（陈楠和蔡跃洲，2020）。不少制造企业尚处于低端产业链且其附加值不高，在高精尖产品的技术水平、产品性能、稳定性、可靠性和使用寿命等方面，整体也与世界领先水平存在很大差距。此外，在激烈的国际市场竞争中，我国制造业转型升级受到一些发展中国家和发达国家的“双向挤压”。

1）伴随着劳动力成本的逐年上升，我国生产要素的成本优势正在逐渐减弱。改革开放以来，由于劳动力成本较低，制造业吸引了大量的国外厂商到我国投资建厂，所生产的产品也因物美价廉而使“中国制造”享誉全球。在过去很长一段时间内，对外贸易为我国经济发展做出了巨大贡献。然而，随着国民经济水平的不断提高，我国的生产要素成本逐渐不再具有“比较优势”，一些东南亚国家劳动力成本更加低廉，越来越多的大中型制造企业向印度、越南等新兴经济体（emerging economies）转移。这也成为我国提出加快构建以国内大循环为主、国内与国际双循环相互促进的新发展格局的原因之一。

2）我国制造业核心竞争力的大幅提升逐渐打破了原来由西方发达国家所垄断的高端产业环节，以美国为首的发达国家对中国采取了一系列遏制政策，企图打压我国高端制造业的快速发展势头。另外，新冠肺炎疫情蔓延后，美国、日本等国家出于经济和产业安全考虑，鼓励本国制造企业迁出中国，从而减少对我国生产要素的依赖。我国在全球产业价值链的地位可能由此被削弱，这将直接影响我国制造业的国际竞争力（陈楠和蔡跃洲，2020）；也有研究表明进口竞争对我国制造企业的成本加成有显著的负向影响（钱学锋等，2016），即进口竞争越剧烈，制造企业的成本加成越低。可见，我国制造业在低端和高端产业都面临着挑战，但同时也蕴藏了一些机遇。只有抓住机遇，不断激发制造业的自主创新能力，才能在激烈的国际市场竞争中占有一席之地，实现我国制造业转型升级目标。

## 5.3 我国制造业现状

本节结合我国制造业发展的实际情况及相关产业政策，运用 Logistic 函数分析我国制造业的现状，从信息人、信息和信息环境等要素，对低等水平、中等水平及高等水平制造业的现状进行剖析。

### 5.3.1 我国制造业相关政策分析

陕西省制造业具有典型的代表性，其特色明显、优势突出。作为全国先进制造业基地，目前陕西省的制造业已涵盖 31 个行业大类，拥有航空航天、数控机床、输配电设备、冶金煤炭重型装备、石油机械、汽车及零部件、电子通信设备等优势产业。本节主要以陕西省制造业为例进行分析。制造业作为陕西省的支柱性产业，其发展状况的优劣直接影响着陕西省经济转型的进程。经过多年发展，陕西省制造业已逐渐形成包括输变电产业集群、数控机床产业集群、汽车产业集群、航空产业集群、航天产业集群、工程机械产业集群、电子通信设备元器件产业集群、冶金煤炭重型装备制造产业集群、石油装备产业集群、陕北能源化工基地能化装备产业集群 10 个各具特色的产业集群。分析结果表明，陕西省的一些重大装备制造业的竞争力在全国市场排名靠前。其中，陕西省武器装备制造业领先全国，文化办公用机械及仪器仪表制造业、电子及通信设备制造业均位居前 8 强。与此同时，陕西省制造业拥有一批优势明显的名牌产品和制造企业，主要包括陕西煤业股份有限公司、陕西有色金属控股集团有限责任公司、陕西汽车控股集团有限公司和中国西电集团有限公司。

2016 年 12 月，陕西省科技厅编制了《陕西省制造业重大科技创新工程实施方案》和重点产业技术路线图，以加快推动陕西省制造业转型升级。该实施方案提出，到 2020 年陕西省在高档数控机床、工业机器人、增材制造、激光制造、新能源汽车、航空发动机等领域组建 10 个制造业新型产学研合作机构，10 个制造业领域技术转移中心，攻克 100 项制造业核心关键技术，建设 10 个应用国产智能数控装备的智能制造示范车间，推广应用 5 000 台陕西产智能数控装备，配置 100 台以上具有自主知识产权的国产数控系统的国产智能数控装备，建设 3 套数控“云服务”平台系统，以推动陕西省装备制造产业产品结构进一步优化，形成一批拥有自主知识产权和具有较强竞争力的产业集团。

2017 年 1 月，经工业和信息化部批复，我国第二家国家级制造业创新中心落户陕西省，该中心由西安增材制造研究院有限公司筹建，国家制造业创新能力建设项目资金与省级配套资金全部拨付到位。陕西省工业和信息化厅积极推进国家增材制造创新中心的各项工作，加快省级制造业创新中心布局，培育更多国家级创新中心，提升制造业核心技术创新能力。2017 年 2 月，为贯彻落实《国务院关于深化制造业与互联网融合发展的指导意见》①，陕西省人民政府以“两化”（信息化和工业化）深度融合为主线，聚焦推进制造业研发模式、制造模式和服务模式变革，夯实网络、大数据、工业云平台和工业软件基础支撑，促进制造业提质增效和转型升级，加快制造强省建设步伐，计划到 2025 年制造业与互联网融合“双创”体系基本完备，技术创新成为重点制造企业发展的主要驱动力，形成新型制造模式，实现制造业综合竞争实力的大幅提升。

2019 年 3 月，陕西省发展和改革委员会、陕西省科学技术厅等部门联合印发的《陕西省构建全链条产业技术创新体系推动产业创新发展若干措施》②指出，陕西省要实施“1155 工程”并建设 10 个重点产业共性技术研发平台，引领产业发展迈向中高端；建设

---

① 国务院，2016．国务院关于深化制造业与互联网融合发展的指导意见[EB/OL]．（2016-05-20）[2016-10-03]．http://www.gov.cn/zhengce/content/2016-05/20/content_5075099.htm.

② 陕西省发展和改革委员会，2019．陕西省发展和改革委员会、陕西省科学技术厅等部门关于印发《陕西省构建全链条产业技术创新体系推动产业创新发展若干措施》的通知[EB/OL]．（2019-03-12）[2019-08-25]．http://sndrc.shaanxi.gov.cn/fgwj/2019nwj/1032041MVreMn.htm.

100 个龙头骨干企业承载“四主体一联合”等新型研发平台，提升产学研用的协同创新能力，实现“出成果”与“用成果”的有机统一；推动 500 家省级创新平台开放共享，建设 500 个专业化孵化器、加速器、众创空间、星创天地等创新创业平台，优化双创生态环境，激发高校、院所与企业创新创业活力，实现小微孵化企业数量和质量的“双提升”。

2020 年 7 月，陕西省发展和改革委员会会同陕西省财政厅下拨陕西产业结构调整引导专项资金 1.927 8 亿元，专门支持制造业的高速发展。专项资金支持项目共 66 个，其中，新能源汽车及配件类项目 7 个，高端装备制造等先进制造业类项目 25 个，传统产业转型升级类项目 7 个，增强制造业核心竞争力领域关键技术产业化类项目 9 个，先进制造业与生产性服务业融合发展类项目 5 个，产业链升级类项目 13 个。项目建设将带动社会投资 150 多亿元。可以看出，陕西省政府积极发挥产业结构调整引导专项资金的导向和支持作用，以新能源汽车、先进制造业、传统产业转型升级、三产融合发展及产业链升级等为重点支持方向，引导社会资本投资实体经济，推动制造业转型升级进程。近年来，陕西省制造业发展相关政策如表 5.1 所示。

**表 5.1　陕西省制造业发展相关政策**

| 时间 | 相关政策 |
| --- | --- |
| 2016 年 12 月 | 陕西省科技厅编制《陕西省制造业重大科技创新工程实施方案》和重点产业技术路线图 |
| 2017 年 1 月 | 第二家国家级制造业创新平台正式落户陕西省 |
| 2017 年 2 月 | 以“两化”深度融合为主线，聚焦推进制造业研发模式、制造模式和服务模式变革 |
| 2019 年 3 月 | 陕西省发展和改革委员会、陕西省科学技术厅等部门联合印发《陕西省构建全链条产业技术创新体系推动产业创新发展若干措施》 |
| 2020 年 7 月 | 陕西省发展和改革委员会会同陕西省财政厅下拨产业结构调整引导专项资金 1.927 8 亿元 |

陕西省工业和信息化厅 2020 年 9 月发布的《2019 年陕西省研发经费投入情况概览》的相关数据显示①，2019 年陕西省共投入 R&D 经费 584.58 亿元，比上年增加 52.16 亿元，增长 9.8%；R&D 经费投入强度②为 2.27%，比上年提高了 0.09 个百分点，比全国平均水平高 0.04 个百分点。按 R&D 人员全时工作量计算的人均经费支出为 50.69 万元，比全国高 4.59 万元。从不同产业部门看，陕西省高技术制造业研究与试验发展经费为 97.80 亿元，投入强度③为 3.03%，比全国平均水平高 0.62 个百分点；装备制造业 R&D 经费为 160.87 亿元，投入强度为 2.32%，比上年提高 0.06 个百分点，比全国平均水平高出 0.25 个百分点。可以看出，陕西省 R&D 经费投入连续多年保持较快增长，R&D 经费投入强度超过全国平均水平，排名全国第 7 位。陕西省制造业近年来总体发展情况良好，国家市场监督管理总局发布的全国制造业质量竞争力指数公报的相关数据显示，陕西省制造业质量竞争力指数达 85.23，比全国平均水平高出 1.73，位居全国第 9 位。

① 陕西省工业和信息化厅运行监测协调处，2020．2019 年陕西省研发经费投入情况概览[EB/OL].（2020-09-16）[2020-12-17]. http://gxt.shaanxi.gov.cn/ygzdt/59590.jhtml.

② 这里的 R&D 经费投入强度计算公式为 R&D 经费与地区生产总值之比。

③ 各产业部门的投入强度是通过该产业 R&D 经费与营业收入之比计算而得的。

在 2020 中国 500 强企业高峰论坛上[①]，中国企业联合会、中国企业家协会向社会发布了“中国制造业企业 500 强”名单，陕西省共有 9 家制造业跻身其中。

### 5.3.2　我国制造业排名情况分析

与国内其他省份相比，陕西省制造业的整体实力较弱。具体表现在以下方面：一是从制造企业的规模看，国家统计局相关统计数据显示，2019 年占全国制造企业数量比重排名前三的省份是广东省（14.66%）、江苏省（12.20%）和浙江省（12.09%）；2019 年占全国制造企业资产总额比重排名前三的省份是广东省（11.42%）、江苏省（9.99%）和山东省（8.25%）。陕西省制造企业排名相对靠后，制造企业数量及资产总额仅占全国的 1.86%和 3.17%。二是从制造企业的经济效益看，2018 年占全国制造企业的主营业务收入比重排名前三的省份是广东省（13.27%）、江苏省（12.53%）和山东省（9.07%）；而陕西省制造企业的主营业务收入仅占全国的 2.26%。2019 年占全国制造企业利润总额比重排名前三的省份是江苏省（10.42%）、浙江省（7.60%）和广东省（6.58%）；而陕西省制造企业利润总额仅占全国的 3.70%。可见，陕西省制造企业的两项主要经济指标排名比较落后。三是从制造企业绿色发展的角度看，陕西省制造业的单位产值能耗、单位 GDP 废水排放量、单位 GDP 废气排放量、单位 GDP 废物排放量均在全国排名靠前。四是从产业结构看，中、低技术密集程度产业在整个陕西省制造业中占比较高。此外，从 2020 年全国制造企业排名看，陕西省仅有 9 家进入 500 强企业，在前 100 名中只有一家陕西企业，即陕西有色金属控股集团有限责任公司，排名第 56 位[①]。可见，陕西省制造企业进入 500 强的数量远远落后于东部沿海发达省份。

赛迪智库发布的《制造业创新指数（2020）》[②]显示，陕西省仅在一级指标创新绩效中排名第 10；在创新资源、创新产出、创新协同和创新环境 4 个指标中，均未跻身前 10。在创新资源方面，陕西省制造企业的 R&D 经费投入强度、经费投入强度占全社会研发投入比重、R&D 人力投入强度和有研发机构的制造企业数量均低于全国平均水平；在创新绩效指数方面，陕西省高新技术产业的主营业务收入占工业企业主营业务收入的比重在全国排名第 11 位，高于全国平均水平；在创新环境指数方面，陕西省处于第三层次，与广东省、江苏省、浙江省、上海市等在专利申请、新型工业化示范基地、创业风险投资机构数量和研发人员比例等方面存在较大差距。

### 5.3.3　运用 Logistic 函数分析制造业现状

Logistic 函数是比利时数学家皮埃尔·弗朗索瓦·韦吕勒（Pierre Francois Verhulst）在 1838 年研究人口增长时命名的，后来由美国人口统计学家皮埃尔（Pearl）与林德（Reed）进一步拓展，因此它也被称为 Pearl-Reed 曲线，被更多用于描述动植物的生长发育或繁殖过程及剂量反应等（胡文冉，2013）。随后这一理论被广泛应用到生物界种

---

① 中国企业家协会，2020. 关于公布 2020 中国制造业企业 500 强的通知[EB/OL].（2020-09-29）[2021-01-07]. http://www.sxsqyjxh.org/bqqqph/3249.html.

② 中国电子信息产业发展研究院，2021. 制造业创新指数报告（2020 年）[EB/OL].（2021-03-18）[2021-03-26]. https://docs.qq.com/pdf/DT2dlWG5lSEtqRlJT.

群增长、流行病学、经济学等多领域。Logistic 函数在初始阶段一般呈指数增长，其特点是开始时增长缓慢，然后在某一范围内迅速增长；达到一定限度后，变得饱和且增长减慢；直至成熟后，则不再增长（崔党群，2005）。该曲线略呈拉长的 S 形，所以也常常被称为 S 形曲线。通过收集《陕西省统计年鉴》相关数据，结合陕西省 2000～2019 年制造企业单位数情况可以看出，陕西省制造企业单位数的增长趋势在一定程度上反映了当年制造业的发展状况，如图 5.9 所示。

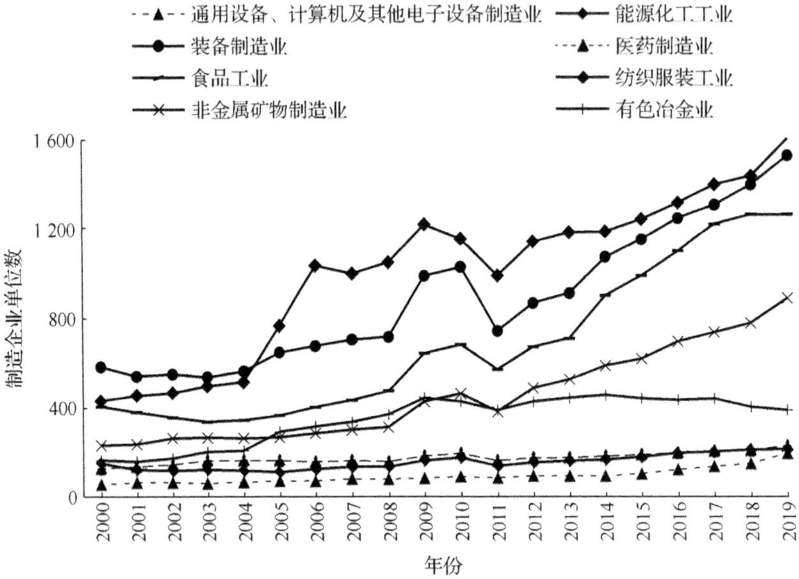


图 5.9　陕西省制造企业单位数增长趋势（2000～2019 年）

从图 5.9 中可以看出，陕西省制造业的发展路径符合 Logistic 函数（魏明和王杏，2018）。其中，陕西省制造业八大支柱企业单位数总体发展处于上升状态，在 2011 年略有下降，说明由于系统外部环境变化、内部竞争激烈等原因，陕西省制造业的部分企业由于系统的自我调节机制而被淘汰。随后，陕西省制造业经过自我调节并突破发展阻力，制造企业单位数在 2012～2019 年有所回升。八大支柱产业中发展较好的是能源化工工业、装备制造业、食品工业及非金属矿物制造业；变化不大的是医药制造业、纺织服装工业及通信设备、计算机及电子设备制造业；而有色冶金业呈下降趋势。

作者通过对部分制造企业进行访谈、实地调研，获得其产品与技术信息，并从信息生态视角进行分类剖析。基于 2000～2019 年陕西省制造企业单位数的分析结果可以看出，由于受制造业系统内外阻力的影响，陕西省制造业的发展速度放缓，在一段时间内制造企业单位数保持相对稳定；随后由于冲破发展阻力，陕西省制造业出现了快速增长，从而打破了当前的平衡状态并对系统的各要素进行了改进。因此，陕西省制造业的信息人、信息和信息环境等要素的变化，会导致陕西省制造业发展不平衡。本节根据《陕西省统计年鉴》的分类方法，依照行业技术水平、信息化水平、产品科技含量的不同，将陕西省 31 类制造业分为低等水平制造业、中等水平制造业与高等水平制造业 3 类，并有针对性地进行分析。

1）低等水平制造业。该类制造业是指技术水平偏低、信息化建设处于初级阶段、产品科技含量低、创新能力不足的制造业，如非金属矿物制品业，农副食品加工业，酒、饮料和精制茶制造业等。低等水平制造业以生产低附加值的低端产品为主，高附加值产品很少。虽然一些制造企业有较强的创新意愿，但其生产设备相对陈旧老化、生产技术水平较低、操作人员素质不高，加之制造企业自认为技术成熟、创新难度过大等，因而阻碍了企业的研发投入，制约了制造业的长远发展。从信息化建设角度来看，低等水平制造业尚处于起步阶段，信息化基础设施不够完备，甚至有些制造企业并未实施信息化建设。另外，低等水平制造业整体缺乏信息化人才，信息技术人员占员工总数的比例不到 20%，而具有高技术职称的人员比例仅为 5%左右。近 60%的制造企业反映，技术人才缺乏，特别是高端人才稀缺，成为阻碍制造企业技术创新的关键制约因素。此外，低等水平制造业还面临着政策和资金支持较缺乏、融资困难等问题。

2）中等水平制造业。通用设备制造业，石油加工、炼焦和核燃料加工业等属于中等水平制造业，该类制造业具有一定的技术水平和较强的创新能力，信息化建设已全面展开，产品科技含量高于低等水平制造业的产品，但总体水平不高。中等水平制造业处于稳步发展阶段，产品具有品种多、精度高、技术含量高等特点。陕西省政策支持、产品需求等均有利于该类制造业的可持续发展，其在国内市场中具有一定比较优势。同时，在中等水平制造业中超过 50%的制造企业引进了国外先进技术，并进行消化、吸收与再创新，但由于缺乏开放性的科研中试基地和成果转化综合型机构，该类制造企业创新成本较高，大部分中、小型的制造企业因资金不足而被迫延缓创新进程。另外，由于专业的信息化技术人才不足，一些中等水平的制造企业未能建立高效的信息化管理系统。

3）高等水平制造业。该类制造业是陕西省制造业的重点行业，包括仪器仪表制造业、航空航天设备制造业及计算机、通信和其他电子设备制造业等；其技术水平较高，信息化建设已进入与行业深度融合阶段，具有很强的信息技术整合能力和创新能力。在《中国制造 2025》的战略背景下，陕西省高端装备制造业进入快速成长期，近年全省高端装备制造产业始终保持 14%以上的增长速度。随着供给侧结构性改革的持续推进，陕西省高技术制造业投资快速增长，2020 年其增加值同比增长 16.1%，高于 2019 年同期 5 个百分点，拉动全省规模以上工业增长 1.6 个百分点。其中，电子及通信设备制造业增长 28.2%，计算机及办公设备制造业增长 10 倍。此外，在电子器件产业的飞速发展下，高技术制造业的占比也在不断提高。2020 年，高技术制造业占全省规模以上工业的比重为 11.9%，比 2019 年提高 1.1 个百分点，且连续 4 年占比提高。可以看出，政府对该类制造业的资金投入与政策支持较大，该类制造业已形成了较为集中的产业集群，价格低廉的产品使其在国内市场占据了相对稳定的份额①。在该类制造业中有 89%的制造

① 陕西省统计局，2021．工业生产企稳回升 发展质量不断提高[EB/OL]．（2021-01-28）[2021-03-03]．http://tjj.shaanxi.gov.cn/tjsj/tjxx/qs/202102/t20210208_2152755.html.

企业拥有自建研发团队或自主研发平台，因此能够生产出大量具有自主知识产权的产品。

根据陕西省统计局在 2019 年 2 月公布的《企业创新活动平稳发展》统计分析可知①，在开展创新活动的企业数大于 100 的行业中，高技术行业开展创新活动的比重明显高于其他行业，具有很强的创新带动作用。然而，高等水平制造业中的某些企业之间缺乏必要的技术交流与共享，行业内研发重复性较高，产学研结合不够紧密。另外，高技术行业中高级技术人才占比较低，缺乏高端信息化领军人物，具有信息化特色的高等水平制造企业文化和战略尚未形成。

## 本章小结

经历了几十年的发展后，我国制造业总量多年稳居世界第一。近年来，我国将先进制造业作为未来产业发展的主要方向，通过推进先进制造业产业集群建设带动了区域经济的新增长。同时，制造业的创新发展离不开国家对知识产权的支持保护和技术创新的投入。在先进制造业迅猛发展、知识产权和技术创新不断涌现的背景下，制造业作为拉动国内生产总值增长的主力，极大地促进了我国经济的快速、稳定增长。此外，在国内外竞争不断加剧的情况下，我国外贸进出口实现了量的增长和质的稳步提升。

然而，我国制造业发展尚面临着一些严峻的挑战，主要包括劳动力成本增加、制造业研发投入不足、区域创新能力差异显著以及国际竞争日益加剧等。陕西省制造业具有典型的代表性，目前已涵盖 31 个行业大类，拥有航空航天、数控机床、输配电设备、冶金煤炭重型装备、石油机械、汽车及零部件、电子通信设备等优势产业。但与国内其他省份相比，陕西省制造业的整体实力仍然较弱，制造企业 R&D 经费投入强度、经费投入强度占全社会研发投入比重、R&D 人力投入强度及拥有研发机构的制造企业数量均低于全国平均水平。

Logistic 函数达到一定限度后增长渐慢，成熟后不再增长，被广泛应用到生物界种群增长、经济学等领域。陕西省制造业的发展路径符合 Logistic 函数，本章根据《陕西省统计年鉴》的分类方法，依照行业技术水平、信息化水平、产品科技含量的不同，有针对性地对低等水平、中等水平与高等水平制造业进行分析。研究结果表明，低等水平制造业以生产低附加值的低端产品为主且高端人才稀缺；中等水平制造业具有一定的技术水平和较强创新能力，信息化建设虽已实施但总体水平不高；高等水平制造业具有很强的信息技术整合能力和创新能力，能生产出具有自主知识产权的产品，但存在高级技术人才占比较低、缺乏高端信息化领军人物等问题。这些研究成果可为构建制造业信息生态系统提供科学依据，推动我国制造业转型升级。

---

① 陕西省统计局，2019．企业创新活动平稳发展[EB/OL]．（2019-02-11）[2019-06-20]．http://tjj.shaanxi.gov.cn/tjsj/tjxx/qs/201902/t20190211_1628686.html.

# 主要参考文献


陈楠，蔡跃洲，2020．新科技革命下主要经济体制造业发展战略与国际竞争格局[J]．学习与探索（12）：121-129.

崔党群，2005．Logistic 曲线方程的解析与拟合优度测验[J]．数理统计与管理（1）：112-115.

胡文冉，范玲，田晓莉，等，2013．Excel 在 Logistic 曲线拟合中的应用[J]．农业网络信息（3）：14-16.

李强，2020．知识产权保护与企业高质量发展：基于制造业微观数据的分析[J]．统计与决策，36（10）：181-184.

李亚楠，宋昌耀，2021．信息化视角下生产性服务业集聚对制造业效率的影响研究[J]．调研世界（3）：8-15.

罗知，张川川，2015．信贷扩张、房地产投资与制造业部门的资源配置效率[J]．金融研究（7）：60-75.

孟茂源，张广胜，2021．劳动力成本上升对制造业企业高质量发展的影响分析[J]．经济问题探索（2）：145-155.

钱学锋，范冬梅，黄汉民，2016．进口竞争与中国制造业企业的成本加成[J]．世界经济，39（3）：71-94.

宋大伟，2021．新阶段我国战略性新兴产业发展思考[J]．中国科学院院刊，36（3）：328-335.

屠年松，龚凯翔，2021．制造业自主创新、外国技术溢出与全球价值链地位[EB/OL]．(2021-03-05) [2021-03-26]．https://kns.cnki.net/kcms/detail/detail.aspx?dbcode=CAPJ&dbname=CAPJLAST&filename=CDSK20210304001&v=tq%25mmd2FpSMDZi%25mmd2F%25mmd2BDzbtB4YszAqj3JCrvAqlOLWcDGyGrPyzVja17p%25mmd2FWeDM%25mmd2FDyw9VOQsV.

王立平，李缓，2021．制造业智能化、产业协同集聚与经济高质量发展：基于高技术产业与生产性服务业实证分析[J]．管理现代化，41（2）：24-28.

魏明，王杏，2018．基于信息生态的制造业可持续发展研究：以陕西省为例[J]．科技管理研究，38（13）：106-112.

徐鹏杰，黄少安，2020．我国区域创新发展能力差异研究：基于政府与市场的视角[J]．财经科学（2）：79-91.

中国电子信息产业发展研究院，2021．“十四五”制造业高质量发展与产业政策转型白皮书[EB/OL]．（2021-03-18）[2021-03-19]．https://docs.qq.com/pdf/DVmtMZURManloU25i.

中国电子信息产业发展研究院，2021．制造业创新指数报告（2020）[EB/OL]．（2021-03-18）[2021-03-20]．https://docs.qq.com/pdf/DT2dlWG5lSEtqRlJT.

中国电子信息产业发展研究院规划研究所，2021．2020 先进制造业集群白皮书[EB/OL]．（2021-03-18）[2021-03-19]．https://docs. qq.com/pdf/DVlhCQVB2b3phWVBn.

# 第 6 章　制造业信息生态系统构建与分析

本章主要分析信息生态系统、信息化建设与创新驱动之间的关系，对信息化助推制造业创新驱动的内在机理进行剖析，基于信息人、信息、信息环境要素构建制造业信息生态系统。在平衡的信息生态系统中，制造企业可以通过归集日常生产经营中的各种信息，对信息进行处理、清洁与利用，不断提升制造业核心竞争力，积极应对面临的机遇与挑战。

## 6.1　信息生态系统、信息化建设与制造业转型升级的内在机理分析

通过分析制造业信息生态系统与信息化建设之间的关系，作者发现平衡的信息生态系统对驱动制造业转型升级十分重要。只有当信息在不同部门之间、不同产业之间实现有效、顺畅、准确的传递时，创新需求才能得到满足，先进技术升级才能更好地推动制造业绩效水平的持续改进。

### 6.1.1　信息生态系统与信息化建设的内在机理

目前，我国推行创新驱动发展战略，旨在通过多方面的创新来促进中国产业经济的发展。创新驱动发展的动力来自“绿色能源”“数字制造”“智慧地球”（杨多贵和周志田，2014），而信息化正是这三大动力的核心基础。以信息化为核心的创新驱动发展三大动力如图 6.1 所示。

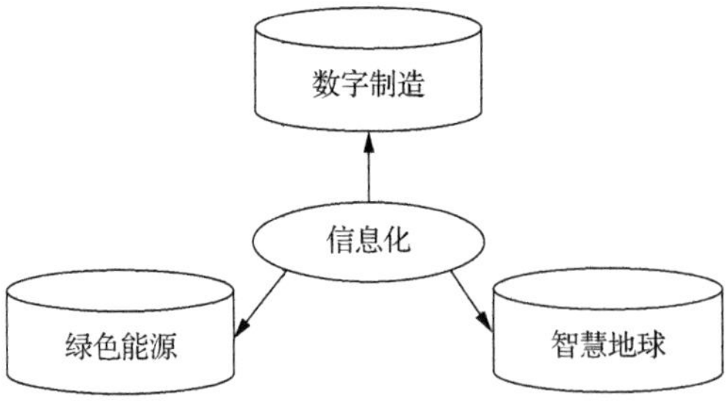


图 6.1　以信息化为核心的创新驱动发展三大动力

对于制造业转型升级而言，创新驱动是其发展战略，信息化建设是其实现手段，二者的最终目的都是通过信息技术与制造业的融合实现技术、产品、管理等方面的创新，从而推动制造业转型升级。这一观点在学术界得到普遍认同。例如，Wei Ming 等（2013）从企业层面实证分析了陕西制造业上市公司 2001～2011 年的财务状况，发现制造企业

进行信息化投资能显著提高企业财务绩效。韩先锋等（2014）提出信息化可以通过信息技术在应用部门的创新溢出、在研发生产部门的创新溢出，以及在应用部门和研发生产部门之间的互动溢出 3 个渠道共同影响技术创新效率。黄满盈和聂秀平（2015）提出信息化与制造业的融合能够提高技术、产品的研发设计效率，从而带动创新；他们以企业为研究对象的研究成果则主要分析应用信息技术所带来的创新对企业的生产、管理、销售等环节的影响；他们实证分析了信息化对客户服务绩效的影响，认为高水平的信息化基础设施能够提升客户服务绩效。张辽和王俊杰（2018）认为制造业是“两化”融合的主体，“两化”融合能够使人们从全局把握企业信息化改造的方向及目标，努力实现现代信息技术在传统制造过程中的深度渗透。李亚楠和宋昌耀（2021）认为信息化水平越高，越有助于制造业效率的提升，越有助于促进生产性服务业的聚集。信息化建设的推进加快了技术的创新与突破，其重点在于促进以云计算、物联网、大数据为代表的新一代信息技术与现代制造业、生产性服务业等行业的融合创新，使制造业及其相关企业在面对多变的竞争环境时，能够持续提升创新能力，获得长期的竞争优势，进而快速提升产业整体绩效。我国作为世界上最大的新兴工业化国家，先进制造业的发展方向应更多地集中在将信息技术、人工智能技术等高新技术成果应用于传统制造业的改造和升级方面（张双才和刘松林，2021）。因此，我国制造业要成功实现产业转型升级，就应当顺应“大数据”“互联网+”等新技术发展趋势，促进信息化与工业化的深度融合。

传统信息化主要通过正确地运用通信、网络、数据库等现代信息技术，最大限度地升级各种技术、设备和工具，改善人们的工作与生活，以“信息化思维”替代传统思维，提高经济社会整体的效率和效益，进而加快社会的发展，提升人们的生活质量。随着网络信息技术的发展，信息化内容在原有基础上得到更新，即扩展为以互联网为主的新一代信息技术在经济、社会与生活等各方面的扩散、应用与深度融合的过程，其本质是传统产业的在线化和数据化。信息化建设涉及政策的制定，法律、法规的出台，人才培养、基础设施的建设，制造企业文化的形成，发展战略的确立等，涉及社会发展从宏观到微观的许多方面。另外，信息化建设强调科学运用通信、网络、数据库等现代信息技术，最大限度地升级各类技术、设备与工具，用来改善人们的工作和生活；以信息化理念替代传统思维，提高产业管理水平和整体绩效水平，创新驱动制造业可持续发展，从而为实现制造业信息生态平衡奠定重要的基础。

在信息化建设过程中，伴随着员工素质不断提高，相关的政策和法律、法规相继制定并出台，基础设施日趋完善，技术水平稳步提升及信息传递渠道畅通等，制造业信息生态系统中的信息人、信息和信息环境等要素水平得以持续改进。信息化建设的最终目标是实现产业信息生态系统平衡（郭建锦和郭建平，2015），而平衡的信息生态系统为信息化建设提供更适宜的发展环境、更有利的政策、更先进的经营理念、更领先的信息技术及更优秀的专业人才，有助于信息化与制造业更好地融合。可见，充分发挥信息技术的优势，能够有效推动制造业信息生态系统的平衡及产业转型升级。信息化建设有助于制造业在信息生态平衡的基础上进行技术应用、生产方式和管理模式的创新，而创新驱动能够通过信息化与制造业的深度融合，最终实现制造业技术、文化、理念、战略等方面的重构与提升。信息生态系统、信息化建设与创新驱动之间的关系如图 6.2 所示。

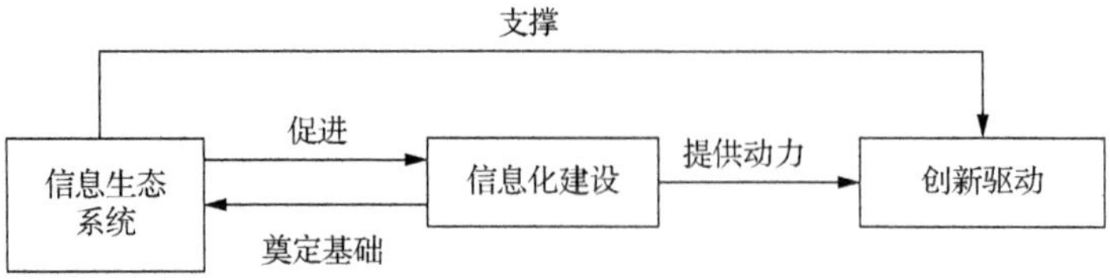


图 6.2　信息生态系统、信息化建设与创新驱动之间的关系

信息化建设为制造业信息生态平衡奠定了良好的基础，而平衡的信息生态系统能够促进信息化建设的顺利实施。与此同时，制造业信息化建设为创新驱动提供了持续的发展动力。一旦信息生态系统失衡，就会使制造业信息化建设受阻，从而导致创新驱动所能提供的动力随之减弱甚至匮乏。由此可以看出，平衡的信息生态系统有助于制造业信息化建设。

### 6.1.2　信息生态系统推动产业转型升级的内在机理

基于信息生态理论，信息生态系统推动产业转型升级是通过顺畅的信息传递来实现的，如图 6.3 所示。在制造业信息生态系统中，信息人根据信息化建设的需要将信息传入信息生态系统。在信息交换的过程中，相应的政策法规、文化战略、人才培养体系、基础设施及信息技术等可以实时更新。信息环境的变化以不同的信息形式影响信息生态系统内的信息人，各类信息经信息人传递、消费与分解后，对制造业原有的制度、观念、模式、管理、技术等进行重构和创新，从而产生新的信息。信息生态系统判断环境变化后信息的适用性，并将新的创新需求信息反馈给信息人，由信息人根据反馈的相关信息开始新一轮的调整与创新，从而持续推动制造业转型升级。

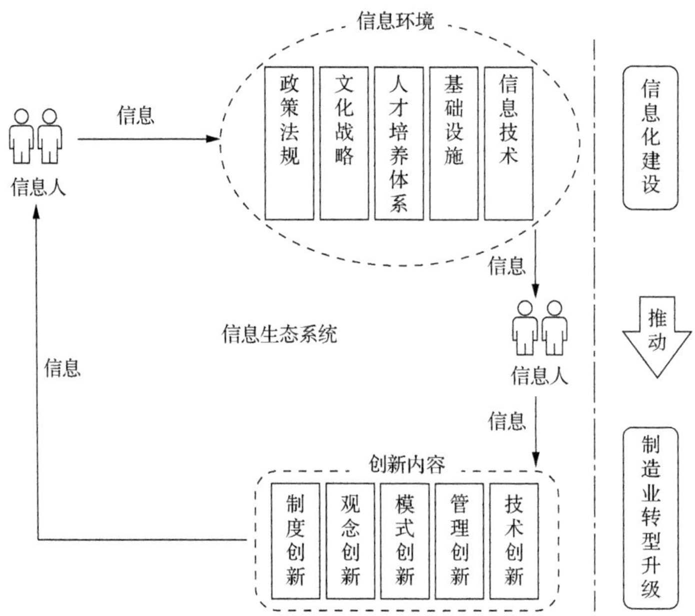


图 6.3　信息生态系统推动制造业转型升级的内在机理

在信息化建设过程中，制造业及相关企业的各研发部门和各应用部门的信息化基础设施不断升级，先进的信息技术研发能力日益提升。信息技术与原有技术的融合与创新，不仅能够提高研发部门技术和产品的创新能力，还有助于扩大先进技术的应用范围。应用部门获得技术创新带来的经济效益后，不断产生新的技术创新需求并将其反馈给研发部门，而研发部门根据新的需求信息开展产业“再创新”活动。此外，信息技术由高技术产业向其他产业扩散和渗透，能够促进整个产业创新能力的提升。在这一过程中，无论是信息技术应用、技术产品研发，还是应用部门技术创新需求信息反馈，还是从高技术产业向低技术产业的扩散与渗透，都与产业信息传递的有效性紧密相关，如图 6.4 所示。

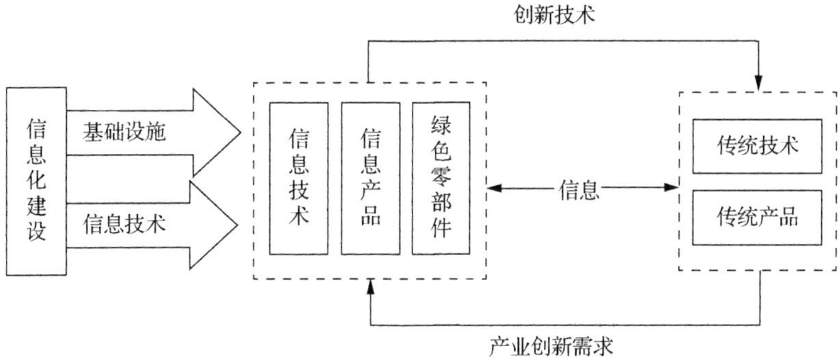


图 6.4　产业技术创新流程

只有当信息人、信息和信息环境各要素之间形成需求、供应、更新及反馈的动态共生连环关系时，信息生态系统才能达到真正意义上的平衡，线上与线下的信息数据物尽其用，从而发挥信息化的最大效用（魏明和王超，2015）。当信息生态系统处于平衡状态时，信息人、信息和信息环境之间会产生很强的协同效应。持续优化的信息环境能够为技术创新提供有利的宏观和微观政策、创新文化及必要的设施与技术，有助于建立良好的技术创新平台，为信息传递与交换去除障碍，使信息在系统内部、外部进行循环与交换。研发部门的“信息人”根据应用部门的创新需求或高技术产业相关部门的技术信息，产生具有广泛适用性的产业技术创新信息，并将信息及时传递到应用部门。应用部门通过消费、分解这些信息，将创新信息与原有技术信息融合在一起，从而实现新一轮的技术创新。另外，应用部门产生新的创新需求信息后，会将这些信息迅速传递到研发部门。这些信息随着产业整体技术水平的提高，又将以不同信息形式传递到低技术产业。

信息超载、信息垄断、信息侵犯、信息污染等信息生态系统失衡的情况会直接影响企业的信息开发和应用能力（王沐龙等，2020）。一旦信息生态系统失衡，就意味着预期的技术创新成果将难以实现。此时，应用部门的预期收益无法实现，因此其对技术创新信息产生抵触情绪甚至拒绝创新，这将严重阻碍研发部门的信息传递与持续创新，技术创新也随之消失，进而造成产业转型升级进程滞缓、产业整体绩效水平不断下降。

综上所述，平衡的信息生态系统对制造业转型升级具有十分重要的作用，能够有效促进产业内部各种形式的信息被充分传递、分解与利用，使技术创新相关信息在各部门之间有序流转，从而为产业技术发展营造良好的创新环境。因此，解决信息生态失衡问题，构建平衡的信息生态系统可以保障制造业转型升级战略的实施。

## 6.2 构建我国制造业信息生态系统

制造业信息生态系统是具有多层次结构的复杂的信息生态系统，包含多个子系统。信息生态系统对制造业转型升级具有显著的促进作用。本节依据信息生态理论，遵循目标性、整体性和动态性原则，从信息人、信息及信息环境等要素入手对制造业信息生态系统进行构建。

### 6.2.1 制造业信息生态系统的构建原则

制造业信息生态系统能够通过物质、能量、知识、资金等信息流的联结传导，在产业中形成共生竞合、动态演化的信息生态环境。遵循目标性原则、整体性原则、动态性原则构建信息生态系统，有利于实现制造业转型升级目标。

1. 目标性原则

构建制造业信息生态系统应当具有明确的目标，并持续提高制造业绩效水平。在构建制造业信息生态系统过程中，应进一步完善系统的自我适应、优化和更新功能，对制造业信息进行科学、规范的归集与管理，及时解决制造业信息生态不平衡问题，提高利益相关方高效获取并科学甄别、使用信息的能力，从而推动制造业转型升级。

2. 整体性原则

信息生态系统是一个整体的功能单元，只有信息人、信息和信息环境等要素以系统整体目标为准绳，相互联系且相互依赖，才能使制造业信息生态系统处于平衡的状态。从制造业信息活动的全过程看，整体信息活动与个体信息活动是辩证统一的，各“信息人”之间的个体信息活动是为了实现整体信息活动的目标，而整体信息活动的目标必须依赖个体信息活动来实现。

3. 动态性原则

动态性原则强调制造业信息生态系统的正常运转既受到系统本身条件的限制和制约，又受到其他有关系统的影响，并随着时间、地点及各子系统的变化而变化。信息生态系统平衡是指制造业子系统之间的相对平衡或动态平衡。制造业向市场反馈生产信息，市场据此进行相应的调节；而社会公众也会通过不同途径向制造业及其相关企业持续反馈产品需求。与生态系统类似，制造业信息生态系统处于不断变化的调整过程中，这一过程体现了系统的动态性。

### 6.2.2　制造业信息生态系统的构建

在信息生态系统研究方面，国内外学者对依据的理论和研究的侧重点具有较大的差异性。例如，Brian（2001）依据信息生态理论，从信息政策、系统开发过程及信息文化等方面，对加拿大上市公司的信息生态系统进行分析；Peter（2005）在信息人、信息和信息环境三要素的基础上，提出信息生态系统是一种分布式的认知系统，旨在实现信息资源交互以满足信息需求；袁烨等（2009）依据复杂系统理论，强调信息生态系统构建应效益与生态并重、遵循系统规律及持续学习等；张向先（2010）依据糅合系统理论和信息生态理论，构建了由信息场、信息生态链和信息生态圈组成的电子商务信息生态系统；陈茫（2015）从信息主体、信息合作方式、服务模式和服务环境等方面，构建了基于大数据的信息生态系统；张衍斌（2018）基于区块链技术和信息生态理论构建了电子商务信息生态系统，有效促进了电子商务信息生态的可持续发展；杨志豪等（2020）为了解决电力行业在应用大数据时出现的复杂性、无序性、不稳定性等问题，构建了电力信息生态系统。

基于已有研究成果，本书构建的制造业信息生态系统是一个以信息人为节点、以信息为流动载体、以信息环境为背景的动态信息生态系统，各制造企业处于不同的信息生态位[①]，即在制造业价值链中处于相对独立的位置。制造业根据不同类型，可以划分为技术密集型、劳动密集型和资本密集型 3 个子系统；这些子系统又可按照制造业细分门类划分为多个更低层级的系统。以此类推，制造企业是最小的系统单元，可以用公式表示为

制造业信息生态系统

$$=\{[\text{制造业}(i)],\ (\text{各制造业之间的关系}),\ (\text{各要素之间的关系})\}\quad (i=1,2,\cdots,n)$$

在系统运行过程中，各制造企业子系统的演化对制造业信息生态系统具有正向影响，而制造业信息生态系统的演化对子系统也具有正向影响，两者通过中间层次的各信息生态子系统的关联性产生相互作用。在不同层次子系统的相关影响过程中，企业对各子系统内的信息人、信息及信息环境的改进会加快整个制造业信息生态系统的演化速度，会使各子系统产生质的变化，从而促使制造业达到更高的发展水平。制造业信息生态系统如图 6.5 所示。

从图 6.5 中可以看出，制造业信息生态系统在信息人、信息及信息环境等要素的交互影响下，要求各制造企业综合处理信息，不仅包括产业新政策信息，经济形势信息，新兴技术信息及新产品信息，各制造企业的技术信息、资源信息、产品信息等自身拥有的信息，还包括其他相关企业的技术信息、产品信息、文化信息及系统内部的宏观环境与文化信息等。各制造企业根据信息处理结果，在系统自我调节机制的作用下，自发调整生产模式，提升自己的生态位。可见，在制造业信息生态系统中，各子系统均具有以上功能，有效推动了制造业信息生态系统的演化，使制造业信息生态系统的宏观与微观

① 生态位概念最早用于生物界，是由格林内尔（Grinell）于 1924 年首创的，它强调空间概念和区域上的含义。1927 年，埃尔顿（Elton）将这一内涵拓展，主要强调某一生物体与其他物种的营养关系，即在自然环境里，每个特定位置都有不同种类的生物，每个物种均具有自己的独特生态位。

信息处理效果持续提高。另外，在子系统内部的信息交流过程中，各制造企业同时作为信息生产者、信息消费者、信息传递者及信息分解者，对信息进行生产、接收、传递与筛选，促进制造业信息生态系统与各子系统的协同发展。

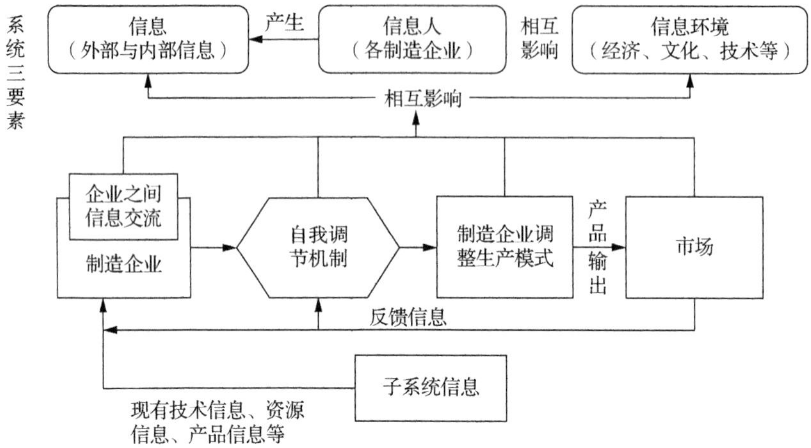


图 6.5　制造业信息生态系统

## 6.3　制造业信息生态系统相关分析

在系统无环境要素约束的条件下及存在系统环境最大容量的情况下，运用 Logistic 函数分析制造业信息生态系统，可以对进入新阶段时的可能发展路径进行预测。本节从信息人、信息、信息环境等要素入手，分析技术密集型、资本密集型及劳动密集型制造业发展的各种阻力。

### 6.3.1　Logistic 函数在制造业信息生态系统中的应用分析

依据信息生态理论，制造业信息生态系统的信息人与信息要素的增长均适用于 Logistic 函数（魏明和王杏，2018），其基本模型为

$$Z_t = \frac{k}{1 + a\mathrm{e}^{bt}} \tag{6.1}$$

式中，$Z_t$ 为制造业信息生态系统的信息人（或信息）$t$ 时刻的数量；$k$ 为制造业信息生态系统演进的最大容量；$a$、$b$ 为模型的生长参数；$t$ 为时间；e 为自然对数的底数，是一个无限不循环小数。

制造业的信息人（或信息）在无环境要素约束的条件下，其数量会以一定的发展速度呈指数增长。此时 $a$ 为固定的增长速率，

$$\frac{\mathrm{d}T_t}{\mathrm{d}t} = aZ_t \tag{6.2}$$

由于系统环境存在最大容量，假定 Logistic 函数以 $k$ 为制造业信息生态系统发展的最大容量，则

$$\frac{\mathrm{d}Z_t}{\mathrm{d}t}=a_t\left(\frac{k-Z_t}{k}\right)Z_t \tag{6.3}$$

式中，$Z_{(0)}=Z_0$；$a_t$为在 $t$ 时刻制造业信息生态系统信息人（或信息）的增长速率。

如果将 $Z_{(0)}=Z_0$ 代入式（6.1）中，可得到信息人（或信息）的数量 $Z_t$，

$$Z_t=\frac{Z_0k\mathrm{e}^{a_tt}}{k+Z_0(\mathrm{e}^{a_tt}-1)}=\frac{k}{1+\left(\frac{k-Z_0}{Z_0}\right)\mathrm{e}^{-a_tt}} \tag{6.4}$$

为求得制造业信息生态系统信息人（或信息）的数量增长率，对式（6.3）中的 $Z_t$～$t$ 求导，求得

$$\frac{\mathrm{d}^2Z_t}{\mathrm{d}t^2}=a\left(1-\frac{2}{k}Z_t\right)\frac{\mathrm{d}Z_t}{\mathrm{d}t} \tag{6.5}$$

由式（6.5）可知，在 $0<Z_t<k$ 的条件下，当增长率 $\frac{\mathrm{d}^2Z_t}{\mathrm{d}t^2}=0$ 时，拐点为 $Z_t=\frac{k}{2}$ 处。对式（6.3）和式（6.4）综合分析后可知：$Z_t$ 的发展曲线为 S 形，并以 $\frac{k}{2}$ 为临界点。当信息人（或信息）的数量处于 $\frac{k}{2}$ 之前时，前段曲线类似指数曲线，此时信息人（或信息）的数量增长速率不断增加，增长率 $\frac{\mathrm{d}^2Z_t}{\mathrm{d}t^2}$ 为正，表明制造业信息生态系统信息人（或信息）的发展尚未受到较大的发展阻力。当制造业信息生态系统信息人（或信息）的发展处于 $\frac{k}{2}$ 之后时，由于系统环境限制、系统内部企业数量增加、竞争加剧等原因，系统内数量增长速率下降，增长率 $\frac{\mathrm{d}^2Z_t}{\mathrm{d}t^2}$ 为负值。综上可知，运用 Logistic 函数可以分析制造业的发展状况，探究系统在无环境要素约束的条件下及存在系统环境最大容量的情况下，制造企业数量的变化情况，并对制造业信息生态系统冲破当前阻力、进入新阶段时的可能发展路径进行预测。

### 6.3.2　制造业信息生态系统的发展阻力分析

信息生态系统对于制造业的发展具有重要的意义，信息生态系统是否平衡直接关系到制造业信息化水平的高低。以陕西省为例，在制造业信息生态系统的发展中，若系统长期处于平衡状态，则无法进行下一步发展；当系统要素失衡时，信息生态系统会在平衡机制和自我调节机制的作用下，向更高一级的平衡状态发展，即当系统由于某些因素打破了当前的平衡状态时，如各类“信息人”主动变革、信息传递滞后紊乱、信息环境发生变化等，系统便会主动向一种新的生态平衡状态发展。因此，利用制造业信息生态系统这一发展特性，找到失衡要素并加以改进，可以有效地促进陕西省制造业信息生态系统的持续改进。2000～2019 年，陕西省制造企业单位数的增长情况符合 Logistic 函数。其中，陕西省制造企业单位数量的发展曲线呈 S 形，如图 6.6 所示，说明陕西省制造业

信息生态系统由于信息人素质的提升受某些发展阻力影响，无法呈现指数形式的增长（魏明和王杏，2018）。

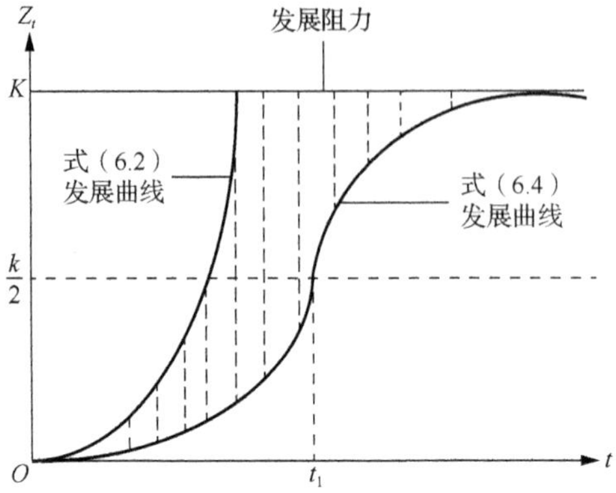


图 6.6　陕西省制造业信息生态系统的发展阻力

出现发展阻力时，陕西省制造业信息生态系统的发展一般有两种方式：一是将系统 $k$ 值调大，系统便会因系统容量的变大而继续增长；二是系统冲破当前阻力，达到一个新的发展阶段。当陕西省制造业信息生态系统冲破当前阻力进入新的发展阶段时，其在发展曲线的基础上会形成一条新的 S 形曲线。然而，新的 S 形曲线的发展速度、发展周期、发展路径等无法精准预测，其发展曲线可能会有若干条。若系统选择某条路径进行发展，则可能顺延某一条轨迹，如图 6.7 所示。可以看出，陕西省制造业信息生态系统在下一个发展周期既可能处于衰落趋势，也可能处于当前的发展水平，还有可能冲破阻力并向更高水平发展。

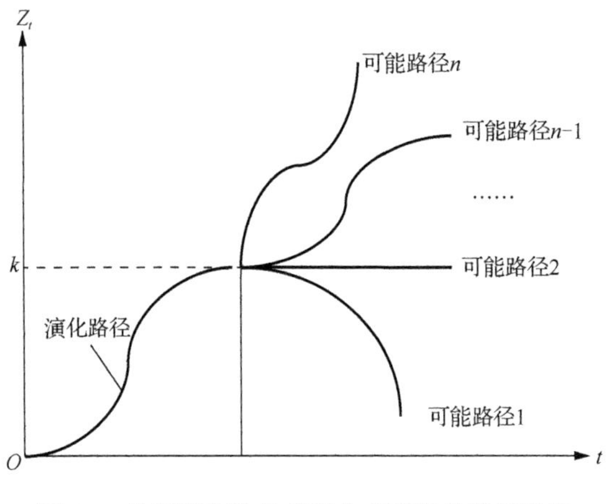


图 6.7　陕西省制造业信息生态系统的发展路径

综上可以看出，陕西省制造业信息生态系统的发展阻力即系统瓶颈。为使陕西省制造业信息生态系统能够突破发展阻力，进入下一周期的可持续发展，我们应分析并解决陕西省制造业信息生态系统存在的关键问题。陕西省八大支柱产业的企业单位数和工业总产值占全省总体的 90%以上，因此，我们对陕西省的八大支柱产业进行研究，可对陕西省制造业的整体水平做出较全面的分析。技术密集型、资本密集型及劳动密集型制造业中的信息人、信息或信息环境要素失衡，会导致陕西省制造业信息生态的不平衡，从而阻碍陕西省制造业的可持续发展。例如，信息人要素失衡导致制造业整体专业水平不高、自主创新能力不足；信息要素失衡造成制造业信息流动不畅，垃圾信息和冗余信息增多；信息环境要素失衡引发制造业发展环境恶化、能动性降低等。因此，如果我们准确定位制造业的信息生态失衡要素并对其进行完善，那么失衡要素就可能转化为陕西省制造业冲破发展阻力的动力源泉，从而有效推动陕西省制造业的可持续发展。我们应基于信息人、信息、信息环境等要素，分析陕西省技术密集型、资本密集型及劳动密集型制造业存在的阻力。具体包括以下几个方面。

1. 信息人阻力分析

1）在技术密集型制造业方面，陕西省通信设备、计算机及其他电子设备制造业和医药制造业发展较缓慢，主要原因在于该类制造业的信息人知识水平相对较高，但缺少高素质的信息技术人员，这造成陕西省区域内的领军制造企业较匮乏。

2）在资本密集型制造业方面，除能源化工业增长较快外，陕西省其他资本密集型支柱产业发展一般，主要原因在于陕西省资本密集型企业中缺乏创新型人才，并且信息人的能力有限。

3）在劳动密集型制造业方面，因为缺少适应新市场的信息人，员工的信息化知识储备普遍不充分，所以陕西省劳动密集型制造业对市场需求等信息反应较迟缓。

2. 信息阻力分析

1）在技术密集型制造业方面，陕西省制造业虽然在技术上可以完全实现信息的共享，但信息垄断现象较为严重。

2）在资本密集型制造业方面，陕西省只有能源化工业发展较好。陕西省资本密集型企业管理模式固化，制造企业之间不注重信息的共享和处理，这导致产生信息超载和信息垃圾。信息要素失衡导致陕西制造业信息流动不畅，垃圾信息和冗余信息增多。

3）在劳动密集型制造业方面，陕西省劳动密集型企业信息敏感度较差，对市场需求信息反应较慢，信息共享和处理的效果一般。

3. 信息环境阻力分析

1）在技术密集型制造业方面，陕西省通信设备、计算机及其他电子设备制造业和医药制造业发展较缓慢，这是由于在技术密集型制造业中，缺乏完善配套的行业准则和精细的政策指引。信息环境要素失衡导致陕西省制造业发展环境恶化，应对能力较低。

2）在资本密集型制造业方面，由于转型困难，尚未完全适应国家有关转型升级、“互联网+”和数字化等新的政策，陕西省制造业的信息环境有待于进一步优化。

3）在劳动密集型制造业方面，存在对市场需求等信息反应迟钝、基础设备不够完善、资金匮乏等信息环境阻力。

综上可以看出，由于信息化建设仍处于摸索阶段，无论是国家与产业层面，还是制造企业与员工层面，对信息化的认知水平都具有一定的局限性，政府尚未形成细致、深入、完善的信息化建设方案。因此，提升信息人能力是当前解决制造业信息生态失衡问题的首要任务。然而，由于缺乏合理的信息化人才培养体系，信息化知识普及效果不佳，高水平信息化人才培养进程缓慢。此外，政府未能根据不同类型制造业的实际情况制定相应制度，相关扶持政策缺位造成制造企业资金匮乏，难以推进信息化基础设施建设，因而无法营造良好的信息环境。

## 本 章 小 结

通过分析信息生态系统、信息化建设与制造业转型升级之间的内在机理，我们发现信息生态系统与信息化建设相辅相成，信息化建设是制造业信息生态系统建立与平衡发展的重要基础，而信息生态系统的发展能够促进信息化建设进入更深、更高层次，从而为制造业转型升级提供不竭动力。此外，平衡的制造业信息生态系统通过信息传递支撑创新驱动的发展，信息生态失衡可能导致产业转型升级的动力不足，从而使制造业绩效处于较低水平。

本章提出应当遵循目标性、整体性和动态性原则，从信息人、信息和信息环境等要素入手，构建有助于制造业信息传递、利用与管理，持续推进制造业转型升级的信息生态系统。制造企业在信息生态系统演化中彼此关联、相互影响，从不同层次促进信息人、信息和信息环境等要素的优化与完善，并通过生产、接受、传递和剔除等方式，调整战略规划与生产经营模式等，最终使制造业信息生态系统达到平衡状态，从而推动制造业转型升级。

依据信息生态理论，制造业信息生态系统的信息人与信息要素的增长均适用于Logistic函数，运用该函数分析陕西省制造业2000～2019年的发展状况，探究系统在无环境要素约束的条件下及存在系统环境最大容量的情况下，制造业信息生态系统冲破阻力进入新阶段时的可能发展路径。我们通过信息人、信息、信息环境等要素，分析技术密集型、资本密集型及劳动密集型制造业发展的各种阻力，研究结果表明，信息人要素失衡导致制造业整体专业水平不高、自主创新能力不足；信息要素失衡造成制造业信息流动不畅，垃圾信息和冗余信息增多；信息环境要素失衡引发制造业发展环境恶化、能动性降低等。有效调整制造业信息生态失衡要素，能够提升陕西省制造业的整体绩效水平。

### 主要参考文献

陈茫，2015．基于大数据的信息生态系统演变与建设研究[J]．情报理论与实践，38（3）：26-29．

郭建锦，郭建平，2015．大数据背景下的国家治理能力建设研究[J]．中国行政管理（6）：73-76．

韩先锋，惠宁，宋文飞，2014．信息化能提高中国工业部门技术创新效率吗[J]．中国工业经济（12）：70-82．

黄满盈，聂秀平，2015．我国工程机械行业转型升级对其他制造业的启示[J]．经济纵横（1）：77-81．

李亚楠，宋昌耀，2021．信息化视角下生产性服务业集聚对制造业效率的影响研究[J]．调研世界（3）：8-15．

王沐龙，裴一蕾，史春阳，2020．信息生态学视角下企业数字化创新研究[J]．科技经济导刊，28（36）：58-59．

魏明，王超，2015．信息生态平衡视角下创新驱动陕西省制造业转型升级研究[J]．科技进步与对策，32（21）：48-53．

魏明，王杏，2018．基于信息生态的制造业可持续发展研究：以陕西省为例[J]．科技管理研究，38（13）：106-112．

杨多贵，周志田，2014．创新驱动发展的战略选择、动力支撑与红利挖掘[J]．经济研究参考（64）：3-9，54．

杨志豪，陈向民，张静，等，2020．大数据环境下电力行业信息生态模型构建及应用研究[J]．情报科学，38（5）：88-92．

袁烨，王萍，张卫东，2009．企业信息生态系统构建的理论基础与实施策略[J]．长春理工大学学报（社会科学版），22（5）：756-758．

张辽，王俊杰，2018．中国制造业两化融合水平测度及其收敛趋向分析：基于工业信息化与信息工业化视角[J]．中国科技论坛（5）：32-40，70．

张双才，刘松林，2021．我国先进制造业创新驱动要素供给机制的完善研究[J]．科学管理研究，39（1）：69-75．

张向先，张旭，郑絮，2010．电子商务信息生态系统的构建研究[J]．图书情报工作，54（10）：20-24．

张衍斌，2018．基于区块链的电子商务信息生态系统模型研究[J]．图书馆学研究（6）：33-44．

BRIAN DETLOR, 2001. The influence of information ecology on e-commerce initiatives[J]. Internet research: electronic networking applications and policy, 11(4):286-295.

JONES P H, 2005. Information practices and cognitive artifacts in scientific research[J]. Cognition, technology and work, 7(2):88-100.

# 第 7 章　制造业绩效评价指标体系设计

目前，创新驱动成为制造业高质量发展的新引擎，信息化建设为制造业提供了创新发展的强劲动力与新路径。信息生态系统与制造企业之间通过信息流紧密联系在一起，制造企业运用互联网等信息技术来记录生产全过程，控制企业运营成本，实现精细化管理（李晓钟等，2017），从而有效提高制造业绩效水平。此外，制造业的转型升级可以通过产品升级来发挥对企业绩效的促进作用，或者通过技术创新间接地正面影响企业绩效（丘海雄和刘溯源，2015）。因此，制造业转型升级与信息生态系统建设的紧密结合，共同促进了产业绩效的改进。基于此，本章依据科学性、可测性、动态可持续性、相对独立性、战略重要性等原则，构建制造业转型升级效果评价指标体系，以及制造业信息生态系统评价指标体系。

## 7.1　制造业绩效评价指标体系设计的主要原则

构建制造业转型升级效果评价指标体系和信息生态系统评价指标体系是测度制造业绩效水平的重要基础。在已有研究成果基础上，作者根据制造业转型升级和信息生态系统的内涵与特征，提出设计制造业绩效评价指标体系应当遵循科学性、可测性、动态可持续性、相对独立性及战略重要性等主要原则，如图 7.1 所示。

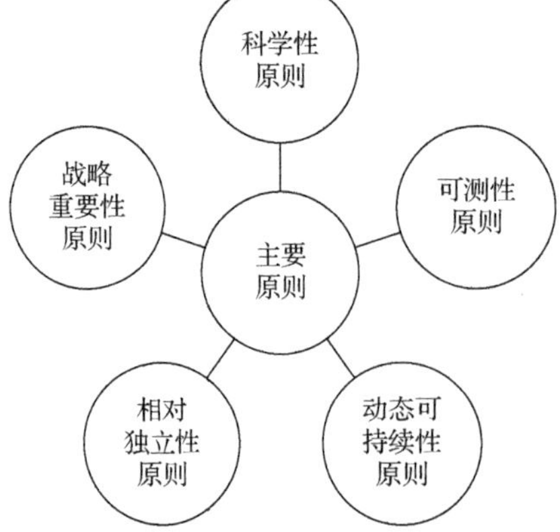


图 7.1　设计制造业绩效评价指标体系的主要原则

### 7.1.1　科学性原则

在建立制造业转型升级效果评价指标体系与信息生态系统评价指标体系时，选取评价指标应在详细了解和掌握前期研究成果的基础上进行，将相关理论应用在实务中需要坚持有针对性地分析具体问题，并遵循准确、严谨、客观、可靠的科学性原则。如果没有根据评价目的科学地划分评价指标层，就会造成评价指标不全面、重复设置等问题。为了避免上述弊端，在设计制造业绩效评价指标体系时，应选择适合的理论框架，科学实施评价体系顶层设计，从而使制造业转型升级效果及信息生态系统的评价结果更客观。

### 7.1.2　可测性原则

设计制造业绩效评价指标体系是为了更有效地、更科学地解决问题，因此，合理地设计制造业绩效评价指标体系可以更好地实现预期的评价效果。在选取评价指标过程中，不能一味追求指标的数量。设计制造业绩效评价指标体系必须考虑其是否可测度、可量化，即符合理论要求的同时也要符合实际应用的要求。因此，我们在设计制造业绩效评价指标体系的过程中应严格遵循指标可测性原则，仔细考虑每个指标的实用性及可操作性，避免出现评价指标的可测性较弱、难以获得有效数据等问题。

### 7.1.3　动态可持续性原则

各类资源的永续利用与信息生态系统的平衡是制造业持续发展的基本前提。制造业转型升级与信息生态系统建设的各环节是密切相关联的。在选取适当的评价指标时，应当考虑评价指标是否能够衡量制造业转型升级效果及信息生态系统的动态可持续性；同时按照产业转型升级或信息生态系统演进的趋势实时进行调整与改进，避免在制造业发展过程中对各类资源的持续利用产生人为的破坏。因此，该原则强调随着我国制造业发展水平的不断提高，选取的评价指标应当在特定时期保持一定的可持续性，并能够根据产业内、外部环境的变化做出动态调整。

### 7.1.4　相对独立性原则

在设计制造业绩效评价指标体系时，各指标之间可能存在一定的关联度，这是无法完全规避的。然而，一旦各指标之间存在较高的关联度，就将无法得到客观、合理的评价结果。因此，在实际评价过程中，需要尽可能地选择独立性相对较高的指标，以期降低各指标之间的关联度。综上可以看出，遵循相对独立性原则，对制造业转型升级效果及信息生态系统的评价指标体系进行设计，可以确保评价结果的有效性。

### 7.1.5　战略重要性原则

制造业转型升级对制定国民经济战略目标至关重要，推动制造业与信息生态系统的耦合发展能够提高国家综合实力。制造业转型升级效果与信息生态系统评价指标的选择，应当符合国家的制造业发展战略规划，选择能够反映制造业转型升级效果、信息生态系统水平的关键绩效指标（key performance indicator，KPI）[①]。当国家发展战略目标发生变化时，评价指标体系应当随之进行适度调整，从而推动产业战略目标的实现。

## 7.2　制造业转型升级效果评价指标体系设计

制造业转型升级是一个涉及经济社会各方面的过程，需要针对存在的问题或不足进行持续改进。设计制造业转型升级效果评价指标体系时，应充分考虑如何挖掘产业转型升级过程中可能出现的问题。现有制造业绩效评价体系大多侧重评价劳动生产率的提升或产业结构的变化，为了更科学、更客观、更综合地评价我国制造业转型升级效果，本章基于学者们的研究成果（李平等，2010；Garbie and Ibrahim，2014；李廉水等，2015；Badurdeen et al.，2015；王新红和李世婷，2017；周勇和吴海珍，2017），结合“十三五”和“十四五”规划、《中国制造 2025》等国家发展战略，针对制造业的发展现状及存在的主要问题，从经济效益、绿色发展、技术创新等维度设计制造业转型升级效果评价指标体系。具体包括 1 个一级指标、3 个二级指标及 6 个三级指标，如表 7.1 所示。

**表 7.1　制造业转型升级效果评价指标体系**

| 一级指标 | 二级指标 | 三级指标 | 指标属性 |
|---|---|---|---|
| 制造业转型升级效果 $Y$ | 经济效益 $Y_1$ | $Y_{11}$：总资产贡献率/% | 正向 |
| | | $Y_{12}$：成本费用利润率/% | 正向 |
| | 绿色发展 $Y_2$ | $Y_{21}$：单位产值能耗/（吨标准煤/万元） | 反向 |
| | 技术创新 $Y_3$ | $Y_{31}$：劳动生产率/（万元/人） | 正向 |
| | | $Y_{32}$：每亿元主营业务收入专利申请数/件 | 正向 |
| | | $Y_{33}$：新产品产值率/% | 正向 |

### 7.2.1　经济效益指标

高附加值带来的是高客户黏性，通过提高附加值促进产业发展是制造业转型升级的目标之一。因此，在设计制造业转型升级效果评价指标体系时，经济效益指标的设计尤为关键。因为先进的制造能力和先进的管理能力对于企业追求经济效益是同等重要的，二者不可或缺，所以衡量经济效益除了要考虑生产制造所带来的经济利润，还要考量运营管理对制造业的贡献。本章通过对现有评价指标的分类及筛选，结合制造业特性和已有研究成果，选取总资产贡献率和成本费用利润率作为经济效益评价指标，如图 7.2 所示。

1）总资产贡献率。该指标是通过计算利润总额、税金总额和利息支出的总和与平均资产总额之比而得到的。从总资产贡献率的计算公式可以看出，这一指标是制造企业所有资产获利能力的集中体现，能够很好地衡量制造企业的生产运营能力，也是评价制造业绩效水平的重要指标之一。

① 关键绩效指标是组织绩效评价体系的重要组成部分，也是各部门主管明确部门及其人员的主要责任的重要指标。

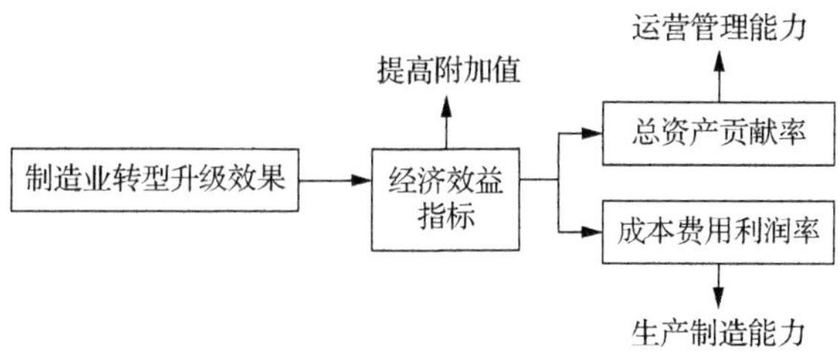


图 7.2　经济效益指标

2）成本费用利润率。该指标是通过计算利润总额与成本费用总额之比而得到的，能够更直观地反映生产成本及相关费用带来的经济效益。成本费用利润率的提高（或降低）可以用来衡量制造业降低成本、减少开支所获得（或失去）的经济效益。

### 7.2.2　绿色发展指标

近年来，我国不断提倡绿色发展理念，坚持绿色发展是国家发展观的重要内容。“十四五”规划、《中国制造 2025》及“十九大”报告都强调了绿色制造、绿色发展的重要性。贯彻绿色发展理念并坚定不移地推进绿色发展，有助于增强制造业发展的可持续性。然而，随着我国制造业的不断发展，产品生产与制造过程中的能源消耗、废物排放等环节不可避免。因此，降低能耗和污染是制造业转型升级效果评价指标设计的主要内容之一。结合已有研究成果和制造业的特性，本章仅将制造业的单位产值能耗作为评价制造业绿色发展的主要指标，如图 7.3 所示。

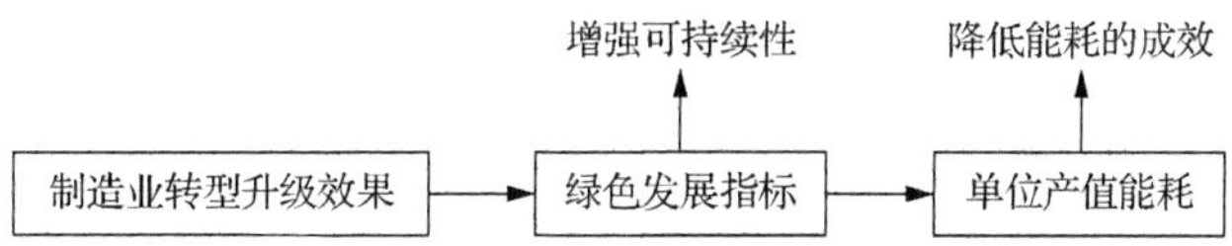


图 7.3　绿色发展指标

我国是一个能源大国，但以往无节制的开采使资源储备大幅下降。传统制造业的能源过度消耗问题严重，急需转变生产方式。因此，本章选取单位产值能耗指标，该指标是通过计算制造业能源消耗量与制造业总产值之比而得到的，可以衡量制造业每创造一个单位的产值所消耗的能源量，能够清晰地反映出制造业在降低能耗方面取得的成效。

### 7.2.3　技术创新指标

我国制造业的技术水平与发达国家尚存在巨大的差距，因此我国在“十四五”时期应当依靠技术创新的带动作用，稳步提升制造业发展质量，并弥补发展速度减缓带来的一些负面效应。在资本和技术投入方面，我国应当持续提高制造业研发投入强度，实现创新驱动制造业的发展；在劳动力投入与产出方面，实现制造业劳动生产率的大幅度提高，最终拉动制造业高质量发展①。研究发现，企业的技术创新能力对其绩效呈现显著正向影响（黄世政等，2017），探索制造企业技术创新层面的转型升级有利于进一步提

① 中国电子信息产业发展研究院，2021. “十四五”制造业高质量发展与产业政策转型白皮书[EB/OL].（2021-03-18）[2021-03-19]. https://docs.qq.com/pdf/DVmtMZURManloU25i.

升制造业绩效水平。因此，技术创新指标侧重评价以技术升级为引领的全方位创新所带来的成果。作者结合已有研究成果，主要设计劳动生产率、每亿元主营业务收入专利申请数及新产品产值率等指标，如图 7.4 所示。

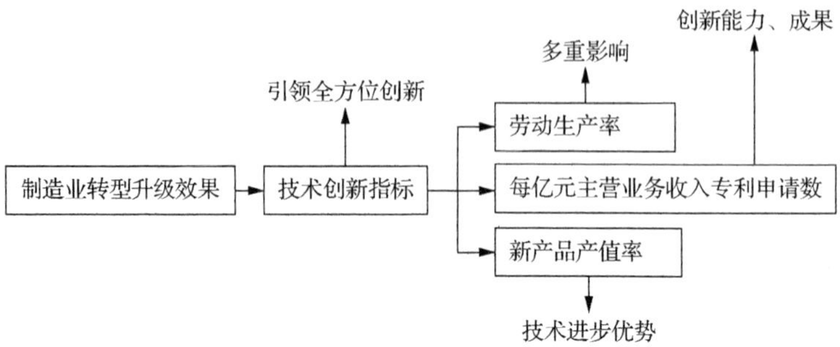


图 7.4　技术创新指标

1. 劳动生产率

劳动生产率是评价制造业生产水平的重要指标之一，也是许多学者用以评价制造业转型升级效果的主要指标，它一般会随着生产制造技术水平的提高而同向变化。该指标是通过计算总产值与制造企业就业人员数量之比而得到的。此外，劳动生产率的高低还受制造业管理水平、员工素质等因素的影响。可以看出，劳动生产率指标能够较全面地体现技术创新成果。

2. 每亿元主营业务收入专利申请数

通过梳理已有研究成果，作者发现不少学者选取专利申请数作为反映创新能力的指标，也有一些学者认为专利授权数指标更具代表性。可见，这两个指标均能直观地反映制造业在科技创新活动中的主动参与程度，同时也能在一定程度上反映技术创新带来的产出情况。然而，考虑到制造业生产与工作流程情况，部分专利的申请和授权分属于前后两年，而且在个别专利授权过程中存在某些主观因素的影响，因此本章选取每亿元主营业务收入专利申请数指标衡量制造业当年的创新能力和成果。

3. 新产品产值率

新产品产值率反映了制造业技术应用和转化的能力。新产品产值率指标能够反映新产品总产值占制造业工业总产值的比率，可以直接体现新产品产值在制造业创造的总产值中的贡献情况。一般而言，新产品产值率指标越高，越说明技术进步带来的优势得到了更好的体现。

## 7.3　制造业信息生态系统评价指标体系设计

构建科学、合理的制造业信息生态系统评价指标体系有利于客观、公正、准确地评价信息化在制造业转型升级过程中的驱动效果，从而进一步推动制造业信息化建设。目前，国内外在信息化评价指标体系方面的研究主要集中在信息产业发展水平、基础设施建设质量等领域。例如，日本的信息化指数法包括信息量、信息设备率、通信率及信息系数 4 个方面，共 11 项指标；美国的波拉特法采用信息产业增加量占 GDP 比重、信息从业人员占总从业人员比重两个指标评价信息化；我国发布的《国家信息化指标构成方案》从信息网络建设、信息产业发展水平等方面提出 20 项评价指标。本节以提升转型升级效果为制造业信息化建设的目标，依据信息生态理论构建信息生态系统评价指标体系，具体包括 1 个一级指标（即信息生态系统水平 $X$）、3 个二级指标（即信息人 $X_1$、信息 $X_2$、信息环境 $X_3$）及 8 个三级指标，如表 7.2 所示。

**表 7.2　制造业信息生态系统评价指标体系**

| 一级指标 | 二级指标 | 三级指标 | 属性 |
|---|---|---|---|
| 信息生态系统水平 $X$ | 信息人 $X_1$ | $X_{11}$：R&D 人员占从业人员的比重（%） | 正向 |
| | | $X_{12}$：科研院所的数量（个） | 正向 |
| | | $X_{13}$：信息传输、软件和信息技术服务业从业人员（万人） | 正向 |
| | 信息 $X_2$ | $X_{21}$：R&D 经费支出占主营业务收入的比重（%） | 正向 |
| | 信息环境 $X_3$ | $X_{31}$：互联网普及率（%） | 正向 |
| | | $X_{32}$：移动电话普及率（%） | 正向 |
| | | $X_{33}$：信息传输、软件和信息技术服务业固定资产投资占 GDP 的比重（%） | 反向 |
| | | $X_{34}$：科学技术财政支出占财政支出的比重（%） | 正向 |

### 7.3.1　信息人指标

由信息生态理论可知，信息生态系统中的信息人是主体，在系统的运行过程中发挥着能动作用，肩负着制造业信息生产、传递、消费和分解等责任，主导着信息生态系统的各方面。信息人可以是单独的个人，也可以是多个人组成的团体、组织、部门等。在构建信息生态系统和推动制造业技术创新的过程中，信息人不仅是信息技术成果的使用者，还是利用信息技术进行创新的主体。结合已有研究成果和制造业的特性，信息人指标设计主要涵盖 R&D 人员占从业人员比重、科研院所的数量及信息传输、软件和信息技术服务业从业人员等指标，如图 7.5 所示。

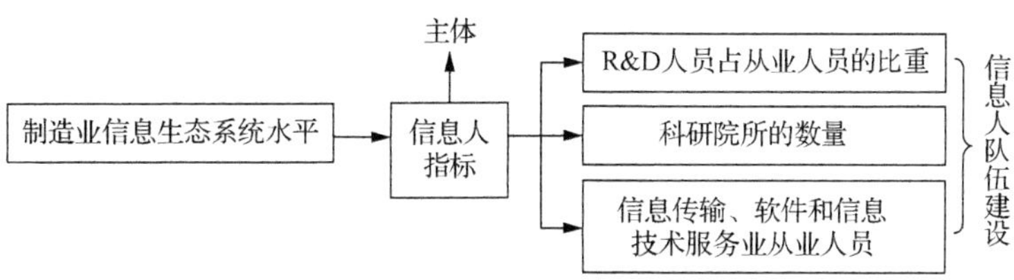


图 7.5　信息人指标

1. R&D 人员占从业人员的比重

R&D 人员即从事制造业 R&D 的员工，该类人员能够开展研发工作并利用信息化成果推动产业创新进程。R&D 人员占从业人员的比重指标反映了制造业科技人才是当今世界发展不可或缺的重要支柱，是制造业技术创新驱动转型升级的重要基础。该指标反映了制造业员工队伍的信息化水平及其在产业信息技术开发与应用中的情况。

2. 科研院所的数量

科研院所作为产学研合作创新的核心组成部分，以科研创新为主要任务，熟练开发、运用各项先进信息技术，可以有效弥补制造业信息化人才缺失、创新动力不足等缺陷。在信息人指标的设计中，科研院所的数量指标反映了科研院所与制造业合作的密切程度，对制造业信息生态系统评价结果起到一定的补充作用。

3. 信息传输、软件和信息技术服务业从业人员

在信息生态系统建设中，信息传输、软件和信息技术服务业为信息的安全传输提供保障，为信息环境的搭建、维护和治理提供良好的支撑，在整个信息生态系统中充当着最为重要的角色。从现实情况来看，信息传输、软件和信息技术服务业在信息化政策制定、信息化基础设施建设、信息化人才培训、软硬件升级维护等方面做出了巨大的贡献。可以说，信息传输、软件和信息技术服务业的发展对我国信息化建设起到了强大的推动作用。因此，在评价信息生态系统水平时，信息传输、软件和信息技术服务业的从业人员作为重要的信息人，其作用不可小觑。为了便于定量评价，结合已有研究成果，本章选取信息传输、软件和信息技术服务业从业人员指标，以使制造业信息生态系统评价结果更客观、更合理。

### 7.3.2 信息指标

信息是制造业信息生态系统的客体，由信息人的不同活动所产生，或由信息生态系统外部传入信息生态系统内，其质量高低受信息人能力强弱和信息环境优劣的影响，已成为类似石油、电力等战略性资源。信息能够保证制造业信息生态系统运行顺畅，维持各要素之间的相互作用，充当制造业信息生态系统内外部输入、输出的媒介。利用“互联网＋”可以实现信息平台垂直一体化（孙玥璠和宋迪，2016），信息为海量数据的获取、处理、传输提供基础性支撑，5G、工业互联网等新型信息基础设施，将在产业转型升级和完善产业治理体系等方面发挥越来越重要的作用。因此，结合已有研究成果、国务院印发的《中国制造 2025》和制造业信息生态系统的特性，考虑 R&D 活动能够将产业技术创新产生信息的过程具体化，本章选取与信息关联性强且便于量化的 R&D 经费支出占主营业务收入的比重评价指标，如图 7.6 所示。该指标能够衡量制造业对信息化基础设施、信息技术的应用程度及其科技创新的意识和能力，可操作性较强。

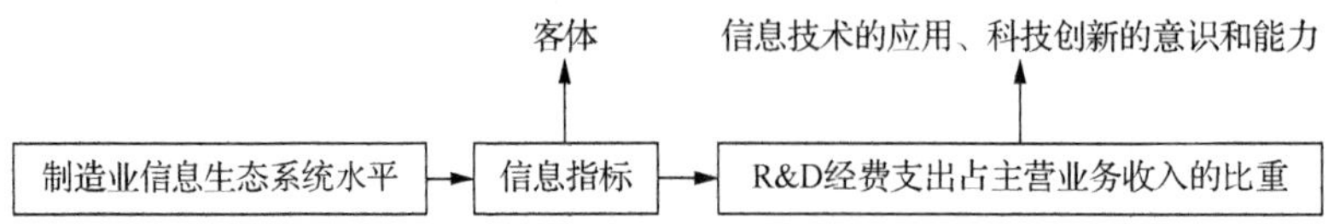


图 7.6　信息指标

### 7.3.3 信息环境指标

信息环境强调信息生态系统所处的背景和场所，是影响所有与信息相关的人和活动的环境因素的集合，主要包括信息的政策法规、基础设施、技术环境、文化背景等。其中，文化、制度、组织结构等环境因素会直接或间接影响信息人的行为（孙玥璠和宋迪，2016）。考虑政策法规、文化背景等方面无法在单独的产业中进行测度与评价，也难以在多个产业间进行横向或纵向比较，因此，设计信息环境指标不能仅仅局限于制造业内部，而应着眼于整个社会层面。结合已有研究成果和制造业信息生态系统的特性，本章选取互联网普及率，移动电话普及率，信息传输、软件和信息技术服务业固定资产投资占 GDP 的比重，科学技术财政支出占财政支出的比重等信息环境指标，如图 7.7 所示。

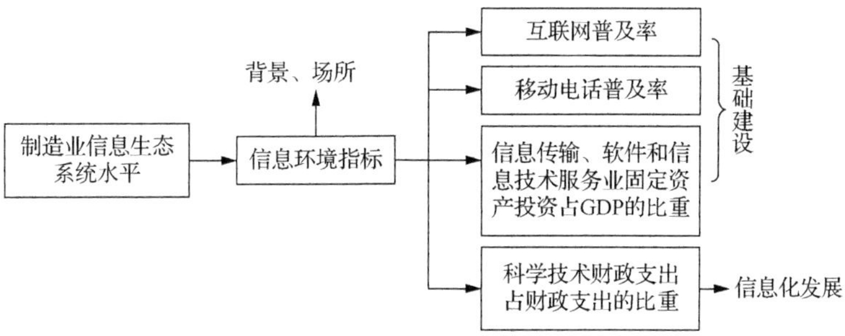


图 7.7　信息环境指标

1. 互联网普及率

信息基础设施在制造业转型升级和完善产业治理体系方面发挥着重要的作用。互联网是信息化建设最为直观且易于被社会公众所理解的表现形式，互联网普及率指标是工业化与信息化融合中衡量基础设施的重要指标。制造业作为国民经济发展的重要支柱产业，其信息生态系统建设必然离不开互联网的普及与发展。因此，结合制造业信息生态系统特性，本章选择互联网普及率作为反映信息环境中基础设施的指标之一。

2. 移动电话普及率

近年来，由于移动互联网发展日趋迅猛，传统意义上的互联网已经不能完全代表信息化建设的成效，因此本章根据制造业信息生态系统特性，选取移动电话普及率来衡量制造业信息生态系统的信息化融合情况，结合互联网普及率来综合反映产业的信息基础设施水平。

3. 信息传输、软件和信息技术服务业固定资产投资占 GDP 的比重

对信息传输、软件和信息技术服务业的固定资产投资属于制造业的基础设施投资，因此本章选用信息传输、软件和信息技术服务业固定资产投资占 GDP 的比重指标来衡量制造业基础设施的建设情况，同时反映宏观政策倾向、社会需求等方面的状况。需要

强调的是，该指标是一个反向指标，即信息传输、软件和信息技术服务业固定资产投资占 GDP 的比重越低，制造业信息生态系统的基础设施建设越完善。

4. 科学技术财政支出占财政支出的比重

科学技术财政支出指用于国家科学技术方面的支出，主要包括科学技术管理事务、科技交流与合作、研究与开发、科技条件与服务、科学技术普及交流等方面的支出。科学技术的快速发展离不开信息技术的支持，在信息生态系统视角下，科学技术财政支出可以被理解为政府通过财政政策促进科学技术的创新投入。因此，结合制造业信息生态系统特性，本章选取科学技术财政支出占财政支出的比重来反映国家科技政策的导向及未来一段时期的发展重点。

## 本章小结

在设计制造业绩效评价指标体系时，本章结合信息化创新驱动制造业转型升级的内在机理分析结果，遵循科学性、可测性、动态可持续性、相对独立性、战略重要性等原则，考虑制造业特性，选取我国制造业转型升级效果评价指标及信息生态系统评价指标。

我们应以提高经济的附加值、增强发展的可持续性及引领全方位的创新为导向，依据绩效评价理论，从经济效益、绿色发展和技术创新等维度设计制造业转型升级效果评价指标体系，主要包括 1 个一级指标、3 个二级指标及 6 个三级指标。

信息化能够给制造业带来机遇，增强其创新驱动能力，进一步促进制造业整体绩效水平的提升，因此制造业转型升级与信息生态系统建设的耦合发展成为产业提质增效的有效路径。我们应以信息生态理论为基础，从信息人、信息和信息环境等维度设计制造业信息生态系统评价指标体系，主要包括 1 个一级指标、3 个二级指标及 8 个三级指标。

### 主要参考文献

黄世政，周家贤，朱炎亮，2017．技术创新能力对创新资源与企业绩效关系的中介效应：以珠三角制造业为例[J]．科技进步与对策，34（23）：64-70．

李廉水，程中华，刘军，2015．中国制造业“新型化”及其评价研究[J]．中国工业经济（2）：63-75．

李平，王钦，贺俊，等，2010．中国制造业可持续发展指标体系构建及目标预测[J]．中国工业经济（5）：5-15．

李晓钟，陈涵乐，张小蒂，2017．信息产业与制造业融合的绩效研究：基于浙江省的数据[J]．中国软科学（1）：22-30．

丘海雄，刘溯源，2015．转型升级和企业社会网络对企业绩效的影响：以珠三角地区制造业企业为例[J]．华南师范大学学报（社会科学版）（4）：112-120．

孙玥璠，宋迪，2016．“互联网+”对我国制造业的影响探析：基于组织双元能力理论[J]．经济研究参考（14）：38-41．

王新红，李世婷，2017．基于改进熵值法的中国制造业创新驱动能力评价研究[J]．商业研究（1）：27-33．

郑腾锐，2003．初步分析《国家信息化指标构成方案》[J]．情报科学（1）：100-102．

周勇，吴海珍，2017．基于 DEA/AHP 模型的陕西省装备制造业可持续成长性的评价研究[J]．经济与管理评论，33（2）：109-114．

F BADURDEEN, SHUAIB M A, TAO L, et al., 2015. Sustainable value creation in manufacturing at product and process levels: metrics-based evaluation[M]. London: Springer.

GARBIE, IBRAHIM H, 2014. An analytical technique to model and assess sustainable development index in manufacturing enterprises[J]. International journal of production research, 52(16):4876-4915.

# 第 8 章　制造业转型升级效果与信息生态系统水平测度

本章以陕西省制造业为例，选择陕西省在信息技术应用上具有代表性的 5 个制造业，收集并整理 2006～2020 年《中国统计年鉴》的相关数据，基于构建的制造业绩效评价指标体系，运用熵值法分别测度制造业转型升级效果和信息生态系统水平，并根据测度结果综合分析与讨论我国制造业的绩效水平。

## 8.1　测度方法选择与数据来源

借鉴已有研究，作者选用综合评价法测度制造业转型升级效果和信息生态系统水平。采用综合评价法主要包括 3 个步骤：一是对原始数据进行标准化处理；二是计算各指标权重；三是采用线性加权法计算综合测度得分。具体如图 8.1 所示。

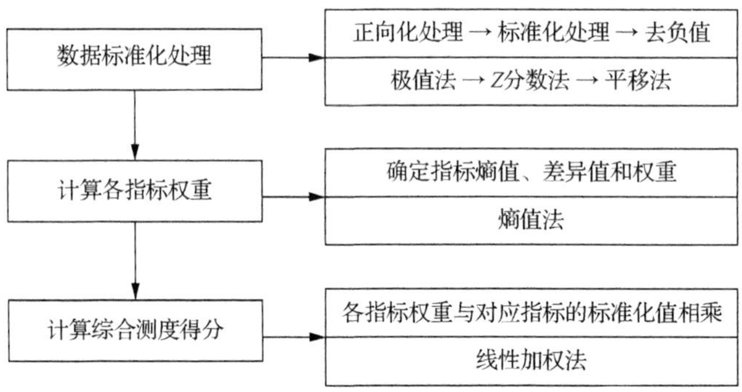


图 8.1　采用综合评价法的主要步骤

### 8.1.1　标准化处理方法的选择

制造业绩效评价指标体系中的各指标具有不同的方向、单位及数量级，这为实际评价增加了不小的难度。为了保证实证分析的科学性和可靠性，需要采用数学方法对所有指标进行标准化[①]处理，这是进行指标评价的基本前提。目前，学者们对指标进行标准化的常用方法有 4 种，即 Z 分数法、极值法、线性比例法和功效系数法。常用的标准化方法采用的公式及相关解释如表 8.1 所示。

① 标准化是通过数学变换消除原始指标单位及其数值数量级影响的过程，也被称为指标的无量纲化或规范化。

表 8.1　常用的标准化方法采用的公式及相关解释

| 方法 | 公式 | 相关解释 |
|---|---|---|
| Z 分数法 | $X'_{ij}=\dfrac{X_{ij}-\overline{X_j}}{S_j}$ | 式中，$\overline{X_j}$、$S_j$（$j$=1, 2, …, $m$）分别为第 $j$ 项指标观测值的平均值、方差 |
| 极值法 | $X'_{ij}=\dfrac{X_{ij}-m_j}{M_j-m_j}$ | 式中，$X_{ij}$ 为正向指标，是标准化前得分 |
|  | $X'_{ij}=\dfrac{M_j-X_{ij}}{M_j-m_j}$ | 式中，$X_{ij}$ 为负向指标，是标准化前得分 |
| 线性比例法 | $X'_{ij}=\dfrac{X_{ij}}{X'_j}$ | 式中，$X'_j$ 为特殊点，可以根据题意选取该项指数的最大值、最小值或均值 |
| 功效系数法 | $X'_{ij}=c+\dfrac{X_{ij}-m_j}{M_j-m_j}\times d$ | 式中，$c$、$d$ 均为已知正常数，前者对原始数值起平移的作用，后者对原始数值起放大或缩小的作用 |

从表 8.1 中可以看出，上述 4 种方法均是对原始数据进行线性变换，这样既能使标准化处理后的数据变化趋势与原始数据保持一致，又能保证测算结果的客观性与可靠性。作者借鉴郭艳花等（2020）的研究成果，考虑制造业转型升级效果和信息生态系统水平评价指标体系设计的综合性和复杂性，运用极值处理法与 Z 分数法对原始数据进行标准化处理，可以消除指标量纲对评价结果的影响。

### 8.1.2　指标赋权方法的选择

指标赋权方法的选择是否合适、科学，对于指标权重的确定及整个评价过程至关重要。在任何一个评价指标体系的设计过程中，确定指标权重都能够体现每个指标对于评价指标体系的重要性；同时也能体现测度结果的客观性、公平性和合理性。目前，根据确定指数权重是否包含主观成分，指标赋权方法可以分为主观赋权法和客观赋权法两类，如表 8.2 所示。

表 8.2　常用的指标赋权方法

| 分类 | 常用方法 | 特点 |
|---|---|---|
| 主观赋权法 | 德尔菲法<br>两两比较法<br>专家调查法<br>层次分析法 | 此类方法能够挖掘出一些蕴藏很深的思想，使科学分析的结论更为全面、深刻。但其主观性强，对科研人员本身的要求更高，不具有严格的操作规则或实践规则，因此往往缺失一定的客观性 |
| 客观赋权法 | 因子分析法<br>主成分分析法<br>最小平方和法<br>熵值法 | 该类方法所采用的原始数据均来自评价矩阵的实际数据，在评价过程中对客观数据进行严格的观察、测量、统计、计算和表达 |

通过比较现有研究成果所用的赋权方法，为了避免主观因素的干扰，提高赋权精度，本章选用熵值法计算各评价指标的权重。1948 年，信息论创始人、美国数学家香农（Shannon）创造性地将熵（entropy）[①]的概念推广到信息领域，进而提出信息熵这一概

① 熵的概念是由克劳修斯（Clausius）于 1865 年首次提出的，当时将熵用作热力学第二定律的固定表述名词。

念（王展昭和唐朝阳，2020）。香农认为，信息论中的熵是对不确定性的一种度量标准，熵的大小与不确定性的大小成正比。信息量越大，不确定性越小；而信息量越小，不确定性越大。这就使熵具备了评价信息量的特质（Shannon et al.，1950）。结合熵的特性，可以通过熵值的大小评判某一事件的随机性与无序程度；同时也可以判断某个指标的离散程度。评价指标对综合测度结果的影响随着指标离散程度的提高而增大（杨略，2012）。可以看出，熵值法是利用特定指标的信息熵值来判断该指标的有效性和价值。设有 $m$ 项指标，$n$ 年的统计数据形成原始指标数据矩阵如下：

$$\boldsymbol{X}=(x_{ij})_{mn} \tag{8.1}$$

式中，$x_{ij}$ 为第 $i$ 个样本的第 $j$ 个指标的数值（$i$=1,2,…,$n$；$j$=1,2,…,$m$）。对于某项指标 $x_{ij}$，指标值差距越大，则该指标在综合评价中所起的作用越大。

通过熵值法计算所得的指数权重结果具备较高的可信度，同时也具备强大的自适应功能。然而，该方法的局限性在于受模糊随机性的影响，不要求各指标间的强关联性，仅适用于有相应数据的样本。本章所选取的评价指标均满足上述条件，这就规避了该方法在测度过程中的局限性，因此选用熵值法作为评价指标权重的赋权方法。

### 8.1.3 综合合成方法的选择

在目前国内外评价研究中，代换法、乘法合成法、线性加权法、加乘混合合成法等均属于常用的综合合成方法。综合合成方法通常是在确定指标赋权方法的基础上进行选择的。根据熵值法中熵的可加性这一特点，本章选择线性加权法对各指标值进行综合合成处理。该方法的最大特点是不限制指标的个数，其基本步骤包括以下方面：一是先将各指标的标准化值分别与其自身在评价指标体系中的权值相乘；二是分别对所得乘积进行求和，最终计算得出所评价对象的综合评价值。

### 8.1.4 数据来源

为了使评价结果更具有科学性，本章选择陕西省在发展状况及信息技术应用方面具有代表性的 5 个制造业（具体包括农副食品加工业，石油、炼焦及核燃料加工业，通用设备制造业，铁路、船舶、航空航天和其他运输设备制造业，计算机、通信和其他设备制造业）作为研究样本。选择这些制造业作为研究样本的原因有两个方面：一是这些制造业在陕西省的发展状况良好，具有较好的代表性；二是遵从经合组织[①]根据技术水平高低对产业的划分标准，这些制造业分别属于低技术密集度产业（农副食品加工业）、中低技术密集度产业（石油、炼焦及核燃料加工业）、中高技术密集度产业（通用设备制造业）和高技术密集度产业（铁路、船舶、航空航天和其他运输设备制造业，计算机、通信和其他设备制造业）。选择高技术密集度制造业主要考虑其所具备的产业聚集效应，以及它们在陕西省整体经济发展中所发挥的较大推动作用。

① 经合组织是经济合作与发展组织的简称，英文名称为 Organization for Economic Co-operation and Development，即 OECD。经合组织于 1961 年成立，总部设在巴黎。该组织目前由 38 个成员国组成，旨在共同应对全球化带来的经济、社会和政府治理等方面的挑战和机遇。

本章收集的原始数据均来自 2006～2020 年《中国统计年鉴》和《陕西统计年鉴》。依据评价指标体系，我们从相关统计年鉴中选取农副食品加工业，石油、炼焦及核燃料加工业，通用设备制造业，铁路、船舶、航空航天和其他运输设备制造业，计算机、通信和其他设备制造业 5 个代表性制造业的数据，进行陕西省制造业转型升级效果和制造业信息生态系统水平测度与分析。由于我国在 2005 年首次明确提出“推进信息化建设”，因此与信息化相关的数据收集也始于 2005 年。另外，由于《陕西统计年鉴-2020》中部分数据仅披露至 2018 年，因此本章的测度期间为 2005～2018 年。在实证分析过程中，个别缺失数据采用 SPSS26.0 软件补全。

由于信息技术的特性，难以衡量信息技术研发升级过程中参与人员的归属和具体数量，这就无法确定与每个制造业合作的科研院所及信息传输、软件和信息技术服务业的从业人员数量。因此，为了保持测度结果的科学性和合理性，本章以科研院所及信息传输、软件和信息技术服务业从业人员的“全时当量”作为数据来源；以 NF、SL、TY、YS、JT 分别作为农副食品加工业，石油、炼焦及核燃料加工业，通用设备制造业，铁路、船舶、航空航天和其他运输设备制造业，以及计算机、通信和其他设备制造业的指标代码；依据构建的评价指标体系，以 NF-$Y_{11}$ 代表农副食品加工业的总资产贡献率；以此类推，整理后的原始数据详见附表 1。

## 8.2　制造业转型升级效果测度

在测度制造业转型升级效果时，应遵循综合评价法的基本步骤：首先，对陕西省制造业转型升级效果评价指标的原始数据进行标准化处理；其次，计算各评价指标的权重；最后，采用线性加权法计算综合测度得分。其中，陕西省制造业转型升级效果测度的正向化和标准化的具体结果详见附表 2 和附表 3。

### 8.2.1　确定制造业转型升级效果测度的权重

以陕西省制造业为例，利用熵值法计算出陕西制造业转型升级效果的各二级指标的权重及三级指标的熵值、差异值和权重，如表 8.3 所示。

表 8.3　陕西省制造业转型升级效果的各指标得分情况

| 二级指标 | 权重 | 三级指标 | 熵值 | 差异值 | 权重 |
|---|---|---|---|---|---|
| NF-$Y_1$ | 0.297 6 | NF-$Y_{11}$ | 0.912 1 | 0.087 9 | 0.165 4 |
| | | NF-$Y_{12}$ | 0.929 7 | 0.070 3 | 0.132 2 |
| NF-$Y_2$ | 0.083 2 | NF-$Y_{21}$ | 0.955 8 | 0.044 2 | 0.083 2 |
| NF-$Y_3$ | 0.619 2 | NF-$Y_{31}$ | 0.891 0 | 0.109 0 | 0.205 0 |
| | | NF-$Y_{32}$ | 0.890 5 | 0.109 5 | 0.206 0 |
| | | NF-$Y_{33}$ | 0.889 3 | 0.110 7 | 0.208 2 |

续表

| 二级指标 | 权重 | 三级指标 | 熵值 | 差异值 | 权重 |
|---|---|---|---|---|---|
| SL-$Y_1$ | 0.276 2 | SL-$Y_{11}$ | 0.879 1 | 0.120 9 | 0.159 9 |
| | | SL-$Y_{12}$ | 0.912 1 | 0.087 9 | 0.116 3 |
| SL-$Y_2$ | 0.041 3 | SL-$Y_{21}$ | 0.968 8 | 0.031 2 | 0.041 3 |
| SL-$Y_3$ | 0.682 5 | SL-$Y_{31}$ | 0.940 5 | 0.059 5 | 0.078 7 |
| | | SL-$Y_{32}$ | 0.777 1 | 0.222 9 | 0.294 7 |
| | | SL-$Y_{33}$ | 0.766 2 | 0.233 8 | 0.309 1 |
| TY-$Y_1$ | 0.195 6 | TY-$Y_{11}$ | 0.962 8 | 0.037 2 | 0.080 3 |
| | | TY-$Y_{12}$ | 0.946 5 | 0.053 5 | 0.115 3 |
| TY-$Y_2$ | 0.116 0 | TY-$Y_{21}$ | 0.946 2 | 0.053 8 | 0.116 0 |
| TY-$Y_3$ | 0.688 4 | TY-$Y_{31}$ | 0.901 6 | 0.098 4 | 0.212 1 |
| | | TY-$Y_{32}$ | 0.891 1 | 0.108 9 | 0.234 7 |
| | | TY-$Y_{33}$ | 0.888 0 | 0.112 0 | 0.241 6 |
| YS-$Y_1$ | 0.347 0 | YS-$Y_{11}$ | 0.847 4 | 0.152 6 | 0.223 9 |
| | | YS-$Y_{12}$ | 0.916 1 | 0.083 9 | 0.123 1 |
| YS-$Y_2$ | 0.069 3 | YS-$Y_{21}$ | 0.952 8 | 0.047 2 | 0.069 3 |
| YS-$Y_3$ | 0.583 7 | YS-$Y_{31}$ | 0.874 5 | 0.125 5 | 0.184 2 |
| | | YS-$Y_{32}$ | 0.821 0 | 0.179 0 | 0.262 6 |
| | | YS-$Y_{33}$ | 0.906 7 | 0.093 3 | 0.137 0 |
| JT-$Y_1$ | 0.208 0 | JT-$Y_{11}$ | 0.929 1 | 0.070 9 | 0.110 6 |
| | | JT-$Y_{12}$ | 0.937 6 | 0.062 4 | 0.097 4 |
| JT-$Y_2$ | 0.106 6 | JT-$Y_{21}$ | 0.931 7 | 0.068 3 | 0.106 6 |
| JT-$Y_3$ | 0.685 4 | JT-$Y_{31}$ | 0.829 9 | 0.170 1 | 0.265 5 |
| | | JT-$Y_{32}$ | 0.883 9 | 0.116 1 | 0.181 2 |
| | | JT-$Y_{33}$ | 0.847 0 | 0.153 0 | 0.238 7 |

从表 8.3 中可以看出，经济效益（$Y_1$）、绿色发展（$Y_2$）和技术创新（$Y_3$）对各种技术密集度产业的影响情况基本一致，其影响程度由大到小依次为技术创新、经济效益和绿色发展。技术创新在 5 个行业中的权重占比为 58.37%～68.84%，表明技术创新是推动陕西省制造业转型升级的决定性因素。加大科技研发投入、加强自主创新能力、提升生产制造技术将成为今后陕西省制造业发展的主要方向。经济效益对制造业转型升级效果的影响次于技术创新，在 5 个行业中的权重占比为 19.56%～34.7%，高于绿色发展指标权重，是影响制造业转型升级效果的关键因素。陕西省制造业应当在注重技术进步的同时提升产品质量效益，提高资产获利能力，加强对成本和费用的管理。绿色发展指标的权重仅占 4.13%～11.6%，这说明绿色发展对推动陕西省制造业转型升级有一定的制约作用。要优化陕西省制造业转型升级效果，应当进一步加强产业的绿色可持续发展能力。

### 8.2.2　制造业转型升级效果测度的综合得分

以陕西省制造业为例，将各指标权重与标准化值线性加权，得到陕西省制造业

2005～2018 年转型升级效果测度的综合得分（详见附表 4），其二级指标的综合得分如表 8.4 所示。

**表 8.4　陕西省制造业转型升级效果测度的综合得分**

| 年份 | NF-Y | SL-Y | TY-Y | YS-Y | JT-Y |
|---|---|---|---|---|---|
| 2005 | 1.023 | 0.256 | 1.444 | 0.127 | 0.471 |
| 2006 | 0.592 | 0.765 | 1.100 | 0.449 | 0.432 |
| 2007 | 0.761 | 0.664 | 0.729 | 0.618 | 0.741 |
| 2008 | 0.321 | 0.665 | 1.195 | 0.524 | 0.715 |
| 2009 | 1.007 | 1.014 | 1.262 | 0.999 | 0.785 |
| 2010 | 1.150 | 1.483 | 1.728 | 1.163 | 1.377 |
| 2011 | 1.461 | 1.550 | 1.895 | 1.126 | 1.324 |
| 2012 | 1.717 | 1.309 | 2.183 | 0.543 | 1.145 |
| 2013 | 1.859 | 1.004 | 1.493 | 0.614 | 1.493 |
| 2014 | 2.284 | 1.059 | 2.115 | 2.356 | 2.359 |
| 2015 | 2.405 | 1.106 | 2.017 | 2.160 | 1.891 |
| 2016 | 2.305 | 0.887 | 1.935 | 2.365 | 1.666 |
| 2017 | 2.305 | 2.044 | 2.071 | 2.782 | 1.800 |
| 2018 | 2.235 | 2.355 | 1.795 | 2.456 | 1.776 |
| 累计得分 | 21.425 | 16.161 | 22.962 | 18.282 | 17.975 |
| 平均得分 | 1.530 | 1.154 | 1.640 | 1.306 | 1.284 |

从表 8.4 中可以看出：①通用设备制造业转型升级效果综合得分最高，2005～2018 年的累计得分为 22.962，平均得分为 1.640。长期以来，陕西省高度重视通用设备制造业的发展，在政策上给予很大的扶持，持续鼓励研发试验和科技创新。因此，通用设备制造业在 2005～2012 年的转型升级效果比其他 4 个制造业更为显著；2014 年以后，通用设备制造业技术升级速度减缓，转型升级效果逐渐呈下降趋势。可见，通用制造业急需寻求新的发展突破口，如向服务型制造业转变，加快制造与服务的协同发展。②农副食品加工业累计得分为 21.425，平均得分为 1.530，仅次于通用设备制造业，2005～2018 年的转型升级效果呈逐渐上升趋势。自 2013 年以来，农副食品加工业加快技术升级，对转型升级效果的贡献非常明显。作为低技术密集度产业，农副食品加工业应当坚持改善粗放型发展，加强产品创新，实现科技化作业，紧抓信息化带来的效益提升的红利。③铁路、船舶、航空航天和其他运输设备制造业累计得分为 18.282，平均得分为 1.306，经历了 2012 年的大幅度下跌后一路飙升，在 2014 年已处于领先地位。铁路、船舶、航空航天和其他运输设备制造业的整体变动趋势与其技术创新变动趋势基本相同，可见，作为高技术密集度产业，技术创新的变革对其转型升级尤为重要。④计算机、通信和其他设备制造业技术创新在 2014 年后进入瓶颈期，加之其经济效益较低，转型升级效果开始下滑。2018 年，其转型升级的综合得分为 1.776，为 5 个行业最低水平。⑤石油加工、炼焦及核燃料加工业累计得分最低，仅为 16.161，平均得分为 1.154。石油、炼焦及核燃料加工业属于高耗能的资源性产业，技术创新、绿色发展、经济效益水平偏低。

然而，技术创新为该产业升级带来的边际效益处于递增状态。2016～2018 年，石油、炼焦及核燃料加工业的技术创新力度加大，产业转型升级效果同步凸显；截至 2018 年，其转型升级效果仅次于铁路、船舶、航空航天和其他运输设备制造业。

## 8.3 制造业信息生态系统水平测度

本节运用的制造业信息生态系统水平测度与制造业转型升级效果的测度步骤基本相同，即依次进行数据标准化处理、指标权重确定及采用线性加权法计算综合测度得分。陕西省制造业信息生态系统水平测度的原始数据、正向化数据、标准化数据详见附表 5～附表 7。

### 8.3.1 确定制造业信息生态系统水平测度的权重

以陕西省制造业为例，利用熵值法计算得出陕西省制造业信息生态系统水平的各二级指标权重及三级指标的熵值、差异值和权重，如表 8.5 所示。

**表 8.5 陕西省制造业信息生态系统各指标得分情况**

| 二级指标 | 权重 | 三级指标 | 熵值 | 差异值 | 权重 |
|---|---|---|---|---|---|
| NF-$X_1$ | 0.390 9 | NF-$X_{11}$ | 0.803 7 | 0.196 3 | 0.195 9 |
| | | NF-$X_{12}$ | 0.932 5 | 0.067 5 | 0.067 4 |
| | | NF-$X_{13}$ | 0.872 1 | 0.127 9 | 0.127 6 |
| NF-$X_2$ | 0.346 8 | NF-$X_{21}$ | 0.652 5 | 0.347 5 | 0.346 8 |
| NF-$X_3$ | 0.262 4 | NF-$X_{31}$ | 0.915 6 | 0.084 4 | 0.084 2 |
| | | NF-$X_{32}$ | 0.922 9 | 0.077 1 | 0.077 0 |
| | | NF-$X_{33}$ | 0.968 7 | 0.031 3 | 0.031 2 |
| | | NF-$X_{34}$ | 0.929 9 | 0.070 1 | 0.070 0 |
| SL-$X_1$ | 0.384 5 | SL-$X_{11}$ | 0.867 1 | 0.132 9 | 0.155 6 |
| | | SL-$X_{12}$ | 0.932 5 | 0.067 5 | 0.079 1 |
| | | SL-$X_{13}$ | 0.872 1 | 0.127 9 | 0.149 8 |
| SL-$X_2$ | 0.307 5 | SL-$X_{21}$ | 0.737 4 | 0.262 6 | 0.307 5 |
| SL-$X_3$ | 0.308 0 | SL-$X_{31}$ | 0.915 6 | 0.084 4 | 0.098 9 |
| | | SL-$X_{32}$ | 0.922 9 | 0.077 1 | 0.090 3 |
| | | SL-$X_{33}$ | 0.968 7 | 0.031 3 | 0.036 6 |
| | | SL-$X_{34}$ | 0.929 9 | 0.070 1 | 0.082 2 |
| TY-$X_1$ | 0.419 4 | TY-$X_{11}$ | 0.918 4 | 0.081 6 | 0.123 5 |
| | | TY-$X_{12}$ | 0.932 5 | 0.067 5 | 0.102 2 |
| | | TY-$X_{13}$ | 0.872 1 | 0.127 9 | 0.193 6 |
| TY-$X_2$ | 0.182 5 | TY-$X_{21}$ | 0.879 5 | 0.120 5 | 0.182 5 |
| TY-$X_3$ | 0.398 1 | TY-$X_{31}$ | 0.915 6 | 0.084 4 | 0.127 8 |
| | | TY-$X_{32}$ | 0.922 9 | 0.077 1 | 0.116 8 |

续表

| 二级指标 | 权重 | 三级指标 | 熵值 | 差异值 | 权重 |
|---|---|---|---|---|---|
| TY-$X_3$ | 0.398 1 | TY-$X_{33}$ | 0.968 7 | 0.031 3 | 0.047 3 |
| | | TY-$X_{34}$ | 0.929 9 | 0.070 1 | 0.106 2 |
| YS-$X_1$ | 0.512 1 | YS-$X_{11}$ | 0.759 6 | 0.240 4 | 0.282 5 |
| | | YS-$X_{12}$ | 0.932 5 | 0.067 5 | 0.079 4 |
| | | YS-$X_{13}$ | 0.872 1 | 0.127 9 | 0.150 3 |
| YS-$X_2$ | 0.178 8 | YS-$X_{21}$ | 0.847 8 | 0.152 2 | 0.178 8 |
| YS-$X_3$ | 0.309 0 | YS-$X_{31}$ | 0.915 6 | 0.084 4 | 0.099 2 |
| | | YS-$X_{32}$ | 0.922 9 | 0.077 1 | 0.090 6 |
| | | YS-$X_{33}$ | 0.968 7 | 0.031 3 | 0.036 7 |
| | | YS-$X_{34}$ | 0.929 9 | 0.070 1 | 0.082 4 |
| JT-$X_1$ | 0.500 7 | JT-$X_{11}$ | 0.822 5 | 0.177 5 | 0.238 4 |
| | | JT-$X_{12}$ | 0.932 5 | 0.067 5 | 0.090 7 |
| | | JT-$X_{13}$ | 0.872 1 | 0.127 9 | 0.171 7 |
| JT-$X_2$ | 0.146 3 | JT-$X_{21}$ | 0.891 1 | 0.108 9 | 0.146 3 |
| JT-$X_3$ | 0.353 0 | JT-$X_{31}$ | 0.915 6 | 0.084 4 | 0.113 3 |
| | | JT-$X_{32}$ | 0.922 9 | 0.077 1 | 0.103 5 |
| | | JT-$X_{33}$ | 0.968 7 | 0.031 3 | 0.042 0 |
| | | JT-$X_{34}$ | 0.929 9 | 0.070 1 | 0.094 2 |

从表 8.5 中可知：①信息人（$X_1$）对陕西省制造业信息生态系统水平的影响最大，尤其是在高技术密集度产业，对计算机、通信和其他设备制造业，以及铁路、船舶、航空航天和其他运输设备制造业的权重分别为 0.512 1 和 0.500 7，对其他制造业的影响略低，对农副食品加工业，石油、炼焦及核燃料加工业，通用设备制造业的权重依次为 0.390 9、0.384 5 和 0.419 4。②信息（$X_2$）对制造业的影响弱于信息人（$X_1$），对各制造业的影响按照技术密集程度由低到高依次减弱，并且对低技术的农副食品加工业的影响最显著，为 0.346 8；其次是中等技术的石油、炼焦及核燃料加工业，权重为 0.307 5；对高技术密集度产业影响最小，权重仅为 0.146 3。这说明中低技术密集度制造业应用信息技术、开展科技创新的意识和能力不够强，尚存在广阔的发展空间。信息技术与创新投入对信息生态系统的建设和推广具有重要的作用。③除了农副食品加工业，信息环境（$X_3$）对其他 4 个制造业的影响均大于信息的影响，这与各制造业的性质有关。信息环境对通用设备制造业的影响最大，权重为 0.398 1；其次是计算机、通信和其他设备制造业，权重为 0.353 0；对农副食品加工业的影响最小，权重仅为 0.262 4。这说明低技术密集度制造业对信息化相关政策法规、基础设施、技术环境等依赖度不高。

综上可以看出，提高 R&D 人员的比重，建设高端信息人才队伍，加强产学研融合，提升信息人的数量与质量是陕西省制造业信息系统建设的最重要因素，也是高技术制造业突破信息生态系统发展阻力、实现高质量发展的必由之路。另外，从政府、产业、企业多层面对信息环境进行不断优化，依然是陕西省制造业信息生态系统建设的有益举措。强化信息技术的应用、加大创新投入对中低技术密集度制造业的发展至关重要，这是当前中低密集度制造业的主要发力方向。

### 8.3.2 制造业信息生态系统水平测度的综合得分

以陕西省制造业为例，将各指标权重与标准化的数值进行线性加权，得到 2005～2018 年陕西省制造业信息生态系统水平测度的综合得分（详见附表 8），如表 8.6 所示。

表 8.6 陕西省制造业信息生态系统水平测度的综合得分

| 年份 | NF-X | SL-X | TY-X | YS-X | JT-X |
| --- | --- | --- | --- | --- | --- |
| 2005 | 0.332 | 0.284 | 0.431 | 0.276 | 0.418 |
| 2006 | 0.914 | 0.429 | 0.684 | 0.485 | 0.605 |
| 2007 | 1.846 | 0.724 | 0.953 | 0.716 | 0.808 |
| 2008 | 0.682 | 0.947 | 1.882 | 0.738 | 0.899 |
| 2009 | 1.056 | 1.115 | 1.889 | 1.013 | 1.181 |
| 2010 | 1.362 | 1.199 | 1.794 | 1.208 | 1.374 |
| 2011 | 1.041 | 1.206 | 1.683 | 1.390 | 1.552 |
| 2012 | 0.775 | 0.868 | 1.129 | 1.079 | 1.106 |
| 2013 | 1.057 | 1.361 | 1.598 | 1.145 | 1.562 |
| 2014 | 1.306 | 1.805 | 1.797 | 2.257 | 2.177 |
| 2015 | 1.409 | 1.885 | 1.878 | 2.215 | 2.329 |
| 2016 | 1.532 | 2.048 | 1.950 | 2.332 | 2.133 |
| 2017 | 1.461 | 2.254 | 1.952 | 2.102 | 2.078 |
| 2018 | 1.631 | 2.553 | 2.586 | 1.907 | 2.396 |
| 累计得分 | 16.404 | 18.678 | 22.206 | 18.863 | 20.618 |

从表 8.6 中可以看出，在 2005～2018 年，陕西省制造业信息生态系统水平测度的累计得分从高到低依次为通用设备制造业（得分为 22.206），计算机、通信和其他设备制造业（得分为 20.618），铁路、船舶、航空航天和其他运输设备制造业（得分为 18.863），石油、炼焦及核燃料加工业（得分为 18.678），农副食品加工业（得分为 16.404）。在 2012 年以后，铁路、船舶、航空航天和其他运输设备制造业，以及计算机、通信和其他设备制造业的信息生态系统水平明显优于其他制造业。

陕西省陆续出台一系列政策加强信息化建设，促进信息化与制造业的融合，加快信息化基础建设，因此陕西省制造业的信息环境不断改善，这对信息生态系统的建设有较大的推动作用。综上可以看出，制造业信息生态系统的发展差异主要体现在信息人和信息因素方面。2012 年，信息人水平未达到系统发展要求，因此系统内部信息水平较低，各制造业均处于一定程度的信息生态系统失衡状态。随着制造业信息人才培养工作日益受到重视，信息人水平逐年上升，信息生态系统达到了新的平衡。然而，各制造业的信息质量处于较低水平，急需进一步提升。因此，制造业信息生态系统建设与信息人、信息和信息环境要素息息相关，只有重视各要素质量的全面提升，才能有效推动制造业信息生态系统的建设与完善。

## 8.4　测度结果与讨论

综上可以看出，各制造业在 2005～2018 年的转型升级效果测度综合得分不断波动。为了直观地反映陕西省制造业转型升级的整体进程，根据表 8.4 可以得出陕西省制造业转型升级效果测度综合得分的逐年累积情况，如图 8.2 所示。

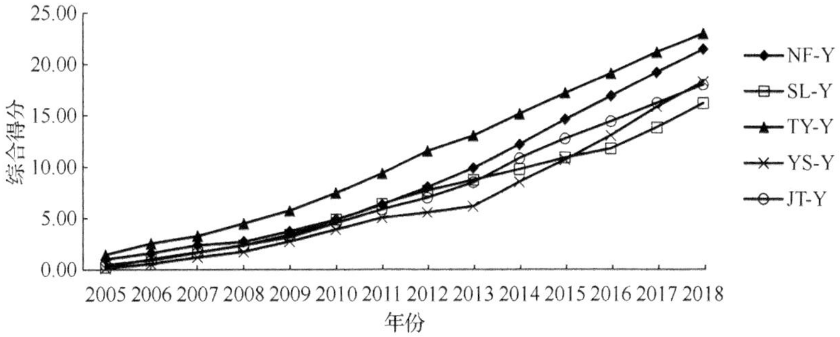


图 8.2　陕西省制造业转型升级效果测度综合得分的逐年累积情况

由图 8.2 可知，2005～2018 年通用设备制造业转型升级效果测度的累积综合得分优于其他制造业；在 2011 年以前，其余 4 个制造业的转型升级效果基本持平。随后，铁路、船舶、航空航天和其他运输设备制造业逐渐落后。从 2013 年开始，各制造业转型升级步伐加快，产业之间的差距进一步加大。通用设备制造业最强，其余依次是农副食品加工业，计算机、通信和其他设备制造业，铁路、船舶、航空航天和其他运输设备制造业。石油、炼焦及核燃料加工制造业的转型升级效果测度累积综合得分处于最低水平。

从图 8.3 中可以看出，陕西省制造业信息生态系统水平测度综合得分的逐年累积变动趋势，揭示了 2005～2018 年各制造业信息生态系统的整体建设和发展进程。与制造业转型升级效果测度的累积综合得分情况相一致，即通用设备制造业的信息生态系统水平高于其他 4 个制造业；在 2013 年以前，这 4 个制造业的信息生态系统水平处于低位稳步上升阶段。在 2013 年以后，制造业信息生态系统建设速度加快，计算机、通信和其他设备制造业，铁路、船舶、航空航天和其他运输设备制造业的信息生态系统迅速完善，分别位列第二和第三；石油、炼焦及核燃料加工业位列第四；而农副食品加工业的信息生态系统水平最低，这与农副食品加工业为传统制造业，对信息技术依赖程度不高有一定关联性。

根据上述分析结果可知，制造业转型升级效果和信息生态系统水平的发展趋势基本一致。技术密集程度越高，制造业转型升级效果越好，信息生态系统水平越高。在 2012 年以前，陕西省制造业信息生态系统建设不够完善，对制造业转型升级效果的促进作用不强；在 2013 年以后，随着《工业转型升级规划（2011—2015 年）》、十八届三中全会提出的产业转型相关政策陆续出台，我国制造业转型升级效果显著；制造业信息生态系统通过提升信息人、信息和信息环境等要素质量，破解瓶颈问题，从而达到新的信息生态平衡状态，不断推动制造业整体绩效水平的提高。

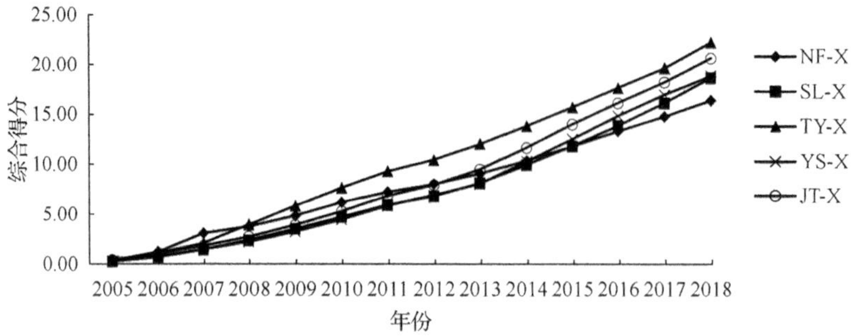


图 8.3　陕西省制造业信息生态系统水平测度综合得分的逐年累积情况

## 本 章 小 结

本章对制造业转型升级效果与信息生态系统水平进行测度，为后续进一步实证检验奠定了基础。首先，结合极值处理法和 Z 分数法对原始数据进行标准化处理，从而消除指标量纲对评价的影响；其次，运用熵值法确定各指标的熵值、差异值和权重；最后，利用线性加权法计算综合测度得分。

根据测度结果可知，技术创新是推动制造业转型升级的决定性因素。制造业转型升级的次要因素是经济效益和绿色发展。加大科技研发投入、提高自主创新能力等成为陕西省制造业未来发展的主要方向。从整体看，制造业技术密集程度越高，转型升级效果越好；信息人对制造业信息生态系统的影响最大，技术密集度越高，对制造业信息生态系统建设的推动作用越强。因此，我们应当提高制造业研发人员的比重，培养高端信息人才队伍，提升信息人的数量与质量。这也是促进制造业信息系统建设的重要因素。研究结果表明，制造业转型升级效果和信息生态系统发展趋势基本一致。在 2013 年以后，制造业信息生态系统通过系统内部与外部调节，达到新的信息生态系统平衡状态，进一步推动制造业转型升级进程，使制造业整体绩效水平得以提升。

### 主要参考文献

郭艳花，佟连军，梅林，2020．吉林省限制开发生态区绿色发展水平评价与障碍因素[J]．生态学报，40（7）：2463-2472．

王展昭，唐朝阳，2020．基于全局熵值法的区域创新系统绩效动态评价研究[J]．技术经济，39（3）：155-168．

杨略，2012．基于组合赋权法的图书馆期刊选定评价模型[J]．现代情报，32（2）：20-22．

SHANNON G M, PHELPS T W, SIMOND E M, et al., 1950. Report of fourth annual meeting: boston security analysts society [J]. The analysts journal, 6(3): 46-60.

# 第 9 章　实 证 研 究

基于理论分析框架，本章拟实证检验信息生态系统助推制造业转型升级的效果。通过构建面板数据模型，将制造业转型升级效果得分作为被解释变量，将制造业信息生态系统水平测度综合得分作为解释变量，收集 2006～2020 年的统计年鉴相关数据，运用 Stata16.0 软件进行实证检验与讨论。

## 9.1　模型选择与检验方法

模型选择和检验是实证分析的基础，模型选择不当将导致模型设定误差。为确保模型的稳定性和实证结果的准确性，将在模型释义的基础上，选择模型并确定相应的检验方法。

### 9.1.1　模型释义

面板数据（panel data）是在同一段时间内跟踪同一组个体的数据，由横截面维度（$N$ 位个体）和时间维度（$T$ 个时期）组合而成（陈强，2014）。面板数据的任一横截面均由某一时间点上若干个观测对象的值所组成，而纵切面的数据是某一观测对象所有时间点的值。具体公式为

$$Y_{it} = \beta_{it} X_{it} + \alpha_{it} + \mu_{it} \quad (i=1, 2, \cdots, N;\ t=1, 2, \cdots, T) \tag{9.1}$$

式中，$Y_{it}$ 和 $X_{it}$ 分别为被解释变量和解释变量在 $t$ 时刻第 $i$ 个观测对象的观测值；$\beta_{it}$ 为解释变量的被估计系数；$\alpha_{it}$ 为截距项；$\mu_{it}$ 为随机干扰项，且服从正态分布；$N$ 为截面观测对象的总数；$T$ 为单个截面观测对象的观测时期总数。

面板数据样本容量大，具有时间序列数据和截面数据无法比拟的数据观测量，可以提高估计的精度，提供更多个体动态行为的信息，并能解决截面数据或时间序列数据不能解决的问题（张琪，2016）。因此，本章选择面板数据模型进行实证分析。

一般而言，根据截距项和系数项的不同，可以将面板数据模型分为无个体影响的不变系数模型、变截距模型和变系数模型。

#### 1. 无个体影响的不变系数模型

无个体影响的不变系数模型又被称为联合回归模型（pooled regression model）。具体公式为

$$y_{it} = \alpha + x_{it}\beta + \mu_{it} \quad (i=1, 2, \cdots, N;\ t=1, 2, \cdots, T) \tag{9.2}$$

无个体影响的不变系数模型是建立在“截面成员之间既无结构变化也无个体影响”的假设基础上的，因此式（9-2）中的截距项 $\alpha$ 和系数项 $\beta$ 在任一截面方程中均为固定不变的常数。

2. 变截距模型

变截距模型又称个体均值修成回归模型，是最为常见的面板数据模型。与无个体影响的不变系数模型不同，变截距模型假设截面成员之间无结构变化，但有个体影响（陶群山和魏骅，2016）。变截距模型通常用截距项的差别来表示截面成员之间存在的个体影响，即通过不同的截距项反映模型所忽略的截面成员间的差异影响。根据变截距模型中存在的个体影响是否随机，可将变截距模型分为固定影响（fixed effects）变截距模型和随机影响（random effects）变截距模型，二者之间的区别主要体现在模型回归方程的形式及相关解释上。具体公式为

$$y_{it} = \alpha_i + x_{it}\beta + \mu_{it} \quad (i=1, 2, \cdots, N;\ t=1, 2, \cdots, T) \tag{9.3}$$

固定影响变截距模型的回归方程中截距项是跨截面变化的常数，该模型将所有截面成员间的差异看作回归系数的参数变动。随机影响变截距模型的回归方程中截距项由常数项和随机变量组成，该模型将反映截面差异的特定常数项看作是跨截面成员的随机分布。具体公式为

$$y_{it} = \alpha_i + v_i + x_{it}\beta + \mu_{it} \quad (i=1, 2, \cdots, N;\ t=1, 2, \cdots, T) \tag{9.4}$$

3. 变系数模型

一般情况下，将含有个体影响的变系数模型简称为变系数模型或无约束模型。在实际经济问题分析中，经济结构、社会背景是无法回避的因素，这些因素常会导致反映经济结构的参数随截面数据的变化而变化。因此，当实际数据难以为变截距模型提供有力的支持时，可以考虑选用变系数模型。具体公式为

$$y_{it} = \alpha_i + x_{it}\beta_i + \mu_{it} \quad (i=1, 2, \cdots, N;\ t=1, 2, \cdots, T) \tag{9.5}$$

其中，截距项和系数项均随截面成员的变化而改变。与变截距模型相类似，变系数模型也可根据系数变化的随机与否分为固定影响变系数模型和随机影响变系数模型。

实际上，由于研究角度及所依据的估计方法不同，面板数据模型也常被划分为混合模型、固定效应模型和随机效应模型 3 种（陈小斌和杜宽旗，2013）。其中，混合模型不包含个体效应，无法反映个体的截面和时点信息，因此在实证研究中很少使用；固定效应模型和随机效应模型均为考虑个体效应的变截距模型。固定效应模型可以划分为个体固定效应模型、时点固定效应模型和个体时点固定效应模型，其中个体固定效应模型最常用。

### 9.1.2 模型选择

在实证分析中，模型形式的设定是否恰当直接决定了估计结果与现实的偏离程度。实证模型一般要根据所分析问题、经济内涵、数据特征和统计检验方法等进行选择。目前，面板数据模型设定检验的常用方法是 $F$ 检验和 Hausman 检验，即通过 $F$ 检验选择

固定效应模型或混合模型，通过 Hausman 检验选择固定效应模型或随机效应模型。

1. $F$ 检验

$F$ 检验是联合假设检验，通常用来检验回归方程中截距项和系数项是否对所有截面均为不变值，以此作为选择面板数据模型、降低模型误差并提高参数估计有效性的依据。该模型包括以下两个假设：

$$H_1:\ \beta_1 = \beta_2 = \cdots = \beta_N$$

$$H_2:\ \alpha_1 = \alpha_2 = \cdots = \alpha_N;\quad \beta_1 = \beta_2 = \cdots = \beta_N$$

如果接受假设 $H_2$，说明样本数据适合选择不变系数模型，则检验结束；如果拒绝假设 $H_2$，则需要继续检验假设 $H_1$。如果接受假设 $H_1$，说明样本数据适合选择变截距模型；如果拒绝假设 $H_1$，则选择变系数模型。验证上述假设一般运用 $F$ 检验方法，具体步骤如下：

第一步，依次计算残差平方和，分别记作 $S_1$、$S_2$、$S_3$。

第二步，运用式（9.6）和式（9.7）计算统计量 $F_1$ 和 $F_2$ 的值。

$$F_1 = \frac{(S_2 - S_1)[(N-1)k]}{S_1/[N(T-k-1)]} \tag{9.6}$$

$$F_2 = \frac{[S_2 - S_1][(N-1)(k+1)]}{S_1/[N(T-k-1)]} \tag{9.7}$$

在 $H_1$ 下，统计量 $F_1 \sim (F[N-1]k)$，$N(T-k-1)$；在 $H_2$ 下，统计量 $F_2 \sim (F[N-1]k)$，$N(T-k-1)$。

第三步，检验统计量 $F_1$、$F_2$ 与相应自由度和置信度下 $F$ 分布的临界值的大小。若统计量 $F_2$ 的值小于临界值，则接受假设 $H_2$，样本数据适合不变系数模型；若统计量 $F_2$ 的值大于或等于临界值，则拒绝假设 $H_2$，继续检验 $F_1$ 的值。如果统计量 $F_1$ 的值小于临界值，则接受假设 $H_1$，样本数据适合变截距模型；反之，则拒绝假设 $H_1$，样本数据适合变系数模型。

2. Hausman 检验

Hausman 检验是在 1978 年提出的，用来判断模型是随机效应模型还是固定效应模型的方法（朱丽南等，2017）。原假设（$H_0$）是随机影响模型中的个体影响，与解释变量不相关。统计量 $W$ 的公式为

$$W = [b - \hat{\beta}]' \Sigma^{-1} [b - \hat{\beta}] \tag{9.8}$$

式中，$b$ 为固定效应模型中回归系数的估计结果；$\hat{\beta}$ 为随机效应模型中回归系数的估计结果；$\Sigma^{-1}$ 为两个估计结果的差额的方差。

在原假设下，统计量 $W$ 服从自由度为 $k$ 的分布。其中，$k$ 是解释变量的个数。

若统计量 $W$ 小于给定置信水平下的临界值，则接受原假设，表明个体效应是随机的，即选择随机效应模型。若统计量 $W$ 大于或等于给定置信水平下的临界值，则拒绝原假设，表明个体效应是固定的，即选择固定效应模型。

### 9.1.3 模型检验方法

1. 面板数据的单位根检验方法

一般而言，对经济问题的实证检验往往建立在经济时间序列平稳的假定基础上。然而，在绝大多数情况下，经济时间序列并不平稳，会随着时间的变化而变化。伪回归是指利用非平稳的时间序列数据进行平稳时间序列统计分析时，出现与实际情况相距甚远，抑或完全相反的结论。

为了解决伪回归问题，需要对时间序列进行协整检验。该检验的前提是变量平稳，即时间序列不含单位根，因而须首先对时间序列进行单位根检验。常用的一些面板数据的单位根检验方法基本类似，但不完全等同于普通的单序列单位根检验，它们均以 ADF（augmented dickey-fuller test，时间序列平稳性检验）方法为基础。面板数据的单位根检验是对 ADF 方法的延伸，常用的检验方法包括 LLC（Levin-Lin-Chu）检验、Breitung 检验、Hadri 检验、Im-pesaran-skin 检验、Fisher-ADF 检验和 Fisher-PP 检验（多淑杰，2012）。此外，根据每种检验方法是否假设面板数据中各截面序列具有相同的单位根，可以将面板数据的单位根检验方法分为两类，如表 9.1 所示。

表 9.1 面板数据的单位根检验方法分类

| 分类标准 | 具体检验方法 |
|---|---|
| 具有相同的单位根 | LLC 检验 |
| | Breitung 检验 |
| | Hadri 检验 |
| 具有不同的单位根 | Im-pesaran-skin 检验 |
| | Fisher-ADF 检验 |
| | Fisher-PP 检验 |

2. 面板数据的协整检验方法

当变量不平稳且满足协整检验条件时，可以进行面板数据的协整检验，即用定量的方法分析两个变量之间的长期关系。面板数据的协整检验方法一般划分为两类：一是建立在 EG（Engle-Granger）两步法检验基础上的面板数据协整检验方法（王建英和陈平来，2017），主要包括 Pedroni 检验、Kao 检验和 Westerlund 检验等；二是以 Johanson 检验为基础的面板数据协整检验方法。检验方法比较如表 9.2 所示。

表 9.2 检验方法比较

| 检验方法 | 检验假设 | 统计量名 | 判定方法 |
|---|---|---|---|
| Pedroni 检验 | $H_0$：$\rho_i=1$<br>$H_1$：（$\rho_i=\rho$）<1 | Panel v-Statistic | $p$ 值与置信水平$\alpha$相比，若 $p$ 值<$\alpha$，则认为存在协整关系；反之，认为不存在协整关系 |
| | | Panel rho-Statistic | |
| | | Panel PP-Statistic | |
| | | Panel ADF-Statistic | |

续表

| 检验方法 | 检验假设 | 统计量名 | 判定方法 |
|---|---|---|---|
| Pedroni 检验 | $H_0$：$\rho_i=1$<br>$H_1$：$\rho_i<1$ | Group rho-Statistic | $p$ 值与置信水平$\alpha$相比，若$p$ 值$<\alpha$，则认为存在协整关系；反之，认为不存在协整关系 |
| | | Group PP-Statistic | |
| | | Group ADF-Statistic | |
| Kao 检验 | $H_0$：不存在协整关系 | ADF | |
| Westerlund 检验 | $H_0$：不存在协整关系 | Variance ratio | |
| Johanson 检验 | $H_0$：0 个协整向量 | Fisher Stat.（from trace test） | $p$ 值与置信水平$\alpha$相比，若$p$ 值$<\alpha$，则拒绝原假设；反之，接受原假设 |
| | | Fisher Stat.（from max-λ test） | |
| | $H_0$：至少 1 个协整向量 | Fisher Stat.（from trace test） | |
| | | Fisher Stat.（from max-λ test） | |

# 9.2　变量定义与数据来源

本节拟检验制造业信息生态系统对产业转型升级效果的推动作用，以第 8 章的测度结果作为解释变量和被解释变量，运用 Stata16.0 软件进行检验。

## 9.2.1　变量定义

基于信息生态视域，检验制造业信息生态系统是否能够影响产业转型升级效果。被解释变量（$Y$）为制造业转型升级效果，解释变量（$X$）为制造业信息生态系统水平。变量及其度量方法如表 9.3 所示。

**表 9.3　变量及其度量方法**

| 变量 | 变量度量方法 |
|---|---|
| 被解释变量（$Y$） | 制造业转型升级效果，用陕西省制造业转型升级效果测度综合得分来衡量 |
| 解释变量（$X$） | 制造业信息生态系统水平，用陕西省制造业信息生态系统水平测度综合得分来衡量 |

## 9.2.2　数据来源

被解释变量（$Y$）和解释变量（$X$）的数据主要来源于陕西省制造业信息生态系统水平测度综合得分及转型升级效果测度结果得分，各变量的综合得分情况如表 9.4 所示。

**表 9.4　陕西省制造业信息生态系统水平及转型升级效果测度结果的综合得分情况**

| 年份 | 变量 | | | | | | | | | |
|---|---|---|---|---|---|---|---|---|---|---|
| | 被解释变量（$Y$） | | | | | 解释变量（$X$） | | | | |
| | NF-Y | SL-Y | TY-Y | YS-Y | JT-Y | NF-X | SL-X | TY-X | YS-X | JT-X |
| 2005 | 1.023 | 0.256 | 1.444 | 0.127 | 0.471 | 0.332 | 0.284 | 0.431 | 0.276 | 0.418 |

续表

| 年份 | 变量 | | | | | | | | | |
|---|---|---|---|---|---|---|---|---|---|---|
| | 被解释变量（*Y*） | | | | | 解释变量（*X*） | | | | |
| | NF-Y | SL-Y | TY-Y | YS-Y | JT-Y | NF-X | SL-X | TY-X | YS-X | JT-X |
| 2006 | 0.592 | 0.765 | 1.100 | 0.449 | 0.432 | 0.914 | 0.429 | 0.684 | 0.485 | 0.605 |
| 2007 | 0.761 | 0.664 | 0.729 | 0.618 | 0.741 | 1.846 | 0.724 | 0.953 | 0.716 | 0.808 |
| 2008 | 0.321 | 0.665 | 1.195 | 0.524 | 0.715 | 0.682 | 0.947 | 1.882 | 0.738 | 0.899 |
| 2009 | 1.007 | 1.014 | 1.262 | 0.999 | 0.785 | 1.056 | 1.115 | 1.889 | 1.013 | 1.181 |
| 2010 | 1.150 | 1.483 | 1.728 | 1.163 | 1.377 | 1.362 | 1.199 | 1.794 | 1.208 | 1.374 |
| 2011 | 1.461 | 1.550 | 1.895 | 1.126 | 1.324 | 1.041 | 1.206 | 1.683 | 1.390 | 1.552 |
| 2012 | 1.717 | 1.309 | 2.183 | 0.543 | 1.145 | 0.775 | 0.868 | 1.129 | 1.079 | 1.106 |
| 2013 | 1.859 | 1.004 | 1.493 | 0.614 | 1.493 | 1.057 | 1.361 | 1.598 | 1.145 | 1.562 |
| 2014 | 2.284 | 1.059 | 2.115 | 2.356 | 2.359 | 1.306 | 1.805 | 1.797 | 2.257 | 2.177 |
| 2015 | 2.405 | 1.106 | 2.017 | 2.160 | 1.891 | 1.409 | 1.885 | 1.878 | 2.215 | 2.329 |
| 2016 | 2.305 | 0.887 | 1.935 | 2.365 | 1.666 | 1.532 | 2.048 | 1.950 | 2.332 | 2.133 |
| 2017 | 2.305 | 2.044 | 2.071 | 2.782 | 1.800 | 1.461 | 2.254 | 1.952 | 2.102 | 2.078 |
| 2018 | 2.235 | 2.355 | 1.795 | 2.456 | 1.776 | 1.631 | 2.553 | 2.586 | 1.907 | 2.396 |
| 均值 | 1.530 | 1.154 | 1.640 | 1.306 | 1.284 | 1.172 | 1.334 | 1.586 | 1.347 | 1.473 |

从表 9.4 中可以看出，2005～2018 年陕西省制造业的转型升级效果测度综合得分均呈波动上升趋势。其中，农副食品加工业的转型升级效果得分（NF-Y）的均值为 1.530，受金融危机的影响，其得分由 2005 年的 1.023 下降至 2008 年的 0.321，2008～2015 年迅速攀升，2015 年达到最高点，之后略微下降，连续 3 年保持在较高水平。石油、炼焦及核燃料加工业的转型升级效果得分（SL-Y）的波动较大，均值为 1.154，2006 年同比上升将近 2 倍，2008 年下降至 0.665，2008～2011 年高速增长，随后不断下跌，2016 年为 0.887，2017 年同比增长 130%，2018 年达到 2.355。通用设备制造业的转型升级效果得分（TY-Y）在较高水平下波动增长，均值为 1.640，2007～2011 年为高速增长期，在经历了 2012 年、2013 年的骤跌后，2014 年迅速回升。铁路、船舶、航空航天和其他运输设备制造业的转型升级效果得分（YS-Y）的均值为 1.306，2005～2011 年缓慢增长后，2012 年大幅度降至 0.543，2014 年同比增长 284%，随后年份基本保持上升态势。计算机、通信和其他设备制造业的转型升级效果得分（JT-Y）的均值为 1.284，2014 年以前处于不断上升的状态，2015 年和 2016 年有所回落，随后处于缓慢上升态势。

被解释变量（*Y*）与解释变量（*X*）的变动趋势基本一致，呈波动上升趋势。其中，由于受到 2008 年金融危机的影响，农副食品加工业的信息生态系统水平得分（NF-X），铁路、船舶、航空航天和其他运输设备制造业的信息生态系统水平得分（YS-X）等均呈不同程度的下降趋势。2008 年以后，5 个具体样本制造业的信息生态系统发展趋势较为接近。2008～2011 年，农副食品加工业的信息生态系统水平得分（NF-X），石油、炼焦及核燃料加工业的信息生态系统水平得分（SL-X），铁路、船舶、航空航天和其他运输设备制造业的信息生态系统水平得分（YS-X）及计算机、通信和其他设备制造业的信息生态系统水平得分（JT-X）经过 4 年的缓慢增长后，呈现较大降幅，并与通用设备制造业的信息生态系统水平得分（TY-X）的变化趋于一致，在 2012 年达到历年的最低值。2013～2014 年，制造业信息生态系统水平趋于上升，增速显著提高；2014～2018 年则处于较稳定的缓慢增长态势。

# 9.3 实证分析

测度结果的得分情况表明，制造业转型升级效果与信息生态系统水平的趋势基本保持一致。本节将通过面板数据模型来分析制造业信息生态系统水平对陕西省制造业转型升级效果的影响。

## 9.3.1 单位根检验

单位根检验涉及随机过程问题。由于不同检验方法的要求有所不同，为了使检验结果具有可比性，本节选择 LLC 检验、Fisher-ADF 检验和 Fisher-PP 检验 3 种方法，运用软件 Stata16.0 对被解释变量（$Y$）和解释变量（$X$）进行单位根检验。具体检验结果如表 9.5 所示。

表 9.5　单位根检验结果

| 方法 | LLC | | Fisher-ADF | | Fisher-PP | | 检验结果 |
|---|---|---|---|---|---|---|---|
| 参数 | 统计量 | $p$ 值 | 统计量 | $p$ 值 | 统计量 | $p$ 值 | |
| $Y$ | −3.510 6 | 0.000 2*** | 3.861 0 | 0.000 1*** | 2.913 2 | 0.001 8*** | 平稳序列 |
| $X$ | −4.111 2 | 0.000 0*** | 4.223 6 | 0.000 0*** | 2.427 3 | 0.007 6** | 平稳序列 |

**在 5%的显著性水平下拒绝原假设，接受备择假设。

***在 1%的显著性水平下拒绝原假设，接受备择假设。

从表 9.5 中可以看出，被解释变量（$Y$）和解释变量（$X$）均在 1%的显著性水平下拒绝原假设。这一结果表明原序列不存在单位根过程（unit root process），因而为平稳序列，无须采用协整检验方法，可以直接进行回归分析。

## 9.3.2 模型确定

本节采用陕西省制造业近 14 年的面板数据，属于典型的长面板数据①。长面板时间维度相对较长且信息较多，所包含的个体信息也比较全面。长面板估计方法的一般模型为

$$y_{it} = \beta x_{it}' + \varepsilon_{it} \tag{9.9}$$

式中，$y_{it}$ 为被解释变量，表示第 $i$ 个细分制造业第 $t$ 年的转型升级效果得分；$x_{it}'$ 包括常数项、时间趋势项、个体虚拟变量及不随时间变化的解释变量；$\beta$ 为待估计系数；$\varepsilon_{it}$ 为随机扰动项。

与短面板相比，长面板回归的扰动项更容易出现自相关和异方差，具体包括 3 种情形：一是假设个体 $i$ 的扰动项方差为 $\sigma_i^2=\mathrm{Var}(\varepsilon_{it})$，如果存在 $\sigma_i^2 \neq \sigma_j^2\ (i\neq j)$，那么扰动项存在“组间异方差”；二是如果存在 $\mathrm{Cov}(\varepsilon_{it}, \varepsilon_{is})\neq 0$，$(t\neq s)$，则扰动项存在“组内自相关”；

① 长面板数据是指时间维度 $T$ 较长、横截面维度 $N$ 个体数量较小的数据。

三是如果存在 $Cov(\varepsilon_{it}, \varepsilon_{js}) \neq 0$，$(i \neq j)$，则扰动项存在“组间同期相关”或“截面相关”。针对不同的检验结果所采用的估计策略应当有所区别。

在回归模型中，异方差指被解释变量观测值的分散程度随解释变量的变化而变化，它强调随机误差项的方差不相同，这主要是相对于同方差而言的。通常情况下，经典的线性回归模型均有同方差的前提假设，即回归模型的随机误差项的方差是相同的，该假设主要为了使回归结果更加可靠且具有说服力。如果回归模型存在严重的异方差，则将会对整个模型的估计、检验结果与应用造成影响，使估计的参数缺乏有效性，难以进行准确、合理的预测。因此，运用回归模型时，需要检验回归模型是否存在异方差。实际上，异方差可能因模型的测量误差、缺少一些重要的自变量、出现异常值及模型函数形式的设定误差等问题而出现。异方差的检验方法主要包括图示检验法、样本分段检验、怀特（White）检验、帕克（Park）检验、戈德菲尔德-夸特（Goldfeld-Quandt）检验和格里瑟（Gleiser）检验。

相关性主要指变量之间存在的相关关系，只有当解释变量和被解释变量存在相关性时，建立的回归模型才有意义。相关性可以通过图表（如散点图）、相关系数等进行判断。在回归模型中，自相关性（autocorrelation）是指随机误差项之间存在着某些相关关系，又被称为序列相关。在经典的线性回归模型假设中，随机误差项之间是不存在相关性的。如果模型违背了假设，产生了自相关性，就会影响参数估计的有效性。自相关性产生的原因一般与模型设定的偏差有关，主要检验方法包括图示法、杜宾-瓦特森（Durbin-Watson）检验法和拉格朗日（Lagrange）检验法等。

从表 9.6 中可以看出，组间异方差检验结果中的 $p$ 值为 0.299 1，大于 10%，接受原假设“不同个体的随机误差项方差均相等”，即认为不存在组间异方差。组间同期相关检验结果的 $p$ 值为 0.245 4，大于 10%，接受原假设“不存在组间同期相关”，即认为不存在组间同期相关。组内自相关检验模型在 1%的显著性水平下拒绝原假设“不存在组内自相关”，即认为存在组内自相关。因此，选择检验方法时需要考虑存在组内自相关的情形，可以采用 FGLS 解决组内自相关问题。

**表 9.6　检验结果**

| 检验 | 组间异方差检验 | | 组内自相关检验 | | 组间同期相关检验 | |
|---|---|---|---|---|---|---|
| 参数 | chi2 (12) | $p$ 值 | $F$ 值 | $p$ 值 | chi2 (66) | $p$ 值 |
| | 6.07 | 0.299 1 | 21.408 | 0.009 8*** | 12.626 | 0.245 4 |

***在 1%的显著性水平下拒绝原假设，接受备择假设。

### 9.3.3　实证结果

运用 FGLS 得到的实证结果如表 9.7 所示。其中，模型（1）和模型（2）考虑了组内自相关过程，即要求各组的自回归系数相同；模型（3）和模型（4）考虑了各组自回归系数不同的情形；模型（5）在各组自回归系数不同的情形下进行全面 FGLS 估计。此外，模型（1）和模型（3）不控制时间与个体效应，而模型（2）、模型（4）和模型（5）则同时控制时间与个体效应。

表 9.7 实证结果

| 模型 | (1) | (2) | (3) | (4) | (5) |
|---|---|---|---|---|---|
| 估计方法 | FGLS<br>(ar1 估计) | FGLS<br>(ar1 估计) | FGLS<br>(psar1 估计) | FGLS<br>(psar1 估计) | 全面 FGLS<br>(psar1 估计) |
| $C$ | 0.547***<br>(0.123) | 0.638***<br>(0.171) | 0.546***<br>(0.188) | 0.672***<br>(0.204) | 0.672***<br>(0.217) |
| $X$ | 0.614***<br>(0.208) | 0.261*<br>(0.146) | 0.599***<br>(0.107) | 0.313**<br>(0.138) | 0.313**<br>(0.132) |
| Wald chi2 | 24.94 | 68.57 | 31.39 | 75.95 | 94.36 |
| $p$ 值 | 0.000 0 | 0.000 0 | 0.000 0 | 0.000 0 | 0.000 0 |
| 个体效应 | 否 | 是 | 否 | 是 | 是 |
| 时间效应 | 否 | 是 | 否 | 是 | 是 |
| R-squared | 0.211 | 0.504 | 0.493 | 0.606 | 无 |

注：各估计方法的括号内为标准误差值。

*在 10%的显著性水平下拒绝原假设，接受备择假设。

**在 5%的显著性水平下拒绝原假设，接受备择假设。

***在 1%的显著性水平下拒绝原假设，接受备择假设。

从表 9.7 中可知，无论是否控制时间与个体效应，制造业信息生态系统水平对产业转型升级效果都存在显著的正向影响。在同时控制个体效应和时间效应的情况下，这种影响的显著程度呈下降趋势，系数估计值缩小，但拟合系数明显提高。实证结果表明，制造业信息生态系统对产业转型升级效果的影响存在个体和时间差异。模型（3）、模型（4）和模型（5）的回归结果表明，制造业信息生态系统对产业转型升级效果的影响更强。

通过比较不同估计方法，我们发现全面 FGLS 估计方法最有效率，OLS+面板校正标准误差最为稳健，而 FGLS 仅能解决组内自相关问题，其有效性介于这两种方法之间（陈强，2014）。因此，本章将全面 FGLS 估计的回归结果作为模型（5）的参数。可见，在 5%的显著性水平下，制造业信息生态系统水平每提高 1%，产业转型升级效果随之提高约 31.39%，即制造业信息生态系统水平越高，对产业转型升级效果的驱动作用越显著。

### 9.3.4 进一步检验与讨论

从实证结果可以看出，制造业信息生态系统水平能够推动产业的转型升级。然而，考虑信息化建设一般投资较大且周期较长，前期的信息化建设很可能对当期的产业转型升级效果的影响不显著，但对后期的产业转型升级效果的影响极为显著。为了更全面地分析制造业信息生态系统水平对产业转型升级效果的影响，本节在进一步实证检验中，将解释变量滞后一期，分析制造业信息生态系统水平是否对后一期的产业转型升级效果产生影响。另外，制造业信息生态系统与产业转型升级效果之间可能存在互为因果的内生性问题，滞后变量是前定变量（predetermined variables），与当期的扰动项不相关。采用滞后一期的解释变量进行全面 FGLS 回归分析，可以有效解决原有估计方法可能带来的内生性问题。

从表 9.8 中的回归结果可知，制造业信息生态系统水平与转型升级效果的正相关效应显著，即表 9.7 中的回归结果具有稳健性，制造业信息生态系统水平与转型升级效果之间不存在严重的内生性问题。进一步分析发现，在 1%的显著性水平下，制造业信息生态系统对下一期的产业转型升级效果有显著的正向影响，即制造业信息生态系统水平每上升一个单位，下一期的转型升级效果相应提高 62.68%。实证结果表明，制造业信息生态系统经过多年的建设与发展，不仅能够提高当期的产业转型升级效果，还对下一期的产业转型升级效果有明显的助推作用。

**表 9.8　滞后一期的回归结果**

| $C$ | $X$ 滞后一期 | 卡方检验值 | $p$ 值 |
| --- | --- | --- | --- |
| $0.856^{***}$ | $0.6268^{***}$ | 42.37 | 0.0000 |

***在 1%的显著性水平下拒绝原假设，接受备择假设。

# 本 章 小 结

面板数据包括时间序列和截面两个维度，即在时间序列上取多个截面，并在这些截面上选取样本观测值构成样本数据。面板数据分析方法能够提供更多的信息、更多的自由度、更高的估计效率及更少的共线性，可以克服时间序列分析受多重共线性的困扰。根据截距项和系数项的不同，面板数据模型可以分为无个体影响的不变系数模型、变截距模型和变系数模型。在实际应用中，我们需要通过模型设定检验，尽可能缩小估计结果与实际的偏离程度。与短面板相比，长面板回归的扰动项更容易出现自相关和异方差。因此，设定长面板数据模型时，我们不仅要考虑是否存在时间与个体效应，还要检验扰动项是否存在组间异方差、组内同期相关及组内自相关。

本章以熵值法测度的制造业转型升级效果综合得分为被解释变量，以制造业信息生态系统水平综合得分为解释变量进行实证分析。通过单位根检验可知，被解释变量（$Y$）与解释变量（$X$）均为平稳序列，满足回归分析的条件。由于扰动项不存在组间异方差和组内同期相关，但存在组内自相关，因此借鉴陈强（2014）的研究成果，采用广义最小二乘法进行回归分析。结果显示，制造业信息生态系统水平能够显著正向影响制造业转型升级效果，并且存在时间效应与个体效应。考虑全面 FGLS 估计方法比仅解决组内自相关的 FGLS 更有效，我们采用全面 FGLS 估计结果作为模型参数。实证结果表明，在 5%的显著性水平下，制造业信息生态系统能够促进产业转型升级。为了解决可能存在的互为因果的内生性问题，我们将解释变量（$X$）滞后一期，进行全面 FGLS 估计，回归结果仍显著表明不存在严重的内生性问题，制造业信息生态系统水平能够显著正向影响下一期的产业转型升级效果。这一结果为提出制造业转型升级的创新路径提供了理论支持。

## 主要参考文献

陈强，2014．高级计量经济学及Stata应用[M]．2版．北京：高等教育出版社．

陈小斌，杜宽旗，2013．中小企业商业信用需求与供给影响因素分析：以江苏省制造业为例[J]．江苏商论（9）：64-71．

多淑杰，2012．国际产业转移对我国技术进步影响的实证分析[J]．统计与决策（5）：109-112．

陶群山，魏骅，2016．我国基本卫生服务均等化影响因素的固定效应模型分析：基于31个省级面板数据的研究[J]．海南大学学报（人文社会科学版），34（2）：51-58．

王建英，陈平来，2017．融资约束、技术创新与高新技术企业产出效应：基于省级面板数据的验证[J]．科技管理研究，37（20）：7-13．

张琪，2016．中国城市私人汽车拥有量的影响因素分析[D]．大连：大连理工大学．

朱丽南，宗刚，陈连磊，2017．基于ESDA方法与空间计量模型的房价溢出效应分析[J]．工业技术经济，36（3）：98-106．

# 第 10 章　我国制造业转型升级路径

信息生态系统建设对于制造业转型升级效果起到举足轻重的作用。信息化建设的好坏直接影响着制造业转型升级的进程。我国信息产业与制造业的融合度低于大多数发达国家（徐盈之和孙剑，2009）。依据信息生态理论，从国家层面、产业层面和企业层面分别提出加大制造业转型升级相关政策支持、推进制造业信息生态系统建设、提升制造企业信息化水平等创新路径，如图 10.1 所示。

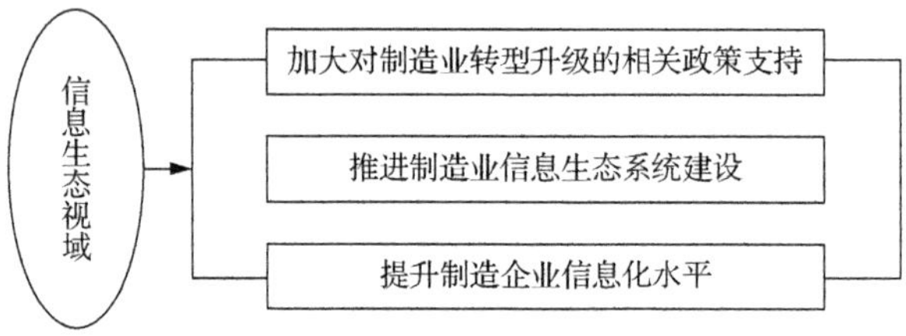


图 10.1　我国制造业转型升级路径

## 10.1　从国家层面加大对制造业转型升级的相关政策支持

改革开放以来，我国制造业逐步发展壮大，已涵盖了所有制造业门类。由于制造业内各具体行业的特性不同、发展水平不均衡，制造业信息化建设进程缓慢，国家需要为行业间协调发展提供科学的政策支持。目前，制造业与信息技术融合程度偏低，急需借助“互联网+”契机，大力拓展信息化与工业化融合的广度和深度，加强信息技术和商业服务模式创新，提升产业的附加值。因此，信息技术水平的不断提升可助力制造业信息化发展，搭建产业合作平台，加快升级制造业信息化设备，有利于提高我国制造业转型升级效果，实现供给侧结构性改革目标。

### 10.1.1　政府引导制造业信息技术创新

信息技术创新是推进制造业智能化、信息化的重要动力，信息技术投资有利于提高制造业的绩效（林丹明等，2007），信息化对制造业信息技术创新的影响不仅涉及技术层面，还涉及管理制度、社会意识形态与生活方式。一些研究表明，信息网络技术专利数量与制造业增加值存在长期均衡关系（赖朝安和龙漂，2018），而我国信息产业与制造业的融合度低于大多数发达国家（徐盈之和孙剑，2009）。可见，只有提升信息技术自主创新能力，才能为我国推进制造业信息化建设奠定基础。具体措施如下。

1）政府应强化对制造业信息技术研发与创新的政策引导，促进科研成果进行商业价值转化，鼓励制造企业申请信息技术专利，激发核心信息技术的自主创新能力；在引进国外核心信息技术方面给予有力的政策扶持。引进、消化并吸收信息技术，快速实现制造业自主创新，是提高我国不同区域制造业信息化程度的重要途径。

2）政府应及时出台相关产业政策，支持制造业信息化建设，不断完善知识产权保护制度，严惩侵权行为，切实保护制造企业专有技术产权。政府应通过创新基金、税收减免、低利率贷款等政策，从资金上支持制造企业信息技术的自主创新，吸收国内外先进信息技术研发经验，切实提高我国制造业核心技术创新水平。

3）政府引导制造业重视信息技术创新并将之作为其核心竞争力的发展理念。信息技术变革深刻地影响了各行业，对于处在产业转型升级重要关头的制造业更具有战略性导向作用。《中共中央关于制定国民经济和社会发展第十三个五年规划的建议》中将“创新”列为引领发展的第一动力，同时明确指出科技创新应起到引领全面创新的作用。制造业的转型升级离不开创新的支持。理论、制度、科技、文化、金融等多方面的协同创新能够帮助制造业更快地向高附加值、低能耗及低污染的方向发展，如图 10.2 所示。

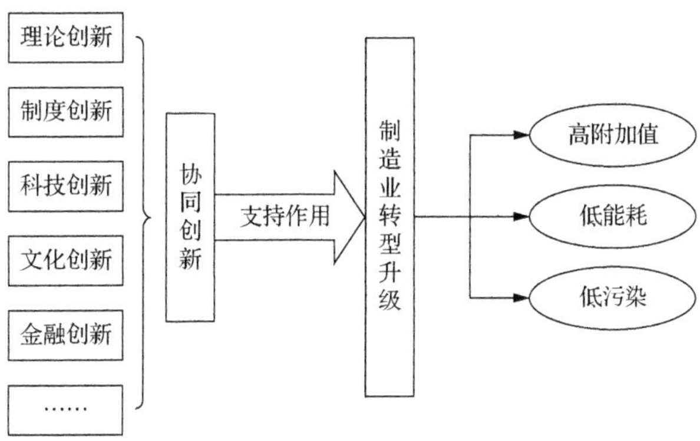


图 10.2　创新对制造业转型升级的支持作用

在政府引导下，应发挥高校在科研中的重要作用，通过深化产学研合作，更好地提升制造企业的信息技术创新水平；签订信息技术交流合作的协议，共享国内外核心信息技术资源，有效推进高校研究成果的落地，实现产学研融合发展。

### 10.1.2　政府引导制造业搭建信息化合作平台

在产业共性技术创新平台开发中，政府应该发挥主导作用（薛捷和张振刚，2006）。虽然信息化建设能够有效驱动制造业转型升级，但并不是所有制造行业都对信息化建设拥有迫切的诉求。一方面，不同区域制造业因其自身技术密集程度不同，对管理水平、技术水平升级的需求有所差异，进而对信息化建设能够为产业发展带来变革的期望值不同。另一方面，不同类型的制造企业会根据自身规模大小、盈利与否，考虑实施信息化建设方案是否有益于企业经济效益的快速增长，即投入信息化建设中的成本能否带来更大的回报。因此，一些制造企业往往对信息化建设兴趣不高或望而却步，这就需要政府完善配套政策支持并加强引导，利用信息技术在我国打造多个产业集群，在产业集群内部搭建制造业内部与其他相关联产业之间的合作平台，有效地推进信息化建设，减少重复建设的投入等。例如，政府通过制定有针对性的措施，引导制造业建设开放性的跨产业、跨行业、跨企业的科研创新基地与成果转化的综合型机构，弥补制造业各细分行业的从业人员信息技术能力的不足，以及一些制造企业信息化建设基础设施过时或缺乏的短板。具体措施如下。

1）引导社会力量建立基础性信息化培训机构，提升整个产业集群乃至产业内部的信息人才技术水平，增强制造业管理层和员工的信息管理意识；同时，针对制造业生产运营的特性开展信息化相关专业知识与技能的培训。

2）鼓励制造企业之间加强信息化建设与管理的经验交流，通过标杆制造企业向其他企业分享有关信息化建设的心得体会，为产业信息化建设破解瓶颈提供思路。政府在引导信息化龙头制造企业“传、帮、带”的过程中，应尽可能减少后进制造企业的“弯路”和成本。

3）将运行良好的制造企业的信息化模式在产业内外进行推广，这样不仅可以提高制造企业在信息化建设中的前期投入回报率，还可以有效地降低整个产业内部的信息化建设与学习成本，从而提高制造业整体绩效水平。

### 10.1.3 政府增加对制造业信息化建设的资金投入

信息化建设与发展有赖于信息基础设施的水平，政府加大对制造业信息化建设的资金投入，推动信息基础设施的全面升级，有助于推进我国制造业的转型升级。自 2015 年 11 月 10 日起，中央不断提出供给侧结构性改革，强调提升“中国制造”的品质，推进制造大国向制造强国转变。目前，我国制造业门类齐全，规模优势明显，然而缺乏核心技术。制造业运用的高端信息化设备很多来自国外；受制于自身技术水平不高，企业为了满足市场中大量的低价位需求，采取以较低技术含量产品作为主打产品的市场定位。这都影响了制造业的可持续发展。2020 年 8 月 27 日，中国电子科技集团有限公司发起成立“新一代信息基础设施生态联盟”，旨在重点突破核心元器件及材料、芯片、基础软硬件、云计算、大数据、人工智能、网络安全等重大核心技术，布局京津冀、粤港澳、长三角、中西部等区域新一代信息基础设施建设。可见，计算机、通信设备制造业及其他相关制造业急需在政府引导下，推进设备全面升级，实现制造业智能化、网络化及数字化，进一步创新产业发展模式，增强制造业转型升级的力度与深度。具体措施如下。

1）重视信息基础设施建设对制造业可持续发展的重要性，加大建设投入和资金扶持，特别是推动 5G、工业互联网、物联网等新一代信息基础设施建设，提升制造业信息业务承载能力。

2）针对高端科技产品制造企业制定配套资金投入政策，逐步将产品推广至国内外其他地区，以高性能、高品质、高性价比的产品打造“中国智造”“中国质造”品牌，扩大我国制造业的品牌影响力。通过考察制造业对信息化设备的实际需求，切实提高信息化产品质量，考量未来发展需求，为制造企业配备高端信息化设备，提升我国制造业信息化基础设施水平。

3）针对信息化产品制造企业制定资金投入政策，加强省际间、区域间及国际优秀信息化产品制造企业的合作与交流；引入学习先进生产技术与管理经验，不断提高我国制造企业的信息化水平，提升制造业核心竞争力，从而有效促进我国制造业转型升级。

## 10.2　从产业层面推进制造业信息生态系统建设

制造业信息生态系统测度结果并非有序度增加的结果。研究结果表明，我国制造业信息生态系统建设目前正处于转型期。信息生态系统内技术密集型、资本密集型与劳动密集型制造业的再分配及其信息人、信息、信息环境等要素的失衡，导致制造业信息生态系统运行有序度逐年下降。为达到信息生态系统的进一步调整与平衡，提高有序度，需要找准制约因素并制定适宜的解决方案，推动制造业信息生态系统从当前状态演化到更高级状态，从而实现我国制造业可持续发展。制造业信息生态系统在向更高级状态演化的过程中，需要追求具有核心竞争力的新平衡状态。一般可以采取多种措施完善信息人、信息及信息环境等要素。例如，通过提高信息人的专业能力和整体素质，消除信息垄断，加强信息交流并实时处理信息垃圾和信息冗余，完善相关政策和行业准则，完善信息基础设施，提高制造业信息生态系统的运行效率，加快系统结构及模式的转变，使制造业信息生态系统的效能达到最佳水平。此外，为了满足技术密集型、资本密集型及劳动密集型制造业信息化建设的需求，应当从不同维度（主要涉及培养制造业高素质信息技术人才、提高制造业信息质量及优化制造业信息环境，如图 10.3 所示）提出制造业转型升级路径，确保制造业信息生态系统的有序运行与演化。

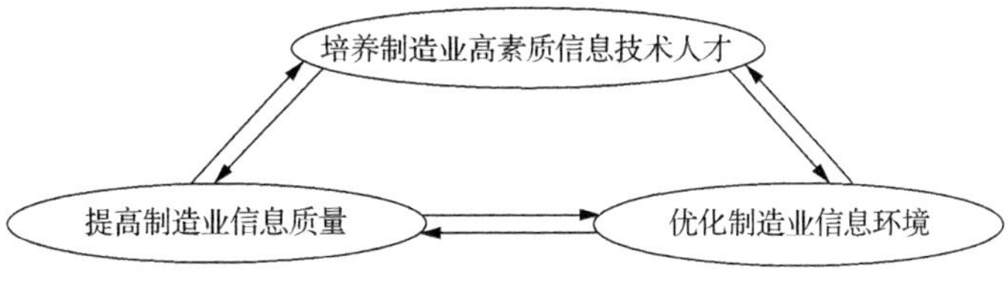


图 10.3　制造业转型升级路径

### 10.2.1　培养制造业高素质信息技术人才

制造企业的智力资本升级之路是其转型升级之路，也是提升企业核心竞争力的必经之路（赖志杰等，2016），培养高素质信息人才的主要目的是加强制造业信息生态系统的核心竞争力。从第 9 章的研究结果可知，信息人要素是决定制造业信息生态系统水平的关键要素，对制造业信息生态系统水平的影响颇为明显，尤其是高技术密集度产业和中高技术密集度产业，因此实现制造业系统的演化升级应当从信息人要素入手。同时，分析结果也表明，技术密集型制造业发展较缓慢，特别是医药制造业与通信设备、计算机及其他电子设备制造业。应加强高素质信息技术人才的培养和培训力度，扶持和培育区域内的领军企业。此外，资本密集型制造业对创新型人才、信息人才的选聘和培养机制不够完善，因此造成在该类制造业中，除了能源化工制造业的增长水平较高，其他资本密集型支柱产业发展都为一般水平。劳动密集型制造业由于管理层和员工的知识水平普遍较低，缺少适应市场新需求的信息人及高水平专业人才，导致该类制造业对信息知识更新滞后。因此，制造业信息生态系统应培养高素质的专业信息人才，不断加强系统的核心竞争力，这主要包括以下 3 个方面。

### 1. 技术密集型制造业要发挥员工与企业的协同效应

技术密集型制造业应大力培养高素质专业信息人，以制造业高质量转型升级为根本目标，完善信息人才引进政策，优化信息人才培养机制，完善信息人才激励机制。技术密集型制造业是引导制造业转型升级的先驱力量，与资本密集型制造业和劳动密集型制造业相比，在聚集高端信息化人才方面更具优势。然而，单一企业无法在短期内培养大量的高端制造业信息化人才，技术密集型制造业需要借助产业管理部门的力量，通过制定制造业人才引进计划、完善信息化人才引进政策、保障相关财政经费投入、营造良好的公共环境等措施，吸引具有制造业信息化实践经验和国际前端视野的团队和专家。同时，制造业管理部门与企业应当加强沟通与协作，切实解决人才需求缺口，从而促进高端信息人在技术密集型制造业的聚集，为制造业转型升级提供有力支撑。

组建制造业高素质信息人才队伍是一项长期性、持续性的工作，企业应不断完善员工学习和培训体系。在制造业高质量发展背景下，尤其要注重员工信息素养与制造业专业技能的培养，通过培育复合型高端人才，提高制造业信息生态系统在国内外市场的核心竞争力。根据技术密集型制造业从业人员学习积极性高、学习能力强等特点，产业管理部门可以通过搭建业内交流平台、举办技能竞赛等方式，让员工从技能提升方面获得成就感。此外，制造业应当根据生产管理特性，从信息技术人才标准、职业发展规划、信息人才智库等方面构建信息人才管理体系，为制造业信息化发展战略的实施提供坚实的人力资源保障。同时，注重引导信息人才制定适当的职业生涯发展规划，有利于其明确职业发展目标、增强职业归属感。

在聚集高端信息人才、培养制造业复合型信息人才的基础上降低人才流失率对制造业的发展至关重要。制造企业完善人才激励、人才考核等人力资源管理体系的关键环节，适时提高薪酬福利待遇，在原有工资、奖金和福利等基础上，根据技术密集型制造业高端信息人才需求，分层次适当增加非现金形式的福利待遇。对于制造业信息化发展领域的高端人才和紧缺人才，应当制定差异性政策，采取因人而异的考核机制和激励机制。针对高端信息人才的特点，在满足其基本生活与福利待遇的基础上，管理部门可以引导制造企业将股权激励与科研成果归属权分配相结合，关注信息人才的科研成果、知识产权等利益分配的合理性。

### 2. 资本密集型制造业应加强校企合作模式

与技术密集型制造业、劳动密集型制造业相比，资本密集型制造业在资金、教育等资源方面具有明显的优势。因此，资本密集型制造业可以利用自身优势，与高校、科研机构搭建制造业信息化技术交流平台，从充分利用高校等外部信息化教育资源、建立信息人才理论课程及信息化场景实操课程等方面来加强高素质信息人的培养。

国内外一流高校、科研机构等都是资本密集型制造业可以利用的外部信息化教育资源。制造企业通过加强与高校、科研机构、信息化标杆企业在信息人才培养方面的战略合作，建立外部信息技术专家、培训讲师资源库等途径，提高资本密集型制造业的创新性和应变性，推动企业转型升级。此外，制造企业可以根据自身情况聘请外部信息化专家，鼓励高校、科研机构高端信息技术专家到企业任职或兼职，培养制造业高素质复合型信息人才，加速推动科技成果转化，提升人才的整体信息能力。

制造企业从制造业信息化技术、信息化业务、信息化意识等方面，对标制造业信息人才标准框架，遵循制造业信息理论与实践相结合的培养理念，全面、系统地构建制造业信息人才培养课程，为高素质信息人才的培养提供有力的保障。由于信息化技术日新月异，制造业信息人才培养课程不仅要根据国家制造业人才发展需求进行量身定制，还要紧跟信息技术发展加强前沿理论知识的培训。制造企业应以信息技术理论课程为指引，以信息化场景实践为补充，改变以往由教师全程灌输的授课方式，根据制造业人员信息技术学习需求安排培训，在培训讲师的指引下鼓励制造业人员自主学习，自觉培养解决实际问题的能力。

信息技术的发展给传统制造业的生产经营、营销售后等方面带来了翻天覆地的变化，大量网络资源的传播有助于制造业信息人提高学习效率、降低学习成本。此外，制造企业可推广标杆制造业信息应用的运营模式，组织企业员工现场观摩、顶岗实习，使员工切实体验未来信息技术环境下制造业在智能生产、数字营销、企业管理等方面的作用，提升其信息意识和信息技术水平。

### 3. 劳动密集型制造业要注重借鉴先进国家经验

劳动密集型制造业作为我国传统制造业的重要组成部分，其在信息建设层面的转型升级对我国制造业整体发展具有十分重要的战略意义。与技术密集型制造业、资本密集型制造业相比，劳动密集型制造业在信息建设成本、人员信息化培训方面更需要产业管理部门、标杆企业、高等院校等多方协作与支持。劳动密集型制造业的一线从业人员大多为职业院校毕业生、农民工等。可以通过产业管理部门引导，完善高等院校、职业技术学校的信息化教育培训课程体系，进一步拓宽信息技术培训渠道，有效提高劳动密集型制造业从业人员的信息技术水平。借鉴德国职业院校“双元制”培养模式，中高等职业院校在信息技术专业学科培养方向及培养内容方面，应当做到与制造业市场需求紧密对接，通过与头部企业、科研院校加强协作，创新信息技术教育培养方式。制造企业可以通过网络课程、讲座培训等形式，提升一线从业人员信息素养。

劳动密集型制造业往往存在对相关信息软件了解不足、未能充分发挥信息系统功能、无法为产业及相关制造企业提供全方位服务等问题，特别是在信息系统融入制造企业生产经营的初期阶段，传统工作方式与新的信息化流程不能完全对接，造成制造企业短期内工作量增大、操作复杂等问题。因此，产业管理部门应注重对制造企业信息化建设初期的引导与扶持，为劳动密集型制造业信息化提供有力的保障措施。在“互联网+”、大数据、智能制造背景下，传统制造业应当把握信息化建设的新机遇，促使产业及制造企业领导增强信息化意识，更新工业机器人、云供应链平台、直播营销平台等信息技术应用知识，在产业内持续推动流程改造和信息基础设施升级改造，多渠道助力企业提升员工信息技术水平，从根本上提高企业运营效率，实现制造业转型升级目标。

### 10.2.2 提高制造业信息质量

制造业信息生态系统的信息质量在一定程度上决定了产业整体绩效水平。要使制造业信息生态系统消除发展阻力而达到新的平衡，提升信息质量是不可或缺的前提条件。在制造业信息生态系统中，信息具体可表现为知识、技术、上游企业与下游企业之间的产品需求、企业文化和资金等。实证研究结果表明，在技术密集型制造业中，虽然在技术上可以实现产业信息的共享，并且信息敏感度处于高水平，但信息垄断现象较严重；在资本密集型制造业中，管理模式固化，信息敏感度较高，制造业的各企业之间的信息共享程度一般，产业信息超载、信息垃圾等问题凸显；在劳动密集型制造业中，信息敏感度较差，对市场需求信息反应迟钝，不能有效利用新技术。因此，技术密集型、资本密集型与劳动密集型制造业提高信息质量的路径分别如下。

#### 1. 技术密集型制造业应鼓励信息技术交流与创新

技术是制造业内最重要的信息，是技术密集型制造业进行信息交流的主要内容。技术密集型制造业内部存在信息垄断，部分先进技术无法推广，这严重阻碍了制造业及相关企业的协同发展。因此，制造业需适时打破垄断局面，加强技术沟通与交流，深化产业内各制造企业之间的技术合作。

1）对于具备丰富知识储备和较高创新能力的高新技术制造企业而言，与科研机构、制造企业等外部机构与组织开展广泛的信息技术交流与合作，有助于建立制造企业信息人才培养与交流渠道，确保不同知识背景、技能水平的信息人才融合交流，获取异质性资源，分担研发活动的风险和成本，打破固有的研发模式，促进内部冗余信息的再重组与再利用，极大地提高信息质量。

2）技术密集型制造业过度开放的创新模式会导致产业信息成本升高、信息泄露风险增大。与外部组织合作进行技术创新的过程中，往往产生一系列信息费用，主要包括信息搜集、测试中的交易费用，监督与协调中的管理费用等。由于技术信息的特殊性，制造企业共同开发无疑增大了专利知识、专有技术泄露的风险，这将对高新技术制造企业的开发创新带来负面影响。因此，应当特别注重防范技术密集型制造业的信息安全风险，可以通过设立信息安全防御机制、实时测控信息内容及建立信息修复功能等措施提高制造业信息质量。

#### 2. 资本密集型制造业应及时调整信息输入与输出

要解决资本密集型制造业内部信息超载、信息垃圾冗余等问题，应及时根据制造业需求情况调整信息资源的输入与输出。例如，利用大数据、人工智能等技术在制造业内部开展知识管理工程，从知识的搜集、预处理、分类存储、深度挖掘、再利用等方面为资本密集型制造业构建信息质量管理体系，从源头上破解信息超载问题。此外，还可以搜集、整理制造业内外部先进技术、客户需求、人力资源、供应商清单等信息，利用大数据、云计算技术突破信息垃圾和信息冗余等瓶颈。资本密集型制造企业在提升信息质量时，应当加大资本投入，借鉴科研院所在信息质量管理方面的经验，形成具有先进化、创新化及产业特色化的信息质量管理模式，并在产业内进行推广。

3. 劳动密集型制造业应加强对市场需求信息的动态追踪

劳动密集型制造业对产品需求的敏感度不高，其资金的流动性较低，在信息化竞争中逐渐处于落后水平。基于此，劳动密集型制造业应当充分利用网络信息技术，改变信息流转模式，以线下与线上相结合的方式调研产品需求、预测产品市场、了解客户需求、优化服务质量并开展售后服务，加强对市场信息的动态追踪，提高市场敏感度，解决系统内信息不足、再利用效率低下等问题。此外，劳动密集型制造业可以建立新型供应链金融体系，实现金融供应链中的资金流、信息流与制造业筹融资决策的有效对接，增强制造业信息质量的透明度，拓宽融资渠道并降低融资成本，通过融资方式创新解决产业内资金短缺、流动性较低的问题。劳动密集型制造业还可以借鉴国内外先进信息技术研发与管理经验，改变信息流转模式，从而提高劳动密集型制造业的信息质量。

### 10.2.3 优化制造业信息环境

良好的信息环境有利于制造业信息生态系统的演进，对制造业的转型升级具有重要的支撑作用。制造业信息生态系统的信息环境包括经济环境、地理环境、人文环境、政策环境、技术环境等。可以通过调整制造业信息生态系统的 $k$ 值[①]，不断增强系统的核心竞争力。研究结果表明，技术密集型制造业缺乏配套的产业准则和精细化政策指引；资本密集型制造业的技术环境较好，但尚未完全适应国家有关产业转型和“互联网+”等新政策环境；劳动型密集型制造业存在对市场需求、产业发展等信息反应滞后，资金匮乏及基础设备更新较慢等问题。具体可从以下 3 个方面对制造业信息环境进行优化。

1. 技术密集型制造业应重视企业文化创新

对于技术密集型制造业而言，特别是电子计算机工业、机器人工业、航天工业、新材料工业等新兴行业，技术创新能力决定了产业发展水平。实现制造业技术创新目标需要倡导产业文化创新，培育并营造和谐、开放的产业文化氛围；施行精细化管理，从技术创新、科研转化、营销创新等方面增强制造业的市场应变能力。同时，技术密集型制造业应当重视高技术产业政策的引导作用，不断完善产业发展的相关准则和制度，打造区域领军制造企业。

① 这里的 $k$ 值为制造业信息生态系统发展的最大容量，具体测度详见第 5 章的相关分析。

2. 资本密集型制造业应注重信息管理模式变革

资本密集型制造业急需解决管理模式固化问题，进一步加强信息化建设，主动应对信息环境的变迁。在信息管控平台建设的基础上，资本密集型制造业从领导者到一般管理者应当树立大数据管理观，从信息采集、整理到分析、决策支持等环节，充分发挥新一代信息技术的作用，制定科学的资本密集型制造业发展战略，创建良好的资本运营环境，进行信息管理模式变革，不断优化制造业信息环境，为资本密集型制造业创造更多的商业价值。

3. 劳动密集型制造业应着力改善信息传递环境

劳动密集型制造业应当加强与信息服务业的融合，购置先进信息化设备，完善信息基础设施建设，在产品研发、生产制造等方面加速智能制造、人工智能等新技术的应用。同时，劳动密集型制造业应当加大对产业基地、工业园区等信息基础设施建设的投入，全面推进信息化建设，创新信息传递方式，优化制造业信息环境，在政策和资金上扶持具有创新能力和发展潜力的相关企业。

## 10.3　从企业层面提升制造企业信息化水平

依据信息生态理论并结合实证分析结果，我国制造企业可以从利用大数据消除制造企业之间的“信息孤岛”、确保制造企业信息传递安全、优化制造企业信息环境、促进制造企业信息技术创新驱动发展等路径实施转型升级战略。

### 10.3.1　利用大数据消除制造企业之间的“信息孤岛”

制造企业信息传递存在比较严重的“信息孤岛”问题，可能导致制造业信息生态系统的平衡状态被打破。因此，利用大数据消除“信息孤岛”，实现制造企业信息和数据在功能上关联互助、信息共享互换，防止信息与业务流程、应用相脱节，对制造业转型升级具有重要的现实意义。利用大数据消除制造企业之间的“信息孤岛”，有效提升制造企业信息化水平，具体包括以下 4 个方面的路径，如图 10.4 所示。

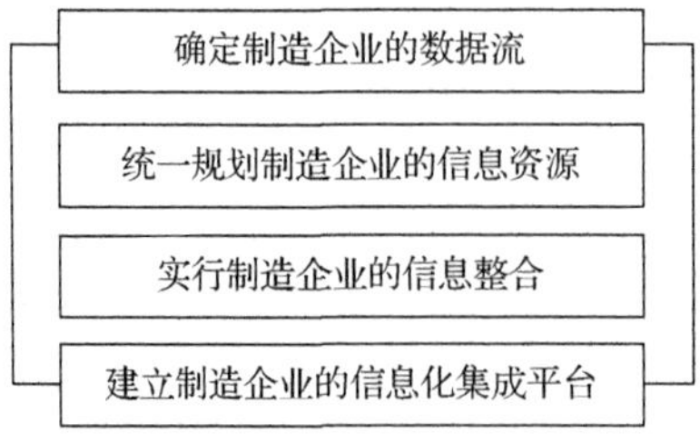


图 10.4　利用大数据消除制造企业之间的“信息孤岛”的路径

### 1. 确定制造企业的数据流

制造企业信息化建设要遵循严密性、及时性和可靠性等原则，数据的完整性和准确性是信息化建设的基础。消除制造企业之间的“信息孤岛”，应当对企业已有数据和将来需要输入的数据进行分类与清洗，确定可以共享的数据、需要完全保密或定期上报的数据、可以对外发布和宣传的数据、仅限内部员工查看或使用的数据等，并利用大数据制定相应的业务管理流程，从而确定制造企业的数据流。

### 2. 统一规划制造企业的信息资源

制造企业的信息资源需要管理层进行集体决策并统一规划，合理确定不同部门的资源配置，实现低投入、低消耗及高效率，确保各部门有序、协同发展。在制造企业顶层设计方案中，应明确信息资源规划方向，从时间、空间方面合理布局信息资源。此外，还可以通过制定制造企业信息化建设战略目标和策略，调控各部门的信息资源整合工作，实现制造企业不同部门之间的重要信息资源共享，使资源配置效率达到最优化，促使企业信息化水平不断提升。

### 3. 实行制造企业的信息整合

信息整合是根据信息化发展趋势，拓宽制造企业信息资源的应用领域，并最大化挖掘信息价值的管理过程，它能够实现企业信息资源的序列化与共享化。一般可以将制造企业的信息整合分为 3 类：一是数据整合。根据制造企业数据特性，对存放在不同数据源的分散数据进行收集、整理、清洗与转换，从而为制造业信息生态系统的各子系统提供统一的数据视图，实现制造企业管理的科学决策。二是非结构化信息整合。非结构化信息的形式一般不固定，通常表现为各种格式的文件，主要涉及制造企业的电子文档、网页、电子邮件、视频文件、音频、多媒体等。非结构化信息的文档格式不统一，导致制造企业的信息流无法通畅流转，信息处理较困难，因此企业需要建立统一的信息管理系统对信息进行整合。制造企业通过信息系统有序管理不同格式的信息资源，并根据信息属性进行权限设置。三是过程整合。这类信息整合强调将制造企业规则和过程转移到应用软件以外，利用大数据提高外在与内在过程的自动化水平，增加信息整合的灵活性，从而极大地提高员工的工作效率和过程执行的整体效率。制造企业的信息整合如图 10.5 所示。

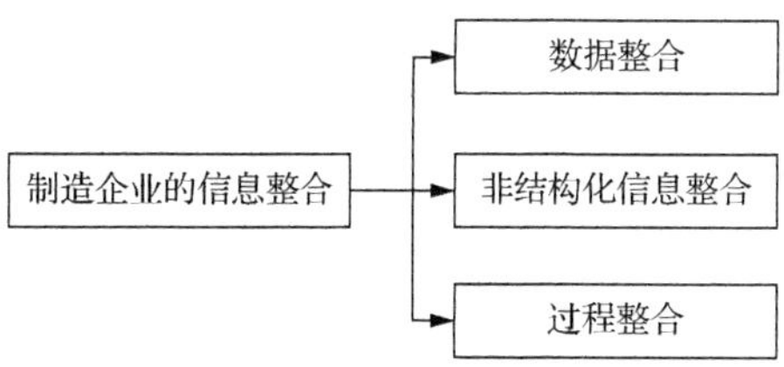


图 10.5　制造企业的信息整合

4. 建立制造企业的信息化集成平台

利用大数据消除制造企业之间的“信息孤岛”，将制造企业的业务流程、公共数据、应用软件、硬件和各种标准相联合，集成不同部门的信息和各个子系统的信息，能够为制造企业管理者进行经营决策提供有价值的信息。构建集成平台有助于不同制造企业信息生态子系统之间实现无缝接合，是集成制造企业各类信息、提高制造企业信息整合效率的有效路径。

### 10.3.2　确保制造企业信息传递安全

随着信息技术在制造企业应用程度的日益加深，信息传递安全具有前所未有的重要性。然而，信息技术的渗透与发展必然带来制造企业的信息安全问题，这是一个长期的、复杂的、动态的应对过程，需要我们在整个工业基础设施生命周期中给予持续关注。大数据给信息安全带来了挑战（冯伟，2012），技术、专利、商业信息是制造企业盈利率提升的关键影响因素。如何保障信息安全、提升制造企业信息质量，在很大程度上制约着企业信息化建设的进程。确保制造企业信息传递安全对于维护制造业信息生态平衡、实现我国制造业转型升级具有重要的现实意义。鉴于此，制造企业可以 WPDRRC（即预警、防护、检测、响应、恢复和反击）模型作为基础构建信息安全防范机制，该模型在 PDRR（protection delection reaction recovery，即防护、检测、响应、恢复）的基础上增加了预警（warning）和反击（counterattack）两个环节，如图 10.6 所示。

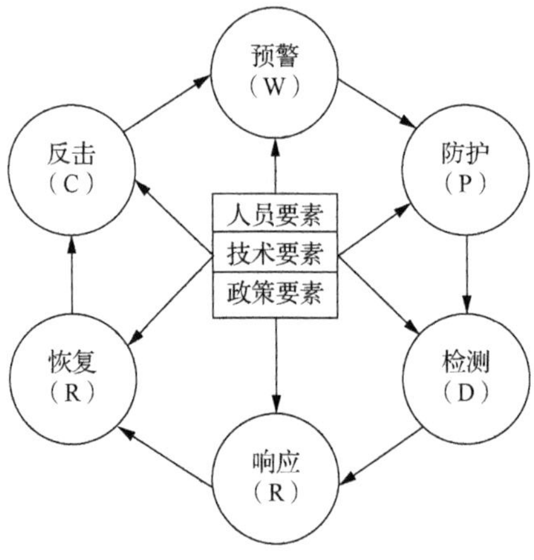


图 10.6　WPDRRC 模型

一般而言，WPDRRC 模型包括 6 个环节：一是“预警”环节，即根据已知的系统脆弱性及当前计算机犯罪趋势预测制造企业未来可能受到的攻击与危害；二是“防护”环节，即使用认证、识别、授权、访问控制、数据加密等技术手段，保障制造企业信息系统数据的保密性、完整性和可用性等；三是“检测”环节，即利用高新技术工具检测制造企业子系统的脆弱性；四是“响应”环节，要求对危及制造企业安全的事件、行为与过程等，及时做出处理；五是“恢复”环节，即在制造企业子系统遭到破坏时，采取一系列措施及时恢复系统功能；六是“反击”环节，即利用高技术工具保留入侵者攻击现场日志，在必要时利用合法手段对入侵者进行反击。可见，WPDRRC 模型的各环节具有较强的时序性和动态性（魏明等，2016），其核心理论可用公式表示为

$$P_t > D_t + R_t$$

式中，$P_t$ 为入侵者攻击成功所需的时间，被称作安全体系能够提供的防护时间；$D_t$ 为攻击行为被检测系统检测出来需要的时间；$R_t$ 为系统对检测到的攻击行为做出响应动作所需的时间。

可以看出，WPDRRC 模型各环节的有序运行，能够保障制造企业信息的传递安全，有利于制造企业实现信息生态系统平衡。因此，为了促使制造企业信息传递顺畅，可以从 WPDRRC 模型涉及的人员、技术、政策等要素设计制造企业的转型升级创新路径。

1. 人员要素

人员要素是 WPDRRC 模型的核心构成要素，信息安全问题主要是由各类信息人（生产者、传递者、消费者和分解者）的不当行为造成的。因此，我国制造企业应当重视信息人才整体素质能力的培养与提升，不断增强信息安全意识。具体路径包括：一是制造企业要壮大信息化人才队伍，多渠道培养懂技术、会管理、熟业务、善协调的复合型专业人才，重视高校学科和专业设置的完善。制造企业可从内部选拔出管理类和技术类核心团队，率先对其进行专业化培训。二是开展普及教育，加强制造企业核心团队对信息安全的重视，将企业信息安全传递理念渗透在员工日常工作的各环节，使员工具备信息安全危机“预警”意识。制造企业指定相关部门或机构做好信息安全事件统计工作，通过不同形式公示统计结果，促使员工形成信息安全“防护”意识。三是在制造企业中设立首席信息官（chief information officer，CIO），成立信息安全监查小组、系统应急响应小组和灾难恢复小组等。信息安全监查小组坚持日常“检测”，运用科学方法评估信息安全风险，排查信息、数据、系统、设备等方面的隐患；同时，建立“响应”决策库，制定适用于不同情况的应急预案，并进行定期修订，从而保证预案的适用性和有效性。在系统遭到破坏时，系统应急响应小组应当在第一时间启动具有针对性的应急预案。灾难恢复小组及时采取恰当措施“恢复”系统功能，确保制造企业信息生态系统重新达到平衡状态，从而建立坚实的系统“防护墙”。此外，制造企业员工应当不断完善自身法律知识，勇于拿起法律的武器与犯罪分子进行斗争，对犯罪行为进行坚决的“反击”。

2. 技术要素

技术要素是确保 WPDRRC 模型各环节正常运转的关键。制造企业技术的提升可以在微观层面上保护信息环境不被破坏。因此，我国制造企业要重点研发实时防护、检测技术，保证企业信息生态子系统的实时性和连续性。具体路径包括：一是综合应用数据挖掘、大数据分析、网络态势感知等多种高新技术，汇总最新攻击特性，制定相应的防范策略，并通过设置防火墙、数据加密等多种方式打造安全“防护”堡垒。二是搭建系统“检测”平台，建立病毒和漏洞数据库，不断升级系统的内容检测、入侵检测、漏洞扫描、病毒检测等多项常用技术，兼顾制造企业信息生态子系统“检测”的质与量。三

是积极发展制造企业核心技术，突破“响应”技术瓶颈，开发智能化应急“响应”系统，提高安全系统流量监控、安全审计、预警与跟踪的能力，从而缩短系统“响应”时间。四是建立系统仿真模拟实验室，开展针对性的攻防演习，升级异地容灾、实时备份等专业工具，更新容错、替换、修复等一系列数据保护技术，提升制造企业信息生态系统的“恢复”速度。五是研发高新技术手段，强化企业监视网络攻击、证据搜集和追本溯源能力，在技术上对犯罪行为进行必要的“反击”。

3. 政策要素

政策要素涉及法律、法规、制度和管理等领域，是确保制造企业信息传递安全的要素之一。具体路径包括：一是制造企业与电信运营商、软件开发商、互联网企业共同构建一体化信息安全体系，并制定信息安全标准。二是与不同国家签署战略合作协议，共同颁布信息安全法律，加强对外国企业在华业务的管理，禁止设备、系统制造商预留漏洞。三是制定有针对性的政策，禁止其他国家的“监听”行为，严厉打击跨国、跨地区危害网络信息安全的行为，提高“预警”和“反击”能力。四是制定信息安全“防护”制度和解决方案，加强日常工作管理，确立员工行为准则，坚决杜绝违规与违法操作。五是创新系统“检测”管理制度和应急“响应”机制，简化层级汇报制度，拓展高效的汇报渠道。六是完善制造企业的相关管理条例，妥善保管信息、数据、系统的备份文件，定期维护设备，保证在意外发生情境下能尽快“恢复”信息生态子系统的平衡，提升制造企业信息化水平。

### 10.3.3 优化制造企业信息环境

信息环境与制造企业信息的生产、传播、加工、利用和再生的循环过程有关，对员工的观念、行为具有极大的影响。良好的信息环境有助于规范信息化管理的规章制度、创新制造企业运营理念，形成具有现代化特征的企业文化，营造高效工作的氛围，能够推动制造企业整体信息化水平的提升。作者可以针对不同类型的制造企业特性，提出具体优化路径，如图 10.7 所示。

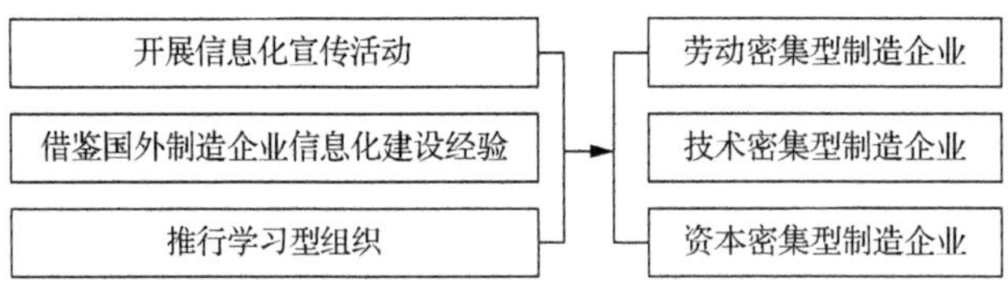


图 10.7　制造企业信息环境优化路径

1. 开展信息化宣传活动

制造企业应当积极开展部门交流、自媒体推广、信息化知识竞赛等多种形式的宣传活动，尤其要引导劳动密集型制造企业的管理层和员工及时了解信息化建设进度及信息化专业知识，促进其主动参与信息化建设和管理。制造企业应借鉴制造业典型信息化建设案例，使员工普遍认识到信息化建设对企业可持续发展的重要价值，充分调动核心团队的积极性和创新性，不断优化制造企业的信息环境。

2. 借鉴国外制造企业信息化建设经验

我国制造企业应当密切关注国外先进制造业的信息化建设经验，在学习先进的信息技术、经营理念、管理制度、商业模式的基础上，将信息技术创新与企业文化创新相融合，形成具有自身特色的信息化运营模式。技术密集型制造企业应借鉴发达国家及新兴市场的经验，提高科技人员在员工中的占比，完善研发激励机制，优化信息环境，不断提高国际竞争力。

3. 推行学习型组织

在信息技术快速发展的经济背景下，制造企业要持续发展，必须不断提升技术密集型、资本密集型与劳动密集型企业员工的整体素质。推行学习型组织既能提升制造企业的生存与持续改进的能力，又能实现个人与工作的真正融合，对全面提升企业信息化水平有着重要的意义。制造企业应当定期组织不同层次员工进行专题培训，使员工在日常工作与学习中不断更新信息化知识，了解信息技术的最新进展，完善信息化管理制度。资本密集型制造企业应增加信息化建设的软件与硬件投入，充分利用现代信息技术和互联网的特性，建立 E-Learning[①]的新型学习模式，使员工充分感受到信息化带来的高效与便捷，逐步优化企业信息环境。

### 10.3.4 促进制造企业信息技术创新驱动发展

持续、稳定地推进不同类型制造企业的健康发展，离不开科学、知识、技术、人员、资本等要素的协同作用。创新驱动科技发展的根本在于始终坚持自主创新。在创新中持续进行实质上的再创新，是提高制造业发展质量的不竭动力。迈克尔•波特的国家竞争优势理论将经济发展分为 4 个阶段，如图 10.8 所示。

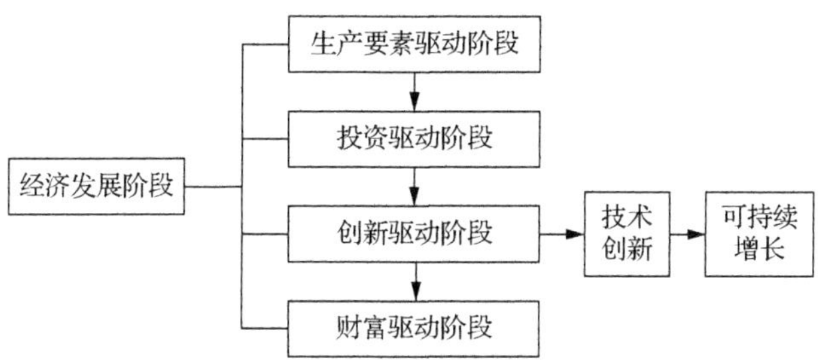


图 10.8　经济发展阶段的划分

从图 10.8 中可以看出，创新驱动发展的核心是依靠技术创新提高全要素生产效率，促进经济可持续增长。我国应借鉴德国“工业 4.0”经验，结合产业发展规律和工业标准体系，加大制造企业信息化水平；按照制造企业生产和运营的一般规律进行人、财、物、技术等资源的整合，以便建立标准化、高效率的信息技术创新平台，加快制造业转

① E-Learning 是一种可以随时随地提供自我管理的学习机会与资源，以互联网为平台的学习模式。E 涵盖电子（electron）、学习者的体验（experience）、学习方法的延伸（extension）和学习机会的增长（expanded）等方面。

型升级。信息技术创新水平决定着制造企业的市场核心竞争力，因此制造企业应当不断强化创新意识，注重自主创新；同时，应确立制造企业的主体地位，使其成为技术需求选择、技术项目确定、技术创新投入及创新成果产业化的主体，推动制造企业从生产要素驱动、投资驱动发展向创新驱动、财富驱动发展。

## 本章小结

基于理论分析与实证研究结果，本章从国家层面、产业层面和企业层面提出我国制造业转型升级的创新路径：一是通过政府引导制造业信息技术创新、搭建信息化合作平台、增加对制造业信息化建设的资金投入等具体路径，加大对制造业转型升级的相关政策支持；二是通过培养高素质信息技术人才、提高制造业信息质量、优化制造业信息环境等具体路径，推进制造业信息生态系统建设；三是通过利用大数据消除制造企业之间的“信息孤岛”、确保制造企业信息传递安全、优化制造企业信息环境、促进制造企业信息技术创新驱动发展等具体路径，提升制造企业信息化水平。

### 主要参考文献

冯伟，2012．大数据时代面临的信息安全机遇和挑战[J]．中国科技投资（34）：49-53．

高霞，其格其，曹洁琼，2019．产学研合作创新网络开放度对企业创新绩效的影响[J]．科研管理，40（9）：231-240．

郭尉，2016．创新开放度对企业创新绩效影响的实证研究[J]．科研管理，37（10）：43-50．

赖朝安，龙漂，2018．信息网络技术创新驱动我国制造业转型[J]．海峡科学（4）：28-31．

赖志杰，闫晓旭，杜赛花，等，2016．智力资本助推制造业转型升级：以海尔集团为例[J]．科技创业月刊，29（9）：38-40．

林丹明，梁强，曾楚宏，2007．我国制造业的信息技术投资效果：结合行业影响因素的分析[J]．经济理论与经济管理（12）：35-41．

魏明，王超，尹丽英，2016．信息化与工业化融合的信息安全应对策略：信息生态视角[J]．生产力研究（5）：102-105．

徐盈之，孙剑，2009．信息产业与制造业的融合：基于绩效分析的研究[J]．中国工业经济（7）：56-66．

薛捷，张振刚，2006．国外产业共性技术创新平台建设的经验分析及其对我国的启示[J]．科学学与科学技术管理（12）：87-92．

# 第 11 章 研究结论与展望

制造业转型升级是我国工业现代化的重要基础，是我国制造业实现可持续发展的关键，更是“中国智造”“质量强国”的战略选择。《“十四五”制造业高质量发展与产业政策转型白皮书》①指出，如果我国不能抓住历史机遇使中国工业化深入推进，就会与发达国家的发展水平产生更大差距，在国际竞争中处于更加不利的地位，这将直接影响我国制造业转型升级的进程。基于理论分析与实证研究结果，本书得出了一些结论，尚存在有待进一步深入探索的领域。

## 11.1 研究结论

根据相关的理论与实证分析结果，本书的主要结论包括以下 8 个方面。

1）在梳理制造业绩效评价与转型升级相关研究的基础上，本书应用信息生态理论、创新理论和可持续发展理论等，分析了信息化驱动制造业转型升级的内在机理。信息化建设为信息生态平衡奠定了良好的基础，而平衡的信息生态系统能够促进信息化建设的顺利实施，信息化建设为创新驱动发展提供了强大动力。信息生态的失衡不仅会影响信息化建设的整体质量，还会导致创新驱动力减弱。

2）本书通过对国外制造业的演进分析发现，德国、美国、日本等国家提出的工业发展战略，纷纷强调将智能制造、物联网、大数据和数字技术等应用于制造业。这为我国制造业转型升级提供了参考，具有积极影响。同时，发达国家的“再工业化”也为我国制造业的发展带来了一些消极影响，如对发达国家出口受阻、进口贸易调控难度加大、与发达国家贸易摩擦加剧等。因此，我国应当借鉴国外“再工业化”的先进经验，重视科技创新投入，持续推动制造业转型升级，确保在此轮产业革命中取得竞争优势。

3）本书通过分析我国制造业整体发展现状及面临的挑战，运用 Logistic 函数分析陕西省制造业信息生态系统的现状及存在的阻力等。研究发现，我国先进制造业发展迅猛，对知识产权的重视程度不断提高，技术创新不断涌现，高端科技人才不断聚集；制造业已然成为推动 GDP 增长的主力，但也面临着劳动力成本持续增加、研发投入不足、区域创新能力差异显著、国际竞争日益加剧等挑战；通过分析制造业的信息人素质有待提高、信息质量较低、信息环境薄弱等问题，得出提升信息人的能力是破解制造业信息生态失衡瓶颈的关键。

---

① 中国电子信息产业发展研究院，2021. “十四五”制造业高质量发展与产业政策转型白皮书 [EB/OL].（2021-03-18）[2021-03-19]. https://docs.qq.com/pdf/DVmtMZURManloU25i.

4）本书遵循目标性、整体性和动态性原则，从信息人、信息和信息环境等要素入手，构建有助于制造业信息传递、利用与管理的系统，持续改进制造业信息生态系统。在制造业信息生态系统中，信息人根据信息化建设的需要将信息传入信息环境，并在信息相互交换过程中对相关信息进行更新。这些信息经产业链中的信息人传递、消费、分解后，对制造业原有制度、观念、模式、管理、技术等进行重构和创新。信息人根据反馈信息进行新一轮调整及创新。

5）本书运用 Logistic 函数分析陕西省制造业 2000～2019 年的发展状况，探究系统无环境要素约束的条件下及存在系统环境最大容量的情况下，制造业信息生态系统冲破阻力进入新阶段时的可能发展路径。研究结果表明，信息人要素失衡导致制造业整体专业水平不高、自主创新能力不足；信息要素失衡造成制造业信息流动不畅、垃圾信息和冗余信息增多；信息环境要素失衡引发制造业发展环境恶化、能动性降低等。研究发现，高水平的信息生态系统能够助推制造业全面创新，提升陕西省制造业的整体绩效水平。

6）本书遵循科学性、可测性、动态可持续性、相对独立性及战略重要性等原则，设计制造业绩效评价指标体系，具体包括制造业转型升级效果和信息生态系统评价指标体系。本书针对制造业的现存问题，从经济效益、绿色发展、技术创新等维度，设计制造业转型升级效果评价指标体系；以信息生态理论为依据，从信息人、信息和信息环境等维度设计制造业信息生态系统评价指标体系。

7）本书运用熵值法对制造业转型升级效果和信息生态系统水平进行测度，并根据测度结果进行分析与讨论。研究结果表明，技术创新对制造业转型升级效果的影响最为突出，信息人要素对信息生态系统建设的影响更大。本书构建面板数据模型，实证检验了信息生态系统对制造业转型升级的影响。本书运用 FGLS 进行分析，发现信息生态系统能够显著正向影响制造业转型升级效果；采用 OLS + PCSE 方法进行稳健性检验，显示制造业信息生态系统建设可以推动制造业转型升级的进程；将解释变量滞后一期进行回归检验，研究结果表明，信息生态系统与制造业转型升级效果之间的正相关效应显著，这也说明回归结果具有稳健性。整体而言，制造业转型升级效果与信息生态系统发展趋势基本一致，这表明信息生态平衡对制造业转型升级具有一定的支撑作用。这些研究成果为完善我国制造业转型升级路径提供了理论依据。

8）本书从不同层面提出我国制造业转型升级的创新路径。具体包括：第一，通过政府引导制造业信息技术创新、搭建信息化合作平台、增加对制造业信息化建设的资金投入等国家层面具体路径，加大对制造业转型升级的相关政策支持；第二，通过培养高素质信息技术人才、提高信息质量、优化制造业信息环境等产业层面具体路径，推进制造业信息生态系统建设；第三，通过利用大数据消除制造企业之间的“信息孤岛”、确保制造企业信息传递安全、优化制造企业信息环境、促进制造企业信息技术创新驱动发展等企业层面具体路径，提升制造企业信息化水平。因此，我们应当推动国家、制造业及企业的耦合发展，创新我国制造业转型升级路径，以期更好地实现我国制造业转型升级的战略目标。

## 11.2 研 究 展 望

本书在研究国内外制造业发展状况的基础上，从信息生态视域对制造业绩效进行评价，并根据实证分析结果探究制造业转型升级的创新路径。然而，制造业绩效评价、转型升级和信息生态系统研究领域的综合性强、涉及面广且内容复杂，因此尚存一些问题有待进一步讨论。

1）信息生态系统与制造业转型升级之间的关联性尚需进一步探索。本书主要分析了信息化建设对制造业转型升级的支撑作用，还需剖析制造业转型升级对信息生态平衡、信息化建设的反作用，以期对制造业转型升级路径进行完善，这也是后续研究的主要领域之一。

2）样本数据存在局限性。本书以陕西省为例开展实证研究，具有一定的代表性，但我国制造业发展的区域差异较明显，后续研究可以进一步扩大样本范围，以不同区域制造业为研究对象开展更为广泛的实证研究，并针对不同区域是否出现差异化结果及其成因进行探究与讨论。

3）评价指标体系的设计与测度方法有待进一步完善。在制造业绩效评价指标选取中，可以考虑增加产业结构升级、智能制造等指标，更客观地评价我国制造业的绩效水平。此外，还可以考虑选取其他适用的测度方法，对制造业信息生态系统与转型升级效果之间的关系做更深入的探索。

# 附　　录

附表 1　陕西省制造业转型升级效果测度的原始数据（2005～2018 年）

| 指标 | 年份 | | | | | | | | | | | | | |
|---|---|---|---|---|---|---|---|---|---|---|---|---|---|---|
| | 2005 | 2006 | 2007 | 2008 | 2009 | 2010 | 2011 | 2012 | 2013 | 2014 | 2015 | 2016 | 2017 | 2018 |
| NF-$Y_{11}$ | 12.16 | 9.74 | 9.71 | 8.26 | 16.65 | 15.3 | 18.96 | 25.86 | 19.57 | 23.62 | 23.8 | 22.45 | 18.3 | 16.01 |
| NF-$Y_{12}$ | 1.54 | 3.63 | 3.16 | 1.87 | 6.53 | 5.98 | 5.93 | 7.54 | 6.05 | 7.00 | 8.01 | 7.80 | 6.56 | 5.76 |
| NF-$Y_{21}$ | 0.32 | 0.24 | 0.19 | 0.14 | 0.12 | 0.10 | 0.07 | 0.07 | 0.05 | 0.04 | 0.04 | 0.04 | 0.03 | 0.03 |
| NF-$Y_{31}$ | 35.10 | 40.07 | 53.11 | 73.07 | 75.12 | 89.36 | 112.47 | 127.35 | 154.86 | 163.3 | 174.09 | 181.31 | 194.76 | 232.01 |
| NF-$Y_{32}$ | 0.01 | 0.01 | 0.03 | 0.00 | 0.02 | 0.04 | 0.05 | 0.04 | 0.08 | 0.1 | 0.12 | 0.11 | 0.12 | 0.09 |
| NF-$Y_{33}$ | 3.88 | 1.28 | 1.27 | 0.03 | 0.22 | 0.4 | 0.59 | 0.52 | 1.1 | 1.59 | 1.06 | 1.14 | 1.55 | 1.86 |
| SL-$Y_{11}$ | 20.97 | 31.17 | 22.22 | 20.55 | 26.87 | 33.72 | 30.61 | 27.20 | 18.71 | 16.14 | 13.46 | 11.91 | 12.56 | 14.31 |
| SL-$Y_{12}$ | 2.13 | 5.88 | 6.97 | 5.55 | 8.90 | 18.05 | 17.26 | 12.73 | 7.32 | 5.32 | −0.13 | 3.07 | 4.10 | 6.48 |
| SL-$Y_{21}$ | 1.32 | 0.64 | 0.59 | 0.50 | 0.46 | 0.42 | 0.36 | 0.37 | 0.42 | 0.42 | 0.59 | 0.73 | 0.62 | 0.61 |
| SL-$Y_{31}$ | 160.37 | 198.86 | 262.95 | 318.48 | 338.40 | 343.18 | 370.35 | 378.71 | 350.75 | 317.40 | 248.95 | 221.22 | 260.25 | 318.47 |
| SL-$Y_{32}$ | 0.00 | 0.01 | 0.01 | 0.00 | 0.01 | 0.01 | 0.02 | 0.02 | 0.03 | 0.06 | 0.08 | 0.06 | 0.13 | 0.17 |
| SL-$Y_{33}$ | 0.00 | 0.01 | 0.00 | 0.00 | 0.10 | 0.21 | 0.31 | 0.18 | 0.14 | 0.18 | 0.45 | 0.34 | 1.15 | 1.06 |
| TY-$Y_{11}$ | 9.83 | 8.95 | 9.57 | 8.75 | 8.54 | 9.96 | 9.48 | 9.87 | 8.35 | 8.99 | 9.66 | 8.74 | 7.92 | 6.34 |
| TY-$Y_{12}$ | 7.23 | 5.74 | 6.83 | 6.33 | 6.53 | 8.77 | 8.66 | 9.47 | 6.45 | 6.84 | 8.09 | 7.57 | 6.35 | 4.43 |
| TY-$Y_{21}$ | 0.15 | 0.12 | 0.11 | 0.08 | 0.07 | 0.05 | 0.04 | 0.03 | 0.03 | 0.02 | 0.02 | 0.02 | 0.01 | 0.02 |
| TY-$Y_{31}$ | 21.43 | 25.07 | 32.38 | 39.70 | 42.49 | 52.33 | 72.81 | 67.82 | 84.00 | 88.87 | 93.61 | 99.52 | 101.82 | 107.91 |
| TY-$Y_{32}$ | 0.15 | 0.23 | 0.20 | 0.36 | 0.39 | 0.42 | 0.46 | 0.77 | 0.73 | 1.16 | 0.80 | 0.84 | 1.11 | 1.02 |
| TY-$Y_{33}$ | 28.14 | 21.10 | 7.85 | 15.76 | 16.03 | 16.29 | 16.56 | 16.20 | 7.15 | 11.29 | 10.00 | 9.17 | 11.74 | 13.05 |
| YS-$Y_{11}$ | 4.92 | 5.99 | 7.56 | 7.12 | 8.71 | 8.12 | 5.35 | 5.04 | 4.78 | 13.53 | 9.73 | 11.09 | 14.67 | 11.76 |
| YS-$Y_{12}$ | 3.57 | 5.10 | 5.37 | 4.85 | 7.11 | 6.25 | 6.52 | 5.74 | 5.15 | 9.74 | 7.22 | 8.79 | 10.56 | 10.40 |
| YS-$Y_{21}$ | 0.14 | 0.11 | 0.08 | 0.07 | 0.06 | 0.05 | 0.04 | 0.06 | 0.05 | 0.02 | 0.02 | 0.01 | 0.01 | 0.01 |
| YS-$Y_{31}$ | 21.43 | 28.95 | 41.64 | 47.04 | 53.03 | 65.07 | 47.02 | 52.72 | 62.05 | 112.95 | 131.22 | 147.67 | 173.42 | 125.11 |
| YS-$Y_{32}$ | 0.35 | 0.39 | 0.43 | 0.42 | 0.86 | 1.31 | 1.76 | 1.13 | 1.47 | 3.44 | 4.05 | 3.68 | 3.63 | 4.48 |
| YS-$Y_{33}$ | 42.09 | 54.67 | 44.31 | 32.49 | 51.92 | 71.36 | 90.79 | 24.13 | 26.13 | 77.65 | 82.12 | 84.42 | 81.35 | 68.77 |
| JT-$Y_{11}$ | −0.54 | 4.13 | 4.41 | 4.75 | 2.47 | 10.64 | 5.22 | 3.69 | 3.93 | 4.28 | 5.41 | 11.31 | 13.99 | 10.40 |
| JT-$Y_{12}$ | −6.09 | 2.01 | 1.66 | 2.99 | −0.03 | 14.64 | 5.85 | 2.93 | 3.77 | 7.55 | 8.50 | 14.37 | 16.69 | 17.59 |
| JT-$Y_{21}$ | 0.20 | 0.21 | 0.17 | 0.15 | 0.11 | 0.09 | 0.06 | 0.06 | 0.07 | 0.09 | 0.07 | 0.06 | 0.05 | 0.05 |

续表

| 指标 | 年份 | | | | | | | | | | | | | |
|---|---|---|---|---|---|---|---|---|---|---|---|---|---|---|
| | 2005 | 2006 | 2007 | 2008 | 2009 | 2010 | 2011 | 2012 | 2013 | 2014 | 2015 | 2016 | 2017 | 2018 |
| JT-$Y_{31}$ | 21.59 | 25.70 | 28.61 | 34.29 | 36.78 | 44.14 | 60.50 | 51.96 | 58.22 | 93.93 | 117.73 | 152.79 | 163.78 | 167.68 |
| JT-$Y_{32}$ | 2.08 | 0.91 | 1.49 | 1.29 | 1.48 | 1.66 | 1.85 | 2.00 | 3.13 | 2.91 | 1.50 | 1.16 | 1.14 | 1.18 |
| JT-$Y_{33}$ | 13.85 | 15.47 | 17.57 | 15.13 | 16.47 | 17.81 | 19.15 | 15.48 | 15.67 | 43.19 | 32.52 | 10.80 | 9.35 | 10.58 |

**附表 2　陕西省制造业转型升级效果测度的正向化数据（2005～2018 年）**

| 指标 | 年份 | | | | | | | | | | | | | |
|---|---|---|---|---|---|---|---|---|---|---|---|---|---|---|
| | 2005 | 2006 | 2007 | 2008 | 2009 | 2010 | 2011 | 2012 | 2013 | 2014 | 2015 | 2016 | 2017 | 2018 |
| NF-$Y_{11}$ | 0.22 | 0.08 | 0.08 | 0.00 | 0.48 | 0.40 | 0.61 | 1.00 | 0.64 | 0.87 | 0.88 | 0.81 | 0.57 | 0.44 |
| NF-$Y_{12}$ | 0.00 | 0.32 | 0.25 | 0.05 | 0.77 | 0.69 | 0.68 | 0.93 | 0.70 | 0.84 | 1.00 | 0.97 | 0.78 | 0.65 |
| NF-$Y_{21}$ | 0.00 | 0.28 | 0.45 | 0.62 | 0.69 | 0.77 | 0.86 | 0.86 | 0.93 | 0.96 | 0.98 | 0.98 | 0.99 | 1.00 |
| NF-$Y_{31}$ | 0.00 | 0.03 | 0.09 | 0.19 | 0.20 | 0.28 | 0.39 | 0.47 | 0.61 | 0.65 | 0.71 | 0.74 | 0.81 | 1.00 |
| NF-$Y_{32}$ | 0.10 | 0.08 | 0.27 | 0.00 | 0.14 | 0.32 | 0.43 | 0.30 | 0.61 | 0.78 | 1.00 | 0.85 | 0.95 | 0.71 |
| NF-$Y_{33}$ | 1.00 | 0.33 | 0.32 | 0.00 | 0.05 | 0.10 | 0.15 | 0.13 | 0.28 | 0.41 | 0.27 | 0.29 | 0.40 | 0.48 |
| SL-$Y_{11}$ | 0.42 | 0.88 | 0.47 | 0.40 | 0.69 | 1.00 | 0.86 | 0.70 | 0.31 | 0.19 | 0.07 | 0.00 | 0.03 | 0.11 |
| SL-$Y_{12}$ | 0.12 | 0.33 | 0.39 | 0.31 | 0.50 | 1.00 | 0.96 | 0.71 | 0.41 | 0.30 | 0.00 | 0.18 | 0.23 | 0.36 |
| SL-$Y_{21}$ | 0.00 | 0.71 | 0.76 | 0.85 | 0.90 | 0.93 | 1.00 | 0.99 | 0.94 | 0.94 | 0.76 | 0.61 | 0.73 | 0.74 |
| SL-$Y_{31}$ | 0.00 | 0.18 | 0.47 | 0.72 | 0.82 | 0.84 | 0.96 | 1.00 | 0.87 | 0.72 | 0.41 | 0.28 | 0.46 | 0.72 |
| SL-$Y_{32}$ | 0.00 | 0.04 | 0.03 | 0.02 | 0.04 | 0.07 | 0.09 | 0.12 | 0.20 | 0.36 | 0.48 | 0.37 | 0.76 | 1.00 |
| SL-$Y_{33}$ | 0.00 | 0.01 | 0.00 | 0.00 | 0.09 | 0.18 | 0.27 | 0.16 | 0.12 | 0.16 | 0.39 | 0.29 | 1.00 | 0.92 |
| TY-$Y_{11}$ | 0.96 | 0.72 | 0.89 | 0.67 | 0.61 | 1.00 | 0.87 | 0.98 | 0.56 | 0.73 | 0.92 | 0.66 | 0.44 | 0.00 |
| TY-$Y_{12}$ | 0.56 | 0.26 | 0.48 | 0.38 | 0.42 | 0.86 | 0.84 | 1.00 | 0.40 | 0.48 | 0.73 | 0.62 | 0.38 | 0.00 |
| TY-$Y_{21}$ | 0.00 | 0.22 | 0.30 | 0.52 | 0.55 | 0.70 | 0.81 | 0.89 | 0.89 | 0.96 | 0.98 | 1.00 | 1.00 | 0.96 |
| TY-$Y_{31}$ | 0.00 | 0.04 | 0.13 | 0.21 | 0.24 | 0.36 | 0.59 | 0.54 | 0.72 | 0.78 | 0.83 | 0.90 | 0.93 | 1.00 |
| TY-$Y_{32}$ | 0.00 | 0.08 | 0.05 | 0.20 | 0.24 | 0.27 | 0.30 | 0.61 | 0.57 | 1.00 | 0.64 | 0.68 | 0.95 | 0.86 |
| TY-$Y_{33}$ | 1.00 | 0.66 | 0.03 | 0.41 | 0.42 | 0.44 | 0.45 | 0.43 | 0.00 | 0.20 | 0.14 | 0.10 | 0.22 | 0.28 |
| YS-$Y_{11}$ | 0.01 | 0.12 | 0.28 | 0.24 | 0.40 | 0.34 | 0.06 | 0.03 | 0.00 | 0.88 | 0.50 | 0.64 | 1.00 | 0.71 |
| YS-$Y_{12}$ | 0.00 | 0.22 | 0.26 | 0.18 | 0.51 | 0.38 | 0.42 | 0.31 | 0.23 | 0.88 | 0.52 | 0.75 | 1.00 | 0.98 |
| YS-$Y_{21}$ | 0.00 | 0.23 | 0.46 | 0.53 | 0.65 | 0.71 | 0.76 | 0.61 | 0.69 | 0.92 | 0.93 | 0.98 | 1.00 | 0.98 |
| YS-$Y_{31}$ | 0.00 | 0.05 | 0.13 | 0.17 | 0.21 | 0.29 | 0.17 | 0.21 | 0.27 | 0.60 | 0.72 | 0.83 | 1.00 | 0.68 |
| YS-$Y_{32}$ | 0.00 | 0.01 | 0.02 | 0.02 | 0.13 | 0.23 | 0.34 | 0.19 | 0.27 | 0.75 | 0.90 | 0.81 | 0.79 | 1.00 |
| YS-$Y_{33}$ | 0.27 | 0.46 | 0.30 | 0.13 | 0.42 | 0.71 | 1.00 | 0.00 | 0.03 | 0.80 | 0.87 | 0.90 | 0.86 | 0.67 |
| JT-$Y_{11}$ | 0.00 | 0.32 | 0.34 | 0.36 | 0.21 | 0.77 | 0.40 | 0.29 | 0.31 | 0.33 | 0.41 | 0.82 | 1.00 | 0.75 |
| JT-$Y_{12}$ | 0.00 | 0.34 | 0.33 | 0.38 | 0.26 | 0.88 | 0.50 | 0.38 | 0.42 | 0.58 | 0.62 | 0.86 | 0.96 | 1.00 |
| JT-$Y_{21}$ | 0.06 | 0.00 | 0.25 | 0.37 | 0.62 | 0.75 | 0.92 | 0.92 | 0.86 | 0.74 | 0.87 | 0.94 | 1.00 | 0.99 |
| JT-$Y_{31}$ | 0.00 | 0.03 | 0.05 | 0.09 | 0.10 | 0.15 | 0.27 | 0.21 | 0.25 | 0.50 | 0.66 | 0.90 | 0.97 | 1.00 |
| JT-$Y_{32}$ | 0.53 | 0.00 | 0.26 | 0.17 | 0.25 | 0.34 | 0.42 | 0.49 | 1.00 | 0.90 | 0.27 | 0.11 | 0.10 | 0.12 |
| JT-$Y_{33}$ | 0.13 | 0.18 | 0.24 | 0.17 | 0.21 | 0.25 | 0.29 | 0.18 | 0.19 | 1.00 | 0.68 | 0.04 | 0.00 | 0.04 |

附表 3　陕西省制造业转型升级效果测度的标准化数据（2005～2018 年）

| 指标 | 年份 | | | | | | | | | | | | | |
|---|---|---|---|---|---|---|---|---|---|---|---|---|---|---|
| | 2005 | 2006 | 2007 | 2008 | 2009 | 2010 | 2011 | 2012 | 2013 | 2014 | 2015 | 2016 | 2017 | 2018 |
| NF-$Y_{11}$ | 0.70 | 0.27 | 0.27 | 0.01 | 1.49 | 1.25 | 1.89 | 3.11 | 2.00 | 2.72 | 2.75 | 2.51 | 1.78 | 1.38 |
| NF-$Y_{12}$ | 0.01 | 0.99 | 0.77 | 0.16 | 2.35 | 2.09 | 2.07 | 2.83 | 2.13 | 2.57 | 3.05 | 2.95 | 2.37 | 1.99 |
| NF-$Y_{21}$ | 0.01 | 0.91 | 1.47 | 2.03 | 2.24 | 2.51 | 2.82 | 2.82 | 3.04 | 3.15 | 3.19 | 3.19 | 3.24 | 3.27 |
| NF-$Y_{31}$ | 0.01 | 0.09 | 0.29 | 0.61 | 0.65 | 0.87 | 1.24 | 1.48 | 1.92 | 2.05 | 2.22 | 2.34 | 2.55 | 3.15 |
| NF-$Y_{32}$ | 0.28 | 0.22 | 0.77 | 0.01 | 0.42 | 0.94 | 1.26 | 0.88 | 1.77 | 2.27 | 2.90 | 2.48 | 2.76 | 2.06 |
| NF-$Y_{33}$ | 4.06 | 1.33 | 1.32 | 0.01 | 0.21 | 0.40 | 0.60 | 0.53 | 1.14 | 1.65 | 1.10 | 1.18 | 1.61 | 1.94 |
| SL-$Y_{11}$ | 1.23 | 2.61 | 1.40 | 1.18 | 2.03 | 2.96 | 2.54 | 2.08 | 0.93 | 0.58 | 0.22 | 0.01 | 0.10 | 0.33 |
| SL-$Y_{12}$ | 0.44 | 1.14 | 1.35 | 1.08 | 1.71 | 3.44 | 3.29 | 2.43 | 1.41 | 1.04 | 0.01 | 0.61 | 0.81 | 1.26 |
| SL-$Y_{21}$ | 0.01 | 2.81 | 3.02 | 3.39 | 3.57 | 3.71 | 3.96 | 3.92 | 3.72 | 3.72 | 3.01 | 2.43 | 2.88 | 2.95 |
| SL-$Y_{31}$ | 0.01 | 0.58 | 1.54 | 2.36 | 2.66 | 2.73 | 3.14 | 3.26 | 2.84 | 2.35 | 1.33 | 0.92 | 1.50 | 2.36 |
| SL-$Y_{32}$ | 0.01 | 0.13 | 0.12 | 0.07 | 0.15 | 0.22 | 0.30 | 0.40 | 0.66 | 1.19 | 1.56 | 1.21 | 2.48 | 3.26 |
| SL-$Y_{33}$ | 0.01 | 0.05 | 0.01 | 0.01 | 0.29 | 0.57 | 0.86 | 0.51 | 0.38 | 0.50 | 1.23 | 0.92 | 3.13 | 2.87 |
| TY-$Y_{11}$ | 3.60 | 2.70 | 3.33 | 2.49 | 2.27 | 3.73 | 3.24 | 3.64 | 2.08 | 2.74 | 3.43 | 2.48 | 1.64 | 0.01 |
| TY-$Y_{12}$ | 2.11 | 1.00 | 1.81 | 1.44 | 1.59 | 3.27 | 3.19 | 3.79 | 1.53 | 1.82 | 2.76 | 2.37 | 1.45 | 0.01 |
| TY-$Y_{21}$ | 0.01 | 0.68 | 0.91 | 1.58 | 1.69 | 2.14 | 2.48 | 2.70 | 2.70 | 2.92 | 2.99 | 3.04 | 3.05 | 2.92 |
| TY-$Y_{31}$ | 0.01 | 0.13 | 0.37 | 0.61 | 0.70 | 1.03 | 1.70 | 1.54 | 2.07 | 2.23 | 2.38 | 2.58 | 2.65 | 2.85 |
| TY-$Y_{32}$ | 0.01 | 0.25 | 0.15 | 0.61 | 0.71 | 0.81 | 0.91 | 1.80 | 1.69 | 2.96 | 1.91 | 2.03 | 2.80 | 2.53 |
| TY-$Y_{33}$ | 3.74 | 2.49 | 0.13 | 1.54 | 1.59 | 1.63 | 1.68 | 1.62 | 0.01 | 0.74 | 0.51 | 0.37 | 0.82 | 1.06 |
| YS-$Y_{11}$ | 0.05 | 0.38 | 0.86 | 0.72 | 1.21 | 1.03 | 0.18 | 0.09 | 0.01 | 2.68 | 1.52 | 1.93 | 3.02 | 2.14 |
| YS-$Y_{12}$ | 0.01 | 0.70 | 0.82 | 0.59 | 1.61 | 1.22 | 1.35 | 0.99 | 0.72 | 2.80 | 1.66 | 2.37 | 3.18 | 3.10 |
| YS-$Y_{21}$ | 0.01 | 0.78 | 1.55 | 1.81 | 2.18 | 2.39 | 2.58 | 2.06 | 2.32 | 3.09 | 3.15 | 3.32 | 3.37 | 3.30 |
| YS-$Y_{31}$ | 0.01 | 0.17 | 0.43 | 0.54 | 0.66 | 0.91 | 0.54 | 0.65 | 0.85 | 1.89 | 2.27 | 2.61 | 3.14 | 2.14 |
| YS-$Y_{32}$ | 0.01 | 0.04 | 0.06 | 0.05 | 0.34 | 0.63 | 0.92 | 0.51 | 0.73 | 2.01 | 2.40 | 2.17 | 2.13 | 2.68 |
| YS-$Y_{33}$ | 0.79 | 1.34 | 0.89 | 0.38 | 1.22 | 2.07 | 2.92 | 0.01 | 0.10 | 2.34 | 2.54 | 2.64 | 2.50 | 1.96 |
| JT-$Y_{11}$ | 0.01 | 1.17 | 1.24 | 1.33 | 0.76 | 2.79 | 1.44 | 1.06 | 1.12 | 1.21 | 1.49 | 2.96 | 3.63 | 2.73 |
| JT-$Y_{12}$ | 0.01 | 1.16 | 1.11 | 1.30 | 0.87 | 2.97 | 1.71 | 1.30 | 1.42 | 1.96 | 2.09 | 2.93 | 3.26 | 3.39 |
| JT-$Y_{21}$ | 0.19 | 0.01 | 0.72 | 1.07 | 1.79 | 2.16 | 2.64 | 2.64 | 2.47 | 2.12 | 2.51 | 2.70 | 2.87 | 2.86 |
| JT-$Y_{31}$ | 0.01 | 0.09 | 0.14 | 0.25 | 0.30 | 0.43 | 0.74 | 0.58 | 0.70 | 1.36 | 1.81 | 2.46 | 2.67 | 2.74 |
| JT-$Y_{32}$ | 1.80 | 0.01 | 0.90 | 0.59 | 0.87 | 1.15 | 1.43 | 1.67 | 3.40 | 3.07 | 0.91 | 0.39 | 0.35 | 0.42 |
| JT-$Y_{33}$ | 0.51 | 0.68 | 0.91 | 0.65 | 0.79 | 0.94 | 1.09 | 0.68 | 0.70 | 3.73 | 2.56 | 0.17 | 0.01 | 0.15 |

附表 4　陕西省制造业转型升级效果测度的综合得分（2005～2018 年）

| 指标 | 年份 | | | | | | | | | | | | | |
|---|---|---|---|---|---|---|---|---|---|---|---|---|---|---|
| | 2005 | 2006 | 2007 | 2008 | 2009 | 2010 | 2011 | 2012 | 2013 | 2014 | 2015 | 2016 | 2017 | 2018 |
| NF-$Y_{11}$ | 0.115 | 0.045 | 0.044 | 0.002 | 0.246 | 0.207 | 0.313 | 0.514 | 0.331 | 0.449 | 0.454 | 0.415 | 0.294 | 0.227 |
| NF-$Y_{12}$ | 0.001 | 0.164 | 0.127 | 0.027 | 0.389 | 0.346 | 0.342 | 0.468 | 0.352 | 0.426 | 0.504 | 0.488 | 0.391 | 0.329 |
| NF-$Y_{21}$ | 0.002 | 0.150 | 0.243 | 0.336 | 0.371 | 0.415 | 0.466 | 0.466 | 0.503 | 0.521 | 0.527 | 0.528 | 0.536 | 0.540 |
| NF-$Y_{31}$ | 0.001 | 0.014 | 0.049 | 0.101 | 0.107 | 0.144 | 0.205 | 0.244 | 0.317 | 0.339 | 0.368 | 0.387 | 0.422 | 0.520 |

续表

| 指标 | 年份 | | | | | | | | | | | | | |
|---|---|---|---|---|---|---|---|---|---|---|---|---|---|---|
| | 2005 | 2006 | 2007 | 2008 | 2009 | 2010 | 2011 | 2012 | 2013 | 2014 | 2015 | 2016 | 2017 | 2018 |
| NF-$Y_{32}$ | 0.047 | 0.037 | 0.128 | 0.001 | 0.070 | 0.156 | 0.209 | 0.146 | 0.292 | 0.375 | 0.480 | 0.410 | 0.457 | 0.341 |
| NF-$Y_{33}$ | 0.672 | 0.220 | 0.218 | 0.002 | 0.034 | 0.067 | 0.100 | 0.088 | 0.188 | 0.274 | 0.182 | 0.195 | 0.266 | 0.321 |
| SL-$Y_{11}$ | 0.197 | 0.418 | 0.224 | 0.188 | 0.325 | 0.473 | 0.405 | 0.332 | 0.149 | 0.093 | 0.035 | 0.002 | 0.016 | 0.054 |
| SL-$Y_{12}$ | 0.070 | 0.183 | 0.216 | 0.173 | 0.274 | 0.549 | 0.526 | 0.389 | 0.226 | 0.166 | 0.002 | 0.098 | 0.129 | 0.201 |
| SL-$Y_{21}$ | 0.002 | 0.450 | 0.483 | 0.542 | 0.571 | 0.593 | 0.634 | 0.627 | 0.595 | 0.595 | 0.482 | 0.389 | 0.461 | 0.472 |
| SL-$Y_{31}$ | 0.002 | 0.093 | 0.246 | 0.378 | 0.425 | 0.437 | 0.501 | 0.521 | 0.455 | 0.375 | 0.212 | 0.146 | 0.239 | 0.378 |
| SL-$Y_{32}$ | 0.002 | 0.021 | 0.019 | 0.011 | 0.024 | 0.036 | 0.048 | 0.064 | 0.106 | 0.191 | 0.249 | 0.193 | 0.396 | 0.521 |
| SL-$Y_{33}$ | 0.002 | 0.007 | 0.002 | 0.002 | 0.047 | 0.092 | 0.137 | 0.081 | 0.061 | 0.080 | 0.197 | 0.147 | 0.501 | 0.458 |
| TY-$Y_{11}$ | 0.289 | 0.216 | 0.268 | 0.200 | 0.183 | 0.300 | 0.260 | 0.292 | 0.167 | 0.220 | 0.275 | 0.199 | 0.131 | 0.001 |
| TY-$Y_{12}$ | 0.170 | 0.080 | 0.146 | 0.116 | 0.128 | 0.263 | 0.256 | 0.305 | 0.123 | 0.146 | 0.222 | 0.190 | 0.117 | 0.001 |
| TY-$Y_{21}$ | 0.001 | 0.055 | 0.073 | 0.127 | 0.136 | 0.172 | 0.199 | 0.217 | 0.217 | 0.235 | 0.240 | 0.244 | 0.245 | 0.235 |
| TY-$Y_{31}$ | 0.001 | 0.011 | 0.030 | 0.049 | 0.057 | 0.082 | 0.137 | 0.123 | 0.166 | 0.179 | 0.191 | 0.207 | 0.213 | 0.229 |
| TY-$Y_{32}$ | 0.001 | 0.020 | 0.012 | 0.049 | 0.057 | 0.065 | 0.073 | 0.145 | 0.136 | 0.237 | 0.153 | 0.163 | 0.225 | 0.203 |
| TY-$Y_{33}$ | 0.301 | 0.200 | 0.010 | 0.124 | 0.127 | 0.131 | 0.135 | 0.130 | 0.000 | 0.060 | 0.041 | 0.029 | 0.066 | 0.085 |
| YS-$Y_{11}$ | 0.012 | 0.085 | 0.192 | 0.162 | 0.270 | 0.230 | 0.041 | 0.020 | 0.002 | 0.599 | 0.340 | 0.433 | 0.677 | 0.479 |
| YS-$Y_{12}$ | 0.002 | 0.157 | 0.184 | 0.132 | 0.361 | 0.274 | 0.301 | 0.222 | 0.162 | 0.628 | 0.372 | 0.532 | 0.711 | 0.695 |
| YS-$Y_{21}$ | 0.003 | 0.175 | 0.347 | 0.405 | 0.489 | 0.535 | 0.577 | 0.462 | 0.520 | 0.692 | 0.705 | 0.743 | 0.755 | 0.738 |
| YS-$Y_{31}$ | 0.003 | 0.037 | 0.096 | 0.120 | 0.148 | 0.203 | 0.120 | 0.147 | 0.190 | 0.424 | 0.508 | 0.584 | 0.702 | 0.480 |
| YS-$Y_{32}$ | 0.002 | 0.008 | 0.014 | 0.012 | 0.077 | 0.142 | 0.206 | 0.115 | 0.164 | 0.450 | 0.538 | 0.485 | 0.477 | 0.601 |
| YS-$Y_{33}$ | 0.178 | 0.301 | 0.200 | 0.084 | 0.274 | 0.463 | 0.653 | 0.003 | 0.022 | 0.525 | 0.568 | 0.591 | 0.561 | 0.438 |
| JT-$Y_{11}$ | 0.001 | 0.130 | 0.137 | 0.147 | 0.084 | 0.309 | 0.160 | 0.118 | 0.124 | 0.134 | 0.165 | 0.328 | 0.401 | 0.302 |
| JT-$Y_{12}$ | 0.001 | 0.129 | 0.123 | 0.144 | 0.097 | 0.328 | 0.189 | 0.143 | 0.157 | 0.216 | 0.231 | 0.324 | 0.361 | 0.375 |
| JT-$Y_{21}$ | 0.021 | 0.002 | 0.079 | 0.118 | 0.198 | 0.239 | 0.292 | 0.292 | 0.273 | 0.234 | 0.277 | 0.298 | 0.318 | 0.316 |
| JT-$Y_{31}$ | 0.001 | 0.010 | 0.016 | 0.028 | 0.033 | 0.048 | 0.082 | 0.064 | 0.077 | 0.151 | 0.200 | 0.272 | 0.295 | 0.303 |
| JT-$Y_{32}$ | 0.199 | 0.001 | 0.099 | 0.065 | 0.096 | 0.127 | 0.159 | 0.184 | 0.375 | 0.339 | 0.100 | 0.043 | 0.039 | 0.047 |
| JT-$Y_{33}$ | 0.056 | 0.076 | 0.101 | 0.072 | 0.088 | 0.104 | 0.120 | 0.076 | 0.078 | 0.413 | 0.283 | 0.019 | 0.001 | 0.016 |

**附表5　陕西省制造业信息生态系统水平测度的原始数据（2005～2018年）**

| 指标 | 年份 | | | | | | | | | | | | | |
|---|---|---|---|---|---|---|---|---|---|---|---|---|---|---|
| | 2005 | 2006 | 2007 | 2008 | 2009 | 2010 | 2011 | 2012 | 2013 | 2014 | 2015 | 2016 | 2017 | 2018 |
| NF-$X_{11}$ | 0.06 | 0.11 | 0.07 | 0.02 | 0.11 | 0.21 | 0.30 | 0.25 | 0.92 | 1.37 | 1.44 | 1.71 | 1.50 | 1.71 |
| NF-$X_{12}$ | 123 | 124 | 121 | 121 | 120 | 116 | 114 | 111 | 111 | 113 | 111 | 106 | 104 | 101 |
| NF-$X_{13}$ | 10.50 | 10.60 | 12.70 | 11.80 | 16.14 | 18.50 | 20.95 | 11.60 | 13.22 | 15.80 | 16.70 | 18.30 | 20.00 | 23.51 |
| NF-$X_{21}$ | 0.81 | 3.94 | 9.35 | 0.47 | 1.85 | 3.23 | 0.05 | 0.12 | 0.18 | 0.27 | 0.33 | 0.38 | 0.21 | 0.20 |
| NF-$X_{31}$ | 8.44 | 10.58 | 13.79 | 21.00 | 26.38 | 34.67 | 38.18 | 41.50 | 45.00 | 46.40 | 50.90 | 52.40 | 32.44 | 32.44 |
| NF-$X_{32}$ | 25.42 | 31.69 | 43.03 | 50.83 | 62.71 | 67.42 | 77.67 | 86.99 | 93.32 | 95.55 | 96.22 | 100.02 | 110.04 | 121.33 |
| NF-$X_{33}$ | 2.52 | 1.12 | 1.11 | 0.58 | 0.71 | 0.77 | 0.50 | 0.59 | 0.53 | 0.93 | 1.05 | 1.16 | 1.03 | 0.98 |
| NF-$X_{34}$ | 0.69 | 0.76 | 1.26 | 1.20 | 1.13 | 1.14 | 0.99 | 1.05 | 1.04 | 1.13 | 1.31 | 1.41 | 1.64 | 1.64 |
| SL-$X_{11}$ | 0.74 | 0.55 | 0.80 | 1.59 | 1.34 | 1.09 | 0.85 | 0.67 | 1.61 | 2.90 | 2.60 | 2.90 | 2.55 | 1.72 |

续表

| 指标 | 年份 | | | | | | | | | | | | | |
|---|---|---|---|---|---|---|---|---|---|---|---|---|---|---|
| | 2005 | 2006 | 2007 | 2008 | 2009 | 2010 | 2011 | 2012 | 2013 | 2014 | 2015 | 2016 | 2017 | 2018 |
| SL-$X_{12}$ | 123 | 124 | 121 | 121 | 120 | 116 | 114 | 111 | 111 | 113 | 111 | 106 | 104 | 101 |
| SL-$X_{13}$ | 10.50 | 10.60 | 12.70 | 11.80 | 16.14 | 18.50 | 20.95 | 11.60 | 13.22 | 15.80 | 16.70 | 18.30 | 20.00 | 23.51 |
| SL-$X_{21}$ | 0.00 | 0.01 | 0.01 | 0.03 | 0.06 | 0.08 | 0.03 | 0.04 | 0.27 | 0.36 | 0.41 | 0.47 | 0.75 | 1.09 |
| SL-$X_{31}$ | 8.44 | 10.58 | 13.79 | 21.00 | 26.38 | 34.67 | 38.18 | 41.50 | 45.00 | 46.40 | 50.90 | 52.40 | 32.44 | 32.44 |
| SL-$X_{32}$ | 25.42 | 31.69 | 43.03 | 50.83 | 62.71 | 67.42 | 77.67 | 86.99 | 93.32 | 95.55 | 96.22 | 100.02 | 110.04 | 121.33 |
| SL-$X_{33}$ | 2.52 | 1.12 | 1.11 | 0.58 | 0.71 | 0.77 | 0.50 | 0.59 | 0.53 | 0.93 | 1.05 | 1.16 | 1.03 | 0.98 |
| SL-$X_{34}$ | 0.69 | 0.76 | 1.26 | 1.20 | 1.13 | 1.14 | 0.99 | 1.05 | 1.04 | 1.13 | 1.31 | 1.41 | 1.64 | 1.64 |
| TY-$X_{11}$ | 3.19 | 3.21 | 2.49 | 8.19 | 6.79 | 5.40 | 4.00 | 3.55 | 5.72 | 7.06 | 6.42 | 5.57 | 5.89 | 5.84 |
| TY-$X_{12}$ | 123 | 124 | 121 | 121 | 120 | 116 | 114 | 111 | 111 | 113 | 111 | 106 | 104 | 101 |
| TY-$X_{13}$ | 10.50 | 10.60 | 12.70 | 11.80 | 16.14 | 18.50 | 20.95 | 11.60 | 13.22 | 15.80 | 16.70 | 18.30 | 20.00 | 23.51 |
| TY-$X_{21}$ | 1.09 | 1.20 | 1.20 | 2.83 | 2.32 | 1.82 | 1.32 | 0.86 | 1.53 | 1.28 | 1.34 | 1.61 | 1.47 | 3.21 |
| TY-$X_{31}$ | 8.44 | 10.58 | 13.79 | 21.00 | 26.38 | 34.67 | 38.18 | 41.50 | 45.00 | 46.40 | 50.90 | 52.40 | 32.44 | 32.44 |
| TY-$X_{32}$ | 25.42 | 31.69 | 43.03 | 50.83 | 62.71 | 67.42 | 77.67 | 86.99 | 93.32 | 95.55 | 96.22 | 100.02 | 110.04 | 121.33 |
| TY-$X_{33}$ | 2.52 | 1.12 | 1.11 | 0.58 | 0.71 | 0.77 | 0.50 | 0.59 | 0.53 | 0.93 | 1.05 | 1.16 | 1.03 | 0.98 |
| TY-$X_{34}$ | 0.69 | 0.76 | 1.26 | 1.20 | 1.13 | 1.14 | 0.99 | 1.05 | 1.04 | 1.13 | 1.31 | 1.41 | 1.64 | 1.64 |
| YS-$X_{11}$ | 6.97 | 8.57 | 10.06 | 7.53 | 9.98 | 12.43 | 14.88 | 15.34 | 15.93 | 71.80 | 65.30 | 76.82 | 66.67 | 38.00 |
| YS-$X_{12}$ | 123 | 124 | 121 | 121 | 120 | 116 | 114 | 111 | 111 | 113 | 111 | 106 | 104 | 101 |
| YS-$X_{13}$ | 10.50 | 10.60 | 12.70 | 11.80 | 16.14 | 18.50 | 20.95 | 11.60 | 13.22 | 15.80 | 16.70 | 18.30 | 20.00 | 23.51 |
| YS-$X_{21}$ | 3.04 | 3.70 | 2.65 | 2.25 | 4.17 | 6.09 | 8.02 | 7.82 | 6.46 | 19.55 | 17.54 | 15.99 | 11.54 | 10.46 |
| YS-$X_{31}$ | 8.44 | 10.58 | 13.79 | 21.00 | 26.38 | 34.67 | 38.18 | 41.50 | 45.00 | 46.40 | 50.90 | 52.40 | 32.44 | 32.44 |
| YS-$X_{32}$ | 25.42 | 31.69 | 43.03 | 50.83 | 62.71 | 67.42 | 77.67 | 86.99 | 93.32 | 95.55 | 96.22 | 100.02 | 110.04 | 121.33 |
| YS-$X_{33}$ | 2.52 | 1.12 | 1.11 | 0.58 | 0.71 | 0.77 | 0.50 | 0.59 | 0.53 | 0.93 | 1.05 | 1.16 | 1.03 | 0.98 |
| YS-$X_{34}$ | 0.69 | 0.76 | 1.26 | 1.20 | 1.13 | 1.14 | 0.99 | 1.05 | 1.04 | 1.13 | 1.31 | 1.41 | 1.64 | 1.64 |
| JT-$X_{11}$ | 3.23 | 4.15 | 4.19 | 4.16 | 4.56 | 4.96 | 5.36 | 5.34 | 9.42 | 18.44 | 16.81 | 14.75 | 13.72 | 12.21 |
| JT-$X_{12}$ | 123 | 124 | 121 | 121 | 120 | 116 | 114 | 111 | 111 | 113 | 111 | 106 | 104 | 101 |
| JT-$X_{13}$ | 10.50 | 10.60 | 12.70 | 11.80 | 16.14 | 18.50 | 20.95 | 11.60 | 13.22 | 15.80 | 16.70 | 18.30 | 20.00 | 23.51 |
| JT-$X_{21}$ | 2.30 | 1.98 | 1.44 | 1.59 | 1.90 | 2.22 | 2.54 | 1.95 | 2.99 | 3.43 | 4.25 | 3.21 | 3.05 | 4.57 |
| JT-$X_{31}$ | 8.44 | 10.58 | 13.79 | 21.00 | 26.38 | 34.67 | 38.18 | 41.50 | 45.00 | 46.40 | 50.90 | 52.40 | 32.44 | 32.44 |
| JT-$X_{32}$ | 25.42 | 31.69 | 43.03 | 50.83 | 62.71 | 67.42 | 77.67 | 86.99 | 93.32 | 95.55 | 96.22 | 100.02 | 110.04 | 121.33 |
| JT-$X_{33}$ | 2.52 | 1.12 | 1.11 | 0.58 | 0.71 | 0.77 | 0.50 | 0.59 | 0.53 | 0.93 | 1.05 | 1.16 | 1.03 | 0.98 |
| JT-$X_{34}$ | 0.69 | 0.76 | 1.26 | 1.20 | 1.13 | 1.14 | 0.99 | 1.05 | 1.04 | 1.13 | 1.31 | 1.41 | 1.64 | 1.64 |

**附表 6　陕西省制造业信息生态系统水平测度的正向化数据（2005～2018 年）**

| 指标 | 年份 | | | | | | | | | | | | | |
|---|---|---|---|---|---|---|---|---|---|---|---|---|---|---|
| | 2005 | 2006 | 2007 | 2008 | 2009 | 2010 | 2011 | 2012 | 2013 | 2014 | 2015 | 2016 | 2017 | 2018 |
| NF-$X_{11}$ | 0.03 | 0.05 | 0.03 | 0.00 | 0.06 | 0.11 | 0.17 | 0.14 | 0.53 | 0.80 | 0.84 | 1.00 | 0.88 | 1.00 |
| NF-$X_{12}$ | 0.96 | 1.00 | 0.87 | 0.87 | 0.83 | 0.65 | 0.57 | 0.43 | 0.43 | 0.52 | 0.43 | 0.22 | 0.13 | 0.00 |
| NF-$X_{13}$ | 0.00 | 0.01 | 0.17 | 0.10 | 0.43 | 0.61 | 0.80 | 0.08 | 0.21 | 0.41 | 0.48 | 0.60 | 0.73 | 1.00 |
| NF-$X_{21}$ | 0.08 | 0.42 | 1.00 | 0.05 | 0.19 | 0.34 | 0.00 | 0.01 | 0.01 | 0.02 | 0.03 | 0.04 | 0.02 | 0.02 |

续表

| 指标 | 年份 | | | | | | | | | | | | | |
|---|---|---|---|---|---|---|---|---|---|---|---|---|---|---|
| | 2005 | 2006 | 2007 | 2008 | 2009 | 2010 | 2011 | 2012 | 2013 | 2014 | 2015 | 2016 | 2017 | 2018 |
| NF-$X_{31}$ | 0.00 | 0.05 | 0.12 | 0.29 | 0.41 | 0.60 | 0.68 | 0.75 | 0.83 | 0.86 | 0.97 | 1.00 | 0.55 | 0.55 |
| NF-$X_{32}$ | 0.00 | 0.07 | 0.18 | 0.26 | 0.39 | 0.44 | 0.54 | 0.64 | 0.71 | 0.73 | 0.74 | 0.78 | 0.88 | 1.00 |
| NF-$X_{33}$ | 0.00 | 0.69 | 0.70 | 0.96 | 0.89 | 0.87 | 1.00 | 0.95 | 0.99 | 0.79 | 0.73 | 0.67 | 0.74 | 0.76 |
| NF-$X_{34}$ | 0.00 | 0.08 | 0.60 | 0.54 | 0.47 | 0.47 | 0.32 | 0.38 | 0.37 | 0.47 | 0.65 | 0.76 | 1.00 | 1.00 |
| SL-$X_{11}$ | 0.08 | 0.00 | 0.11 | 0.44 | 0.34 | 0.23 | 0.13 | 0.05 | 0.45 | 1.00 | 0.87 | 1.00 | 0.85 | 0.50 |
| SL-$X_{12}$ | 0.96 | 1.00 | 0.87 | 0.87 | 0.83 | 0.65 | 0.57 | 0.43 | 0.43 | 0.52 | 0.43 | 0.22 | 0.13 | 0.00 |
| SL-$X_{13}$ | 0.00 | 0.01 | 0.17 | 0.10 | 0.43 | 0.61 | 0.80 | 0.08 | 0.21 | 0.41 | 0.48 | 0.60 | 0.73 | 1.00 |
| SL-$X_{21}$ | 0.00 | 0.01 | 0.01 | 0.03 | 0.05 | 0.07 | 0.03 | 0.03 | 0.25 | 0.33 | 0.37 | 0.43 | 0.69 | 1.00 |
| SL-$X_{31}$ | 0.00 | 0.05 | 0.12 | 0.29 | 0.41 | 0.60 | 0.68 | 0.75 | 0.83 | 0.86 | 0.97 | 1.00 | 0.55 | 0.55 |
| SL-$X_{32}$ | 0.00 | 0.07 | 0.18 | 0.26 | 0.39 | 0.44 | 0.54 | 0.64 | 0.71 | 0.73 | 0.74 | 0.78 | 0.88 | 1.00 |
| SL-$X_{33}$ | 0.00 | 0.69 | 0.70 | 0.96 | 0.89 | 0.87 | 1.00 | 0.95 | 0.99 | 0.79 | 0.73 | 0.67 | 0.74 | 0.76 |
| SL-$X_{34}$ | 0.00 | 0.08 | 0.60 | 0.54 | 0.47 | 0.47 | 0.32 | 0.38 | 0.37 | 0.47 | 0.65 | 0.76 | 1.00 | 1.00 |
| TY-$X_{11}$ | 0.12 | 0.13 | 0.00 | 1.00 | 0.75 | 0.51 | 0.26 | 0.19 | 0.57 | 0.80 | 0.69 | 0.54 | 0.60 | 0.59 |
| TY-$X_{12}$ | 0.96 | 1.00 | 0.87 | 0.87 | 0.83 | 0.65 | 0.57 | 0.43 | 0.43 | 0.52 | 0.43 | 0.22 | 0.13 | 0.00 |
| TY-$X_{13}$ | 0.00 | 0.01 | 0.17 | 0.10 | 0.43 | 0.61 | 0.80 | 0.08 | 0.21 | 0.41 | 0.48 | 0.60 | 0.73 | 1.00 |
| TY-$X_{21}$ | 0.10 | 0.14 | 0.15 | 0.84 | 0.62 | 0.41 | 0.19 | 0.00 | 0.28 | 0.18 | 0.20 | 0.32 | 0.26 | 1.00 |
| TY-$X_{31}$ | 0.00 | 0.05 | 0.12 | 0.29 | 0.41 | 0.60 | 0.68 | 0.75 | 0.83 | 0.86 | 0.97 | 1.00 | 0.55 | 0.55 |
| TY-$X_{32}$ | 0.00 | 0.07 | 0.18 | 0.26 | 0.39 | 0.44 | 0.54 | 0.64 | 0.71 | 0.73 | 0.74 | 0.78 | 0.88 | 1.00 |
| TY-$X_{33}$ | 0.00 | 0.69 | 0.70 | 0.96 | 0.89 | 0.87 | 1.00 | 0.95 | 0.99 | 0.79 | 0.73 | 0.67 | 0.74 | 0.76 |
| TY-$X_{34}$ | 0.00 | 0.08 | 0.60 | 0.54 | 0.47 | 0.47 | 0.32 | 0.38 | 0.37 | 0.47 | 0.65 | 0.76 | 1.00 | 1.00 |
| YS-$X_{11}$ | 0.00 | 0.02 | 0.04 | 0.01 | 0.04 | 0.08 | 0.11 | 0.12 | 0.13 | 0.93 | 0.84 | 1.00 | 0.85 | 0.44 |
| YS-$X_{12}$ | 0.96 | 1.00 | 0.87 | 0.87 | 0.83 | 0.65 | 0.57 | 0.43 | 0.43 | 0.52 | 0.43 | 0.22 | 0.13 | 0.00 |
| YS-$X_{13}$ | 0.00 | 0.01 | 0.17 | 0.10 | 0.43 | 0.61 | 0.80 | 0.08 | 0.21 | 0.41 | 0.48 | 0.60 | 0.73 | 1.00 |
| YS-$X_{21}$ | 0.05 | 0.08 | 0.02 | 0.00 | 0.11 | 0.22 | 0.33 | 0.32 | 0.24 | 1.00 | 0.88 | 0.79 | 0.54 | 0.47 |
| YS-$X_{31}$ | 0.00 | 0.05 | 0.12 | 0.29 | 0.41 | 0.60 | 0.68 | 0.75 | 0.83 | 0.86 | 0.97 | 1.00 | 0.55 | 0.55 |
| YS-$X_{32}$ | 0.00 | 0.07 | 0.18 | 0.26 | 0.39 | 0.44 | 0.54 | 0.64 | 0.71 | 0.73 | 0.74 | 0.78 | 0.88 | 1.00 |
| YS-$X_{33}$ | 0.00 | 0.69 | 0.70 | 0.96 | 0.89 | 0.87 | 1.00 | 0.95 | 0.99 | 0.79 | 0.73 | 0.67 | 0.74 | 0.76 |
| YS-$X_{34}$ | 0.00 | 0.08 | 0.60 | 0.54 | 0.47 | 0.47 | 0.32 | 0.38 | 0.37 | 0.47 | 0.65 | 0.76 | 1.00 | 1.00 |
| JT-$X_{11}$ | 0.00 | 0.06 | 0.06 | 0.06 | 0.09 | 0.11 | 0.14 | 0.14 | 0.41 | 1.00 | 0.89 | 0.76 | 0.69 | 0.59 |
| JT-$X_{12}$ | 0.96 | 1.00 | 0.87 | 0.87 | 0.83 | 0.65 | 0.57 | 0.43 | 0.43 | 0.52 | 0.43 | 0.22 | 0.13 | 0.00 |
| JT-$X_{13}$ | 0.00 | 0.01 | 0.17 | 0.10 | 0.43 | 0.61 | 0.80 | 0.08 | 0.21 | 0.41 | 0.48 | 0.60 | 0.73 | 1.00 |
| JT-$X_{21}$ | 0.28 | 0.17 | 0.00 | 0.05 | 0.15 | 0.25 | 0.35 | 0.16 | 0.50 | 0.64 | 0.90 | 0.56 | 0.52 | 1.00 |
| JT-$X_{31}$ | 0.00 | 0.05 | 0.12 | 0.29 | 0.41 | 0.60 | 0.68 | 0.75 | 0.83 | 0.86 | 0.97 | 1.00 | 0.55 | 0.55 |
| JT-$X_{32}$ | 0.00 | 0.07 | 0.18 | 0.26 | 0.39 | 0.44 | 0.54 | 0.64 | 0.71 | 0.73 | 0.74 | 0.78 | 0.88 | 1.00 |
| JT-$X_{33}$ | 0.00 | 0.69 | 0.70 | 0.96 | 0.89 | 0.87 | 1.00 | 0.95 | 0.99 | 0.79 | 0.73 | 0.67 | 0.74 | 0.76 |
| JT-$X_{34}$ | 0.00 | 0.08 | 0.60 | 0.54 | 0.47 | 0.47 | 0.32 | 0.38 | 0.37 | 0.47 | 0.65 | 0.76 | 1.00 | 1.00 |

附表 7　陕西省制造业信息生态系统水平测度的标准化数据（2005～2018 年）

| 指标 | 年份 | | | | | | | | | | | | | |
|---|---|---|---|---|---|---|---|---|---|---|---|---|---|---|
| | 2005 | 2006 | 2007 | 2008 | 2009 | 2010 | 2011 | 2012 | 2013 | 2014 | 2015 | 2016 | 2017 | 2018 |
| NF-$X_{11}$ | 0.08 | 0.14 | 0.09 | 0.01 | 0.15 | 0.28 | 0.42 | 0.35 | 1.31 | 1.95 | 2.06 | 2.45 | 2.15 | 2.44 |
| NF-$X_{12}$ | 3.05 | 3.19 | 2.78 | 2.78 | 2.64 | 2.09 | 1.81 | 1.40 | 1.40 | 1.67 | 1.40 | 0.70 | 0.43 | 0.01 |
| NF-$X_{13}$ | 0.01 | 0.03 | 0.54 | 0.32 | 1.37 | 1.94 | 2.53 | 0.27 | 0.66 | 1.29 | 1.50 | 1.89 | 2.30 | 3.15 |
| NF-$X_{21}$ | 0.31 | 1.53 | 3.64 | 0.18 | 0.72 | 1.25 | 0.01 | 0.04 | 0.06 | 0.10 | 0.12 | 0.14 | 0.08 | 0.07 |
| NF-$X_{31}$ | 0.01 | 0.16 | 0.38 | 0.87 | 1.24 | 1.80 | 2.04 | 2.27 | 2.51 | 2.60 | 2.91 | 3.01 | 1.65 | 1.65 |
| NF-$X_{32}$ | 0.01 | 0.22 | 0.61 | 0.87 | 1.27 | 1.43 | 1.77 | 2.08 | 2.30 | 2.37 | 2.39 | 2.52 | 2.86 | 3.24 |
| NF-$X_{33}$ | 0.01 | 2.79 | 2.80 | 3.86 | 3.59 | 3.48 | 4.01 | 3.83 | 3.96 | 3.16 | 2.92 | 2.70 | 2.97 | 3.05 |
| NF-$X_{34}$ | 0.01 | 0.27 | 2.08 | 1.85 | 1.61 | 1.63 | 1.10 | 1.32 | 1.27 | 1.61 | 2.25 | 2.62 | 3.44 | 3.45 |
| SL-$X_{11}$ | 0.23 | 0.01 | 0.30 | 1.22 | 0.94 | 0.65 | 0.36 | 0.15 | 1.25 | 2.75 | 2.41 | 2.76 | 2.35 | 1.38 |
| SL-$X_{12}$ | 3.05 | 3.19 | 2.78 | 2.78 | 2.64 | 2.09 | 1.81 | 1.40 | 1.40 | 1.67 | 1.40 | 0.70 | 0.43 | 0.01 |
| SL-$X_{13}$ | 0.01 | 0.03 | 0.54 | 0.32 | 1.37 | 1.94 | 2.53 | 0.27 | 0.66 | 1.29 | 1.50 | 1.89 | 2.30 | 3.15 |
| SL-$X_{21}$ | 0.01 | 0.03 | 0.04 | 0.10 | 0.18 | 0.24 | 0.09 | 0.11 | 0.82 | 1.08 | 1.23 | 1.43 | 2.27 | 3.30 |
| SL-$X_{31}$ | 0.01 | 0.16 | 0.38 | 0.87 | 1.24 | 1.80 | 2.04 | 2.27 | 2.51 | 2.60 | 2.91 | 3.01 | 1.65 | 1.65 |
| SL-$X_{32}$ | 0.01 | 0.22 | 0.61 | 0.87 | 1.27 | 1.43 | 1.77 | 2.08 | 2.30 | 2.37 | 2.39 | 2.52 | 2.86 | 3.24 |
| SL-$X_{33}$ | 0.01 | 2.79 | 2.80 | 3.86 | 3.59 | 3.48 | 4.01 | 3.83 | 3.96 | 3.16 | 2.92 | 2.70 | 2.97 | 3.05 |
| SL-$X_{34}$ | 0.01 | 0.27 | 2.08 | 1.85 | 1.61 | 1.63 | 1.10 | 1.32 | 1.27 | 1.61 | 2.25 | 2.62 | 3.44 | 3.45 |
| TY-$X_{11}$ | 0.42 | 0.44 | 0.01 | 3.38 | 2.55 | 1.72 | 0.90 | 0.63 | 1.91 | 2.71 | 2.33 | 1.83 | 2.01 | 1.99 |
| TY-$X_{12}$ | 3.05 | 3.19 | 2.78 | 2.78 | 2.64 | 2.09 | 1.81 | 1.40 | 1.40 | 1.67 | 1.40 | 0.70 | 0.43 | 0.01 |
| TY-$X_{13}$ | 0.01 | 0.03 | 0.54 | 0.32 | 1.37 | 1.94 | 2.53 | 0.27 | 0.66 | 1.29 | 1.50 | 1.89 | 2.30 | 3.15 |
| TY-$X_{21}$ | 0.34 | 0.50 | 0.51 | 2.89 | 2.15 | 1.41 | 0.67 | 0.01 | 0.99 | 0.61 | 0.70 | 1.10 | 0.90 | 3.45 |
| TY-$X_{31}$ | 0.01 | 0.16 | 0.38 | 0.87 | 1.24 | 1.80 | 2.04 | 2.27 | 2.51 | 2.60 | 2.91 | 3.01 | 1.65 | 1.65 |
| TY-$X_{32}$ | 0.01 | 0.22 | 0.61 | 0.87 | 1.27 | 1.43 | 1.77 | 2.08 | 2.30 | 2.37 | 2.39 | 2.52 | 2.86 | 3.24 |
| TY-$X_{33}$ | 0.01 | 2.79 | 2.80 | 3.86 | 3.59 | 3.48 | 4.01 | 3.83 | 3.96 | 3.16 | 2.92 | 2.70 | 2.97 | 3.05 |
| TY-$X_{34}$ | 0.01 | 0.27 | 2.08 | 1.85 | 1.61 | 1.63 | 1.10 | 1.32 | 1.27 | 1.61 | 2.25 | 2.62 | 3.44 | 3.45 |
| YS-$X_{11}$ | 0.01 | 0.07 | 0.12 | 0.03 | 0.12 | 0.21 | 0.30 | 0.32 | 0.34 | 2.37 | 2.13 | 2.55 | 2.18 | 1.14 |
| YS-$X_{12}$ | 3.05 | 3.19 | 2.78 | 2.78 | 2.64 | 2.09 | 1.81 | 1.40 | 1.40 | 1.67 | 1.40 | 0.70 | 0.43 | 0.01 |
| YS-$X_{13}$ | 0.01 | 0.03 | 0.54 | 0.32 | 1.37 | 1.94 | 2.53 | 0.27 | 0.66 | 1.29 | 1.50 | 1.89 | 2.30 | 3.15 |
| YS-$X_{21}$ | 0.15 | 0.26 | 0.08 | 0.01 | 0.34 | 0.68 | 1.01 | 0.98 | 0.74 | 3.02 | 2.67 | 2.40 | 1.63 | 1.44 |
| YS-$X_{31}$ | 0.01 | 0.16 | 0.38 | 0.87 | 1.24 | 1.80 | 2.04 | 2.27 | 2.51 | 2.60 | 2.91 | 3.01 | 1.65 | 1.65 |
| YS-$X_{32}$ | 0.01 | 0.22 | 0.61 | 0.87 | 1.27 | 1.43 | 1.77 | 2.08 | 2.30 | 2.37 | 2.39 | 2.52 | 2.86 | 3.24 |
| YS-$X_{33}$ | 0.01 | 2.79 | 2.80 | 3.86 | 3.59 | 3.48 | 4.01 | 3.83 | 3.96 | 3.16 | 2.92 | 2.70 | 2.97 | 3.05 |
| YS-$X_{34}$ | 0.01 | 0.27 | 2.08 | 1.85 | 1.61 | 1.63 | 1.10 | 1.32 | 1.27 | 1.61 | 2.25 | 2.62 | 3.44 | 3.45 |
| JT-$X_{11}$ | 0.01 | 0.18 | 0.18 | 0.18 | 0.25 | 0.33 | 0.40 | 0.40 | 1.15 | 2.82 | 2.52 | 2.14 | 1.94 | 1.67 |
| JT-$X_{12}$ | 3.05 | 3.19 | 2.78 | 2.78 | 2.64 | 2.09 | 1.81 | 1.40 | 1.40 | 1.67 | 1.40 | 0.70 | 0.43 | 0.01 |
| JT-$X_{13}$ | 0.01 | 0.03 | 0.54 | 0.32 | 1.37 | 1.94 | 2.53 | 0.27 | 0.66 | 1.29 | 1.50 | 1.89 | 2.30 | 3.15 |
| JT-$X_{21}$ | 0.92 | 0.58 | 0.01 | 0.17 | 0.51 | 0.84 | 1.17 | 0.55 | 1.65 | 2.11 | 2.96 | 1.87 | 1.71 | 3.30 |
| JT-$X_{31}$ | 0.01 | 0.16 | 0.38 | 0.87 | 1.24 | 1.80 | 2.04 | 2.27 | 2.51 | 2.60 | 2.91 | 3.01 | 1.65 | 1.65 |
| JT-$X_{32}$ | 0.01 | 0.22 | 0.61 | 0.87 | 1.27 | 1.43 | 1.77 | 2.08 | 2.30 | 2.37 | 2.39 | 2.52 | 2.86 | 3.24 |
| JT-$X_{33}$ | 0.01 | 2.79 | 2.80 | 3.86 | 3.59 | 3.48 | 4.01 | 3.83 | 3.96 | 3.16 | 2.92 | 2.70 | 2.97 | 3.05 |
| JT-$X_{34}$ | 0.01 | 0.27 | 2.08 | 1.85 | 1.61 | 1.63 | 1.10 | 1.32 | 1.27 | 1.61 | 2.25 | 2.62 | 3.44 | 3.45 |

附表 8　陕西省制造业信息生态系统水平测度的综合得分（2005～2018 年）

| 指标 | 年份 | | | | | | | | | | | | | |
|---|---|---|---|---|---|---|---|---|---|---|---|---|---|---|
| | 2005 | 2006 | 2007 | 2008 | 2009 | 2010 | 2011 | 2012 | 2013 | 2014 | 2015 | 2016 | 2017 | 2018 |
| NF-$X_{11}$ | 0.015 | 0.028 | 0.017 | 0.002 | 0.029 | 0.055 | 0.082 | 0.069 | 0.256 | 0.381 | 0.403 | 0.479 | 0.420 | 0.479 |
| NF-$X_{12}$ | 0.206 | 0.215 | 0.187 | 0.187 | 0.178 | 0.141 | 0.122 | 0.094 | 0.094 | 0.113 | 0.094 | 0.047 | 0.029 | 0.001 |
| NF-$X_{13}$ | 0.001 | 0.004 | 0.069 | 0.041 | 0.174 | 0.247 | 0.323 | 0.035 | 0.085 | 0.164 | 0.192 | 0.241 | 0.293 | 0.402 |
| NF-$X_{21}$ | 0.108 | 0.530 | 1.263 | 0.062 | 0.248 | 0.435 | 0.004 | 0.014 | 0.022 | 0.034 | 0.042 | 0.049 | 0.027 | 0.025 |
| NF-$X_{31}$ | 0.001 | 0.013 | 0.032 | 0.073 | 0.104 | 0.152 | 0.172 | 0.191 | 0.211 | 0.219 | 0.245 | 0.254 | 0.139 | 0.139 |
| NF-$X_{32}$ | 0.001 | 0.017 | 0.047 | 0.067 | 0.098 | 0.110 | 0.136 | 0.160 | 0.177 | 0.183 | 0.184 | 0.194 | 0.220 | 0.249 |
| NF-$X_{33}$ | 0.000 | 0.087 | 0.087 | 0.120 | 0.112 | 0.109 | 0.125 | 0.119 | 0.123 | 0.099 | 0.091 | 0.084 | 0.093 | 0.095 |
| NF-$X_{34}$ | 0.000 | 0.019 | 0.145 | 0.130 | 0.113 | 0.114 | 0.077 | 0.092 | 0.089 | 0.113 | 0.157 | 0.183 | 0.241 | 0.242 |
| SL-$X_{11}$ | 0.036 | 0.002 | 0.047 | 0.190 | 0.146 | 0.101 | 0.057 | 0.024 | 0.195 | 0.429 | 0.376 | 0.430 | 0.366 | 0.216 |
| SL-$X_{12}$ | 0.242 | 0.253 | 0.220 | 0.220 | 0.209 | 0.165 | 0.143 | 0.110 | 0.110 | 0.132 | 0.110 | 0.056 | 0.034 | 0.001 |
| SL-$X_{13}$ | 0.001 | 0.004 | 0.080 | 0.048 | 0.205 | 0.290 | 0.379 | 0.041 | 0.099 | 0.193 | 0.225 | 0.283 | 0.344 | 0.471 |
| SL-$X_{21}$ | 0.003 | 0.010 | 0.011 | 0.032 | 0.055 | 0.074 | 0.028 | 0.032 | 0.252 | 0.332 | 0.378 | 0.440 | 0.697 | 1.014 |
| SL-$X_{31}$ | 0.001 | 0.015 | 0.037 | 0.086 | 0.122 | 0.178 | 0.202 | 0.224 | 0.248 | 0.258 | 0.288 | 0.298 | 0.163 | 0.163 |
| SL-$X_{32}$ | 0.001 | 0.020 | 0.055 | 0.078 | 0.114 | 0.129 | 0.160 | 0.188 | 0.207 | 0.214 | 0.216 | 0.228 | 0.258 | 0.293 |
| SL-$X_{33}$ | 0.000 | 0.102 | 0.103 | 0.141 | 0.131 | 0.127 | 0.147 | 0.140 | 0.145 | 0.116 | 0.107 | 0.099 | 0.109 | 0.112 |
| SL-$X_{34}$ | 0.000 | 0.022 | 0.171 | 0.152 | 0.132 | 0.134 | 0.090 | 0.108 | 0.104 | 0.132 | 0.184 | 0.215 | 0.283 | 0.284 |
| TY-$X_{11}$ | 0.052 | 0.054 | 0.001 | 0.417 | 0.315 | 0.213 | 0.111 | 0.078 | 0.236 | 0.334 | 0.287 | 0.226 | 0.249 | 0.245 |
| TY-$X_{12}$ | 0.312 | 0.326 | 0.284 | 0.284 | 0.270 | 0.213 | 0.185 | 0.143 | 0.143 | 0.171 | 0.143 | 0.072 | 0.044 | 0.001 |
| TY-$X_{13}$ | 0.001 | 0.006 | 0.104 | 0.062 | 0.265 | 0.375 | 0.489 | 0.053 | 0.128 | 0.249 | 0.291 | 0.366 | 0.445 | 0.609 |
| TY-$X_{21}$ | 0.063 | 0.091 | 0.093 | 0.528 | 0.393 | 0.258 | 0.123 | 0.001 | 0.180 | 0.112 | 0.129 | 0.201 | 0.164 | 0.630 |
| TY-$X_{31}$ | 0.001 | 0.020 | 0.048 | 0.111 | 0.158 | 0.230 | 0.261 | 0.290 | 0.321 | 0.333 | 0.372 | 0.385 | 0.211 | 0.211 |
| TY-$X_{32}$ | 0.002 | 0.026 | 0.071 | 0.101 | 0.148 | 0.166 | 0.207 | 0.243 | 0.268 | 0.277 | 0.280 | 0.294 | 0.334 | 0.378 |
| TY-$X_{33}$ | 0.000 | 0.132 | 0.133 | 0.182 | 0.170 | 0.165 | 0.190 | 0.181 | 0.187 | 0.150 | 0.138 | 0.128 | 0.140 | 0.145 |
| TY-$X_{34}$ | 0.001 | 0.029 | 0.220 | 0.197 | 0.171 | 0.173 | 0.117 | 0.140 | 0.135 | 0.171 | 0.238 | 0.278 | 0.365 | 0.367 |
| YS-$X_{11}$ | 0.003 | 0.020 | 0.035 | 0.009 | 0.034 | 0.059 | 0.085 | 0.089 | 0.095 | 0.669 | 0.602 | 0.721 | 0.616 | 0.322 |
| YS-$X_{12}$ | 0.242 | 0.253 | 0.220 | 0.220 | 0.210 | 0.166 | 0.144 | 0.111 | 0.111 | 0.133 | 0.111 | 0.056 | 0.034 | 0.001 |
| YS-$X_{13}$ | 0.001 | 0.004 | 0.081 | 0.048 | 0.206 | 0.291 | 0.380 | 0.041 | 0.100 | 0.193 | 0.226 | 0.284 | 0.346 | 0.473 |
| YS-$X_{21}$ | 0.026 | 0.047 | 0.014 | 0.001 | 0.061 | 0.121 | 0.181 | 0.175 | 0.133 | 0.540 | 0.478 | 0.429 | 0.291 | 0.257 |
| YS-$X_{31}$ | 0.001 | 0.015 | 0.037 | 0.086 | 0.123 | 0.179 | 0.203 | 0.225 | 0.249 | 0.258 | 0.289 | 0.299 | 0.164 | 0.164 |
| YS-$X_{32}$ | 0.001 | 0.020 | 0.055 | 0.079 | 0.115 | 0.129 | 0.160 | 0.189 | 0.208 | 0.215 | 0.217 | 0.229 | 0.259 | 0.294 |
| YS-$X_{33}$ | 0.000 | 0.102 | 0.103 | 0.142 | 0.132 | 0.128 | 0.147 | 0.141 | 0.145 | 0.116 | 0.107 | 0.099 | 0.109 | 0.112 |
| YS-$X_{34}$ | 0.000 | 0.022 | 0.171 | 0.153 | 0.133 | 0.135 | 0.091 | 0.109 | 0.105 | 0.133 | 0.185 | 0.216 | 0.284 | 0.285 |
| JT-$X_{11}$ | 0.001 | 0.042 | 0.043 | 0.042 | 0.060 | 0.078 | 0.095 | 0.094 | 0.274 | 0.672 | 0.600 | 0.509 | 0.464 | 0.397 |
| JT-$X_{12}$ | 0.277 | 0.289 | 0.252 | 0.252 | 0.239 | 0.189 | 0.164 | 0.126 | 0.126 | 0.152 | 0.126 | 0.064 | 0.039 | 0.001 |
| JT-$X_{13}$ | 0.001 | 0.005 | 0.092 | 0.055 | 0.235 | 0.333 | 0.434 | 0.047 | 0.114 | 0.221 | 0.258 | 0.324 | 0.395 | 0.540 |
| JT-$X_{21}$ | 0.135 | 0.085 | 0.002 | 0.025 | 0.074 | 0.123 | 0.172 | 0.081 | 0.241 | 0.308 | 0.433 | 0.273 | 0.250 | 0.482 |
| JT-$X_{31}$ | 0.001 | 0.018 | 0.043 | 0.098 | 0.140 | 0.204 | 0.231 | 0.257 | 0.284 | 0.295 | 0.330 | 0.342 | 0.187 | 0.187 |
| JT-$X_{32}$ | 0.001 | 0.023 | 0.063 | 0.090 | 0.131 | 0.148 | 0.183 | 0.216 | 0.238 | 0.246 | 0.248 | 0.261 | 0.296 | 0.335 |
| JT-$X_{33}$ | 0.000 | 0.117 | 0.118 | 0.162 | 0.151 | 0.146 | 0.168 | 0.161 | 0.166 | 0.133 | 0.123 | 0.113 | 0.124 | 0.128 |
| JT-$X_{34}$ | 0.001 | 0.025 | 0.195 | 0.175 | 0.152 | 0.154 | 0.103 | 0.124 | 0.120 | 0.152 | 0.211 | 0.247 | 0.324 | 0.325 |

# 后　记

为了向研发创新和品牌服务的高端制造业转型，我国制定了加快制造业转型升级的重大战略。学者迈克尔·波特在《国家竞争优势》一书中指出，一个国家能够持续提高生产率的关键在于有资格成为一种先进产业或重要产业环节的基地。可见，制造业转型升级是各国工业现代化转型的基础，也是提高一个国家经济增长质量、实现先进制造的重要保证。对于我国制造业的各具体行业而言，其转型升级是颇具深刻意义的系统变革过程，在很大程度上决定了制造业的未来发展趋势及制造企业的发展方向。本书建立的制造业信息生态系统是一个动态系统，能够使制造企业及时、有效地感知所处环境的变化，从而做出正确的反应和调整。各制造企业对内外部信息进行综合归集与分析，加速了制造业信息系统的动态处理过程。从研究结果可以看出，信息生态系统水平与制造业转型升级效果具有同向发展的趋势，高水平的信息生态系统可以驱动整个制造业转型升级战略的实施，最终实现提升制造业整体绩效的目标。2020 年，面对突如其来的新冠肺炎疫情，信息技术创新成为我国疫情防控的有力武器之一，其在经营管理与生产转型等方面的作用得到了有效发挥。

本书是作者十多年来从事产业绩效评价领域研究的学术积累，延续了作者已承担的工业和信息化部项目“两化融合的统计评价指标体系研究”“信息产业敏感技术指标评价体系研究”，陕西省社科基金项目“国家治理导向的信息化助推陕西制造业转型升级研究”等研究成果，以及博士论文《垄断产业放松规制与绩效研究——基于中国航空业、中国电信业的实证分析》的部分研究思路与方法；运用相关理论对前期研究成果进行拓展分析，使应用经济学、系统学、计量经济学等学科相对接，力求采用的研究方法及机理分析更科学、更深入。

本书共 11 章。西安邮电大学经济与管理学院魏明教授拟订全书的框架结构，并负责撰写第 1 章和第 5～11 章，楼旭明负责撰写第 2 章，夏立均负责撰写第 3 章，刘文萍和贾玉凤负责撰写第 4 章。在撰写本书的过程中，宋妍贞参与数据处理、内容研讨及修改工作（超过 4 万字）；王丹璐、冀媛、袁昊、王瑞敏和武维娜参与资料检索、校对、修改等环节（每人超过 3 万字）。

本书出版得到了西安邮电大学科技处、经济与管理学院的大力支持。在撰写本书的过程中，作者采纳了制造业相关部门、企业的专家提出的宝贵建议，参考了大量的文献，在此向相关专家、学者表示诚挚的感谢！尽管作者在写作中对制造业评价领域倾注了大量心血，但书中还可能存在一些疏漏和不当之处，需要进一步深入分析和完善，恳请各位读者批评、指正。